中国石油天然气集团公司统编培训教材

工程建设业务分册

液化天然气接收站工程设计

《液化天然气接收站工程设计》编委会 编

石油工业出版社

内 容 提 要

本书主要介绍了液化天然气接收站工程的站址、总图及运输、码头、工艺、设备、管道、自动控制系统、电气系统、电信系统、建筑、结构、采暖系统、通风系统、空调系统、公用工程系统、安全消防系统、环保系统、工厂检维修等方面的设计相关内容。

本书可作为液化天然气项目设计人员、管理人员、技术人员的培训教材，其他相关人员也可参考使用。

图书在版编目（CIP）数据

液化天然气接收站工程设计/《液化天然气接收站工程设计》编委会编．—北京：石油工业出版社，2018.1

中国石油天然气集团公司统编培训教材

ISBN 978-7-5183-2427-9

Ⅰ.①液… Ⅱ.①液… Ⅲ.①液化天然气储存-工程设计-技术培训-教材 Ⅳ.①TE82

中国版本图书馆 CIP 数据核字（2018）第 000488 号

出版发行：石油工业出版社
（北京安定门外安华里2区1号　100011）
网　　址：www.petropub.com
编　辑　部：（010）64269289
图书营销中心：（010）64523633

经　　销：全国新华书店
印　　刷：北京中石油彩色印刷有限责任公司

2018年1月第1版　2018年7月第2次印刷
710×1000毫米　开本：1/16　印张：24.25
字数：430千字

定价：85.00元
（如出现印装质量问题，我社图书营销中心负责调换）
版权所有，翻印必究

《中国石油天然气集团公司统编培训教材》
编审委员会

主 任 委 员：刘志华

副主任委员：张卫国　金　华

委　　　员：刘　晖　　　　翁兴波　王　跃

马晓峰　闫宝东　杨大新　吴苏江

赵金法　　　　　古学进　刘东徐

张书文　雷　平　郑新权　邢颖春

张　宏　侯创业　李国顺　杨时榜

张永泽　张　镇

《液化天然气接收站工程设计》编委会

主　　任：白玉光

副 主 任：杨庆前　李崇杰　杨时榜

委　　员：陈　广　辛荣国　于国峰　孙　申

　　　　　陈中民　赵彦龙　徐　鹰　刘春贵

　　　　　朱广杰　李松柏　孟　博　李明华

　　　　　刘晓明　周　平　陶　涛　魏斯钊

《液化天然气接收站工程设计》
编 审 人 员

主　　编：黄永刚

副 主 编：蔡国勇

编写人员：宋媛玲　赵月峰　杨　娜　刘阳阳

　　　　　韩国军　谢锐才　张　轩　林佑高

　　　　　谢万东　孙金英　杨　娜　谢艳梅

　　　　　郭　涛　史慧娟　高　贤　肖　峰

　　　　　邢桂坤　张宗徐　刘晶然　宋　亮

　　　　　杨炎辉　王志明　尹　栋　文　涛

　　　　　赵　诤　仝　梅　王　谦　董　莉

　　　　　姚国明　李金光　肖　琳　焦盛林

　　　　　刘　娜　于　海　毛向禹　赵　欣

审定人员：	李艳辉	白改玲	王　红	安小霞
	王　炜	王珊珊	白　虹	相　建
	黄欣烨	谢华东	司银云	王海涛
	徐润刚	黄炎潮	殷婷婷	钱　龙
	程　静	张　勇	王汝凯	刘　博
	李益民	包光磊	周　伟	王肖莉
	姚国儒	郑建华	武秉礼	杨亚芝
	舒小琴	孔繁旭	蒋　宇	何文钦

序

企业发展靠人才，人才发展靠培训。当前，集团公司正处在加快转变增长方式，调整产业结构，全面建设综合性国际能源公司的关键时期。做好"发展""转变""和谐"三件大事，更深更广参与全球竞争，实现全面协调可持续，特别是海外油气作业产量"半壁江山"的目标，人才是根本。培训工作作为影响集团公司人才发展水平和实力的重要因素，肩负着艰巨而繁重的战略任务和历史使命，面临着前所未有的发展机遇。健全和完善员工培训教材体系，是加强培训基础建设，推进培训战略性和国际化转型升级的重要举措，是提升公司人力资源开发整体能力的一项重要基础工作。

集团公司始终高度重视培训教材开发等人力资源开发基础建设工作，明确提出要"由专家制定大纲、按大纲选编教材、按教材开展培训"的目标和要求。2009 年以来，由人事部牵头，各部门和专业分公司参与，在分析优化公司现有部分专业培训教材、职业资格培训教材和培训课件的基础上，经反复研究论证，形成了比较系统、科学的教材编审目录、方案和编写计划，全面启动了《中国石油天然气集团公司统编培训教材》（以下简称"统编培训教材"）的开发和编审工作。"统编培训教材"以国内外知名专家学者、集团公司两级专家、现场管理技术骨干等力量为主体，充分发挥地区公司、研究院所、培训机构的作用，瞄准世界前沿及集团公司技术发展的最新进展，突出现场应用和实际操作，精心组织编写，由集团公司"统编培训教材"编审委员会审定，集团公司统一出版和发行。

根据集团公司员工队伍专业构成及业务布局，"统编培训教材"按"综合管理类、专业技术类、操作技能类、国际业务类"四类组织编写。综合管理类侧重中高级综合管理岗位员工的培训，具有石油石化管理特色的教材，以自编方式为主，行业适用或社会通用教材，可从社会选购，作为指定培训教材；专业技术类侧重中高级专业技术岗位员工的培训，是教材编审的主体，按照《专业培训教材开发目录及编审规划》逐套编审，循序推进，计划编审300余门；操作技能类以国家制定的操作工种技能鉴定培训教材为基础，侧重主体专业（主要工种）骨干岗位的培训；国际业务类侧重海外项目中外员工的培训。

"统编培训教材"具有以下特点：

一是前瞻性。教材充分吸收各业务领域当前及今后一个时期世界前沿理论、先进技术和领先标准，以及集团公司技术发展的最新进展，并将其转化为员工培训的知识和技能要求，具有较强的前瞻性。

二是系统性。教材由"统编培训教材"编审委员会统一编制开发规划，统一确定专业目录，统一组织编写与审定，避免内容交叉重叠，具有较强的系统性、规范性和科学性。

三是实用性。教材内容侧重现场应用和实际操作，既有应用理论，又有实际案例和操作规程要求，具有较高的实用价值。

四是权威性。由集团公司总部组织各个领域的技术和管理权威，集中编写教材，体现了教材的权威性。

五是专业性。不仅教材的组织按照业务领域，根据专业目录进行开发，且教材的内容更加注重专业特色，强调各业务领域自身发展的特色技术、特色经验和做法，也是对公司各业务领域知识和经验的一次集中梳理，符合知识管理的要求和方向。

经过多方共同努力，集团公司"统编培训教材"已按计划陆续编审出版，与各企事业单位和广大员工见面了，将成为集团公司统一组织开发和编审的中高级管理、技术、技能骨干人员培训的基本教材。"统编培训教材"的出版发行，对于完善建立起与综合性国际能源公司形象和任务相适应的系列培训教材，推进集团公司培训的标准化、国际化建设，具有划时代意义。希望各企事业单位和广大石油员工用好、用活本套教材，为持续推进人才培训工程，激发员工创新活力和创造智慧，加快建设综合性国际能源公司发挥更大作用。

《中国石油天然气集团公司统编培训教材》
编审委员会

前言

2014年11月，国务院办公厅印发《能源发展战略行动计划（2014—2020年）》，提出坚持"节约、清洁、安全"的战略方针，加快构建清洁、高效、安全、可持续的现代能源体系；要积极发展天然气、核电、可再生能源等清洁能源，降低煤炭消费比重，推动能源结构持续优化；到2020年，非化石能源占一次能源消费比重达到15%，天然气比重达到10%以上，煤炭消费比重控制在62%以内。

提高天然气消费比重，实施气化城市民生工程，到2020年城镇居民基本用上天然气的要求，使得天然气特别是液化天然气产业将迎来新的发展阶段。本书的编写，基于10年来相关工作的经验和教训，结合国家、行业新编或修编的相关标准内容，旨在对相关单位经营管理人员、高级操作人员、项目管理人员、设计及工程技术人员等提供较全面的技术指导。

本书共分18章，主要内容包括：液化天然气（LNG）资源、市场和技术的发展，工程设计基础，站址选择，总图与运输，码头，工艺系统，设备，管道，仪表及自动控制，公用工程与辅助设施，消防、安全、职业卫生和环境保护等。本书的编写将填补目前国内LNG接收站工程设计方面相关知识的空白，对于规范LNG接收站项目设计要求及设计程序，保证LNG接收站工程设计质量，提高设计水平，做到技术先进、经济合理、安全可靠、节能环保，都具有一定积极意义。

本书中有关 LNG 接收站场地准备及陆域形成、卸船码头及有关海水取排水系统水工设计要点等内容的编写工作，由中交第四航务工程勘察设计院有限公司完成。

本书由黄永刚任主编，蔡国勇任副主编，李艳辉、白改玲、王红任主审。由于作者水平有限，书中难免有错误和不足之处，恳请读者批评指正。

编写组

2016 年 3 月

说 明

本书可作为中国石油天然气集团公司所属各建设、设计、施工、生产等相关单位进行液化天然气接收站工程设计技术培训的专用教材，主要是针对从事液化天然气接收站工程设计的中高级技术人员和管理人员编写的，也适用于操作人员的技术培训。本书的内容来源于实际工程设计，专业性很强，涉及内容广。为便于正确使用本书，在此对培训对象进行了划分，并规定了各类人员应该掌握或了解的主要内容。

培训对象主要划分为以下几类：

（1）生产管理人员，包括项目经理、质量安全环保管理人员、生产技术管理人员等。

（2）专业技术人员，包括设计人员、施工单位技术及质量人员、建设单位技术及质量人员等。

各类人员应该掌握或了解的主要内容：

（1）生产管理人员，要求掌握或了解第一章至第七章，第十五章至第十八章的内容。

（2）专业技术人员，要求掌握或了解第二章至第十八章的内容。

各单位在教学中要密切联系工程项目和生产实际，在课堂教学为主的基础上，有条件的还应增加工程项目设计的实践环节。建议根据本书内容，进一步收集和整理液化天然气接收站工程项目现场照片或视频，以进行辅助教学，从而提高教学效果。

目 录

第一章 概述 …………………………………………………………… 1
 第一节 液化天然气性质及用途 ……………………………………… 1
 第二节 液化天然气产业链 …………………………………………… 3
 第三节 液化天然气的发展和展望 …………………………………… 9
第二章 工程设计基础 ………………………………………………… 14
 第一节 总体设计要求 ………………………………………………… 14
 第二节 工程设计输入条件 …………………………………………… 17
第三章 LNG 接收站站址选择 ……………………………………… 21
 第一节 站址要求 ……………………………………………………… 21
 第二节 LNG 接收站陆域形成和场地准备 ………………………… 26
 第三节 LNG 接收站选址实例 ……………………………………… 33
第四章 LNG 接收站总图及运输 …………………………………… 46
 第一节 总平面布置 …………………………………………………… 46
 第二节 平面布置及厂区铺砌 ………………………………………… 47
 第三节 竖向布置 ……………………………………………………… 53
 第四节 交通运输 ……………………………………………………… 56
 第五节 LNG 接收站总图布置实例 ………………………………… 58

第五章　LNG 接收站卸船码头设计 ………………………………………… 62
第一节　设计说明 ……………………………………………………… 62
第二节　设计条件 ……………………………………………………… 64
第三节　码头总平面布置 ……………………………………………… 69
第四节　航道及锚地 …………………………………………………… 74
第五节　水工建、构筑物 ……………………………………………… 75
第六节　码头配套设施 ………………………………………………… 86

第六章　LNG 接收站工艺设计 ……………………………………………… 91
第一节　工艺方案的确定 ……………………………………………… 91
第二节　工艺控制过程 ………………………………………………… 99
第三节　工艺流程图及数据表 ………………………………………… 102
第四节　分析项目及分析仪器设置 …………………………………… 104
第五节　冷能利用 ……………………………………………………… 107
第六节　操作手册 ……………………………………………………… 112

第七章　设备设计 …………………………………………………………… 121
第一节　设计说明 ……………………………………………………… 121
第二节　LNG 储罐 ……………………………………………………… 123
第三节　静设备 ………………………………………………………… 147
第四节　动设备 ………………………………………………………… 160
第五节　成套设备 ……………………………………………………… 168

第八章　管道设计 …………………………………………………………… 176
第一节　设计说明 ……………………………………………………… 176
第二节　管道材料 ……………………………………………………… 180
第三节　管道应力分析设计 …………………………………………… 182
第四节　管架设计 ……………………………………………………… 193

第五节	设备及管道布置	198
第六节	防腐涂漆设计	203
第七节	绝热设计	207

第九章　自动控制系统设计　212

第一节	设计说明	212
第二节	集散型控制系统（DCS）	219
第三节	安全仪表系统（SIS）	223
第四节	操作人员培训系统（OTS）	225
第五节	火灾报警系统（FAS）及气体检测报警系统（GDS）	227

第十章　电气系统设计　230

第一节	设计说明	230
第二节	供配电系统设计	232
第三节	设备选型	234
第四节	电缆敷设和照明系统	236
第五节	LNG储罐防雷接地	236
第六节	其他系统	237

第十一章　电信系统设计　239

第一节	设计说明	239
第二节	工业电视监控系统	240
第三节	电话系统	242
第四节	无线对讲系统	242
第五节	全厂广播系统	243
第六节	安防系统	244
第七节	计算机网络系统	245

第十二章	建筑设计	246
第一节	设计说明	246
第二节	LNG 接收站主要建筑物设计	247
第三节	建构筑物标识设计	256

第十三章	结构设计	261
第一节	设计说明	261
第二节	LNG 储罐基础设计	270
第三节	预应力混凝土外罐	273

第十四章	采暖、通风、空调系统设计	295
第一节	设计说明	295
第二节	采暖系统设计	297
第三节	通风系统设计	300
第四节	空调系统设计	303

第十五章	公用工程系统设计	307
第一节	设计说明	307
第二节	工艺用海水	308
第三节	生产生活用水和污水处理	314
第四节	氮气系统	315
第五节	压缩空气系统	318

第十六章	安全消防系统设计	322
第一节	设计说明	322
第二节	危险和可操作性分析（HAZOP）	324
第三节	SIL 定级分析	327
第四节	安全防护工程设计	329
第五节	消防工程设计	333

第十七章 环保系统设计 ………………………………………………… 339
 第一节 设计说明 ……………………………………………………… 339
 第二节 主要污染源和主要污染物 …………………………………… 340
 第三节 污染防治措施 ………………………………………………… 341
 第四节 清洁生产 ……………………………………………………… 343
 第五节 环境管理和环境监测 ………………………………………… 344

第十八章 工厂检维修设计 ……………………………………………… 347
 第一节 设计说明 ……………………………………………………… 347
 第二节 检维修设施设计 ……………………………………………… 348
 第三节 维修车间及仓库 ……………………………………………… 350

附录 国内自主建设的 LNG 接收站典型项目介绍 ……………………… 352
 附录一 江苏 LNG 接收站项目 ……………………………………… 352
 附录二 大连 LNG 接收站项目 ……………………………………… 357
 附录三 唐山 LNG 接收站项目 ……………………………………… 362

参考文献 …………………………………………………………………… 368

第一章 概述

第一节 液化天然气性质及用途

一、液化天然气的物理化学性质

天然气是一种优质洁净能源,天然气的主要成分是甲烷,几乎不含硫、粉尘和其他有害物质,燃烧时产生的二氧化碳少于其他化石燃料,能减少二氧化硫和粉尘排放量近100%,减少二氧化碳排放量60%和氮氧化合物排放量50%,并有助于减少酸雨形成,减缓地球温室效应,从根本上改善环境质量。

液化天然气是天然气的液态产品,英文名称为 Liquefied Natural Gas,缩写为 LNG。液化天然气是以甲烷为主,并含有乙烷、丙烷、丁烷及戊烷以上的液烃混合物,组成物及分子式分别为甲烷(CH_4)、乙烷(C_2H_6)、丙烷(C_3H_8)、异丁烷(i-C_4H_{10})、正丁烷(n-C_4H_{10})、异戊烷(i-C_5H_{12})、正戊烷(n-C_5H_{12})、氮气(N_2)。其组成为:C_1 为 80%~97%,C_2 为 3%~10%,C_3 为 0~5%,C_4 为 0~3%,C_5^+ 为微量,氮气少量。

液化天然气属于甲A类液体,主要成分甲烷的分子结构为正四面体结构,碳原子位于该空间图形的中心,4个氢原子位于正四面体的4个顶点上。

液化天然气中主要烃类组分随产地不同存在一定差异,三种典型的液化天然气烃类组成及性质见表1-1。

表1-1 三种典型的液化天然气烃类组成及性质

常压下泡点时的性质	LNG 例 1	LNG 例 2	LNG 例 3
N_2 摩尔分数	0.5	1.79	0.36
CH_4 摩尔分数	97.5	93.9	87.2

续表

常压下泡点时的性质	LNG 例 1	LNG 例 2	LNG 例 3
C_2H_6 摩尔分数	1.8	3.26	8.61
C_3H_8 摩尔分数	0.2	0.69	2.74
$i\text{-}C_4H_{10}$ 摩尔分数	—	0.12	0.42
$n\text{-}C_4H_{10}$ 摩尔分数	—	0.15	0.65
C_5H_{12} 摩尔分数	—	0.09	0.02
相对分子质量	16.41	17.07	18.52
泡点温度（℃）	-162.6	-165.3	-161.3
密度（kg/m³）	431.6	448.8	468.7
0℃和101325Pa条件下单位体积液体生成的气体体积（m³）	590	590	568

在大气压下，将预处理后的天然气冷却至约-162℃时，天然气由气态转变成液态，称为液化天然气。液化天然气无色、无味、无毒且无腐蚀性，其体积约为同质量气态天然气体积的 1/600，液化天然气比水轻，其密度、沸点和热值等性质因其组成不同而不同。一旦液化天然气产生泄漏，其从环境中吸热而汽化，在温度高于-110℃时比空气轻，在大气中容易扩散上升，因此是一种安全的能源。LNG 中的主要成分甲烷再汽化时的蒸发潜热约为 511kJ/kg（-161.5℃时）。LNG 在生产过程中，已将硫、二氧化碳、水分等杂质脱除，因此比管道天然气更加清洁，燃烧时不会因硫而造成空气污染，是一种绿色清洁的能源，且具有很高的热值，因此，液化天然气是目前世界上公认的公害少的能源之一。LNG 的主要物理性质见表 1-2。

表 1-2　LNG 的主要物理性质

气体相对密度（空气=1）	沸点（℃）（常压下）	液体密度（kg/m³）（常压沸点下）	热值（MJ/m³）[①]	颜色
0.60～0.70	约-162	430～470	41.5～45.3（高） 31.4～36（低）	无色透明

注：① 指 101.325kPa、15.6℃状态下的气体热值。

二、液化天然气的用途

世界上环保先进的国家都在大规模推广使用液化天然气。LNG 作为一种

第一章 概述

运输灵活、清洁、高效的绿色能源被作为优质的工业及民用燃料，在车船用燃料、城市燃气、工业燃料及发电领域获得广泛应用，可大大提高产品质量、经济效益和社会效益。LNG 也是石油化学工业的重要原料，可用于制造肥料、甲醇、合成醋酸、甲烷氯化物、氢氰酸、硝基甲烷、乙烯、丙烯及塑料等产品。此外，超低温的 LNG 在大气压力下转变为常温气态的过程中，可提供大量的冷能，如能将这些冷能回收利用，可进行低温破碎处理、海水淡化、大型空调系统供冷、建造大型滑雪场或滑冰场等。

第二节　液化天然气产业链

一、液化天然气产业链的组成

液化天然气是气田开采出来的天然气，经过脱水、脱酸性气体和重烃类，然后压缩、膨胀、液化而成的低温液体。LNG 是天然气的一种独特的储存和运输形式，有利于天然气的远距离运输。同时，由于天然气在液化前进行了净化处理，所以它比管道输送的天然气更为洁净。液化天然气产业链是非常庞大的，主要包括上游气田开采及集输设施、天然气液化生产、LNG 船运、LNG 接收及汽化、天然气管网及销售等许多环节，各个环节紧密相连，具有浓厚的链系色彩。从 20 世纪初开始，经过近百年的发展，国外 LNG 产业已步入成熟期，逐步形成了包含天然气开采生产、天然气液化、LNG 船运、LNG 再汽化和天然气管网及销售 5 个环节的 LNG 产业链。图 1-1 为 LNG 产业链的示意图。

图 1-1　LNG 产业链示意图

作为天然气的一种形态，LNG 解决了气态天然气不利于远洋运输的问题，越来越多的天然气液化后被运到世界各地，使天然气利用更便捷。在世界天然气消费总量中，近年液化天然气消费比例正以每年约 10%的速度增长。

LNG接收站作为LNG远洋贸易的终端设施，接收从天然气液化工厂船运来的液化天然气，并储存、再汽化后供给用户。LNG接收站既是远洋运输液化天然气的终端，又是陆上天然气供应的气源，处于液化天然气产业链中的关键部位。LNG接收站实际上是天然气的液态运输与气态管道输送的交接点。

二、液化天然气的资源

　　我国天然气资源供应包括国产常规天然气、非常规页岩气、煤层气和煤制气，以及国外进口管道气和LNG等。根据国家国土资源部的统计资料显示，2014年我国天然气、页岩气和煤层气等能源类气体新增探明地质储量$1.1 \times 10^{12} m^3$，创历史最高水平，呈快速增长态势。其中，页岩气、煤层气等非常规油气资源新增储量取得重要突破性进展，达$1669 \times 10^8 m^3$，占能源类气体新增储量总量的15%。

　　天然气探明地质储量继续保持增长态势，勘查新增$9437 \times 10^8 m^3$，同比增长53%。新增探明技术可采储量$4749 \times 10^8 m^3$，新增大于$1000 \times 10^8 m^3$的大气田5个，占总量的80%以上。深水天然气勘探获得新突破，新探明陵水17-2深水气田，天然气储量达$1020 \times 10^8 m^3$。页岩气新增探明地质储量$1067 \times 10^8 m^3$，新增技术可采储量$266 \times 10^8 m^3$。同时，煤层气探明地质储量$601 \times 10^8 m^3$，新增探明技术可采储量$305 \times 10^8 m^3$。而根据美国能源局（EIA）的最新预测数据，我国页岩气的技术可采数量为$1115 \times 10^{12} ft^3$，约合$31.58 \times 10^{12} m^3$，占全球预测总量的15.3%，居于第一位。

　　2008年，中国天然气总产量为$774.74 \times 10^8 m^3$。其中，中国石油的产量为$617.46 \times 10^8 m^3$，中国石化产量为$81.19 \times 10^8 m^3$，中国海油产量为$69.72 \times 10^8 m^3$，分别占天然气总产量的79.7%、10.5%和9%；其他天然气产量为$6.37 \times 10^8 m^3$，占全国天然气产量的0.8%。2012年全国的天然气产量为$1067.3 \times 10^8 m^3$。

　　2013年，我国天然气产量同比增长9.8%，达$1210 \times 10^8 m^3$。其中，常规天然气$1178 \times 10^8 m^3$，非常规气中页岩气$2 \times 10^8 m^3$，煤层气$30 \times 10^8 m^3$。天然气进口量$534 \times 10^8 m^3$，增长25.6%，其中，管道气增长24.3%，液化天然气增长27.0%。天然气表观消费量$1692 \times 10^8 m^3$，增长12.9%。

　　2014年，天然气消费在我国能源消费总量已占比例为6.0%。国产气产量达到$1308 \times 10^8 m^3$（包括常规气、非常规气），总进口量达$595 \times 10^8 m^3$，其中，LNG 进口量为 1893×10^4t（合 $265\times10^8m^3$），占进口天然气总量的 44.5%。

2015 年，我国的天然气产量为 $1350\times10^8m^3$，同比增长 5.6%；天然气进口量为 $614\times10^8m^3$，增长 6.3%；天然气消费量为 $1932\times10^8m^3$，增长 5.7%。2016 年我国天然气产量 $1371\times10^8m^3$，天然气进口量 $721\times10^8m^3$，天然气消费量 $2058\times10^8m^3$。

通过分析主要含气盆地储量情况，到 2020 年，我国将形成塔里木、长庆、四川、莺琼及珠江口盆地 4 个大型产气区，形成青海、东海、渤海湾、准噶尔盆地及吐哈盆地共 5 个中型产气区。预测到 2020 年我国可将气层气的储采比降至 20，达到合理、可持续发展的储采比水平，在勘探目标实现的情况下，预计 2020 年我国天然气产量将达（1800~2200）$\times10^8m^3$，其中包括非常规天然气的产量。

我国 LNG 生产始于 20 世纪 90 年代初期，2000 年国内第一家工业生产并商业化运行的 LNG 生产装置在中原油田投产，装置日处理天然气 $15\times10^4m^3$。经过十几年天然气液化技术的快速发展，至 2013 年 5 月全国已建成投运的天然气液化厂超过 50 座，总液化能力 $2300\times10^4m^3$/d。2012 年采用国内自主技术（双循环混合冷剂制冷技术）建成投产的当时国内最大天然气液化工厂为陕西安塞 50×10^4t/a 天然气液化项目，其日处理天然气量达 $215\times10^4m^3$。2014 年，采用国内自主技术建成的山东泰安 60×10^4t/a（日处理天然气量达 $260\times10^4m^3$）天然气液化项目和湖北黄冈 115×10^4t/a（日处理天然气量达 $500\times10^4m^3$）天然气液化项目相继投产。

截止到 2015 年底，中国建成营运的天然气液化厂已超过 100 座，国内 LNG 工厂日产能近 $8000\times10^4m^3$，已投产总液化能力达 $5130\times10^4m^3$/d，相当于年产能可达 $277\times10^8m^3$，折合约 2000×10^4t/a。自 2014 年以来，国内 LNG 市场持续供大于求，大量过剩产能难以消化。2015 年国内自产 LNG 供应量约 700×10^4t。

国家根据地域分布和能源资源供需情况，在经济发达的东南沿海地区积极开展进口 LNG 的接收与利用工作。沿海 LNG 进口资源采购比较灵活，至 2012 年底，三大石油公司已落实气源合同 4165×10^4t/a。其中，中国海油 2510×10^4t/a，中国石油 1025×10^4t/a，中国石化 630×10^4t/a。根据资源采购合同和 LNG 接收站的建设进度，2015 年上述长期贸易合同进口资源量约为 $400\times10^8m^3$，2020 年将增至 $600\times10^8m^3$。

三、液化天然气的市场

1980 年以来，全球 LNG 贸易量持续增长。在供应方面，2012 年全球 LNG 出口国 18 个，共有 31 个 LNG 加工厂，89 条生产线，年液化能力 $2.82 \times 10^8 t$。其中，卡塔尔、马来西亚、澳大利亚、尼日利亚、印度尼西亚排名前五，排名首位的卡塔尔供应全球 32.3%的 LNG。国际能源机构（IEA）、美国能源信息署（EIA）和英国石油公司（BP）一致认为 2020 年全球 LNG 需求增长率比全球天然气消费增长率快两倍以上。同时，IEA、EIA 分别认为到 2020 年全球 LNG 占总需求量的比重可达 15%以上，即消费量可达 $6000 \times 10^8 m^3$（约 $4.3 \times 10^8 t$），是 2011 年消费量（$3330 \times 10^8 m^3$）的 1.8 倍。在需求方面，2012 年全球 LNG 进口国家和地区共 26 个，共有 93 个接收终端，年接收能力 $6.68 \times 10^8 t$。其中，日本、韩国、中国、西班牙、印度排名前五，亚洲 LNG 进口量占全球的 70.7%，日本进口量占全球的 37.3%。

凭借世界级的北方气田及波斯湾优越的海运条件，卡塔尔成为世界第一大 LNG 生产国，并拥有全球产能最大的单条生产线（$780 \times 10^4 t/a$）。1996 年以来，该国开始出口 LNG，截至 2012 年，卡塔尔共有 7 个天然气液化厂、14 条生产线，产能为 $7700 \times 10^4 t/a$。2012 年 LNG 产量为 $7639 \times 10^4 t$，同比增长 1.4‰。2013 年，卡塔尔宣布，新发现 1 个海上气田，储量约 $707.92 \times 10^8 m^3$，这是该国近 40 年来最大的天然气发现，凭借该气田，未来卡塔尔的 LNG 出口能力可能获得新的增长。表 1-3 列出了 2008 年至 2015 年期间全球已建、在建项目的 LNG 产能。

表 1-3 LNG 液化工厂 LNG 产能

国家和地区	已建成		在建/计划建设	
	生产线（条）	年产能（$10^4 t$）	生产线（条）	年产能（$\times 10^4 t$）
亚澳地区	32	7280	12	4430
中东地区	13	4750	9	6630
非洲	34	5440	11	5200
美洲和欧洲	6	1660	7	3420
合计	85	19130	39	19680

第一章　概述

马来西亚有 4 个在产天然气液化厂、9 条生产线，产能为 $2420×10^4$t/a。2012 年生产 LNG $2372×10^4$t，是全球第二大 LNG 生产国。大量 LNG 出口的同时，马来西亚国内天然气消费量逐年增长，开始建造 LNG 接收终端满足国内需求。

澳大利亚有 3 个在产天然气液化厂、7 条生产线，产能为 $2410×10^4$t/a。2012 年生产 LNG $2088×10^4$t，同比增长 6.9%，是全球第三大 LNG 生产国。

尼日利亚有 1 个在产天然气液化厂、6 条生产线，产能为 $2180×10^4$t/a。2012 年生产 LNG $1958×10^4$t，同比增长 3.5%，是全球第四大 LNG 生产国。

印度尼西亚有 3 个在产天然气液化厂、12 条生产线，产能为 $3455×10^4$t/a。2012 年生产 LNG $1897×10^4$t，同比下降 13.3%，是全球第五大 LNG 生产国。

2015 年，亚太地区 LNG 产量已达 $1.171×10^8$t 以上，居世界各产区首位。

卡塔尔、沙特阿拉伯、伊朗、阿曼是中东地区主要的 LNG 生产国。目前中东地区已建成 LNG 生产线 13 条，合计产能 $4750×10^4$t。包括 QatargasII 项目在内，2008 年卡塔尔 LNG 产能为 $3110×10^4$t，RasGasIII-6LNG 项目 2009 年投产，新生产线建成投产后，卡塔尔成为世界第一大 LNG 生产国。沙特阿拉伯、伊朗、也门也计划实施以 LNG 为中心的庞大的天然气项目。2015 年中东地区 LNG 产能达 $1.138×10^8$t。

非洲的阿尔及尼亚、尼日利亚、埃及、利比亚、安哥拉是目前非洲 LNG 主要生产国，2008 年该地区 LNG 产能 $5440×10^4$t，生产线 34 条。尼日利亚待建的最大生产线 2008 年开工后，将新增产能 $3000×10^4$t；莫桑比克也计划修建第一个 LNG 项目，该项目计划一期建两条产能为 $500×10^4$t/a 的生产线；埃及天然气产能潜力大，至 2015 年新增产能 $960×10^4$t。2015 年非洲 LNG 产能达 $1.064×10^8$t。

美洲、欧洲地区 2008 年 LNG 产能 $1660×10^4$t，最主要的 LNG 产地是特立尼达和多巴哥，生产线 4 条，年产能 $1530×10^4$t。2008—2015 年间美洲和欧洲计划建设 7 条生产线，增加产能 $3420×10^4$t，届时总产能达到 $5080×10^4$t。

目前俄罗斯已建成在产的基荷型 LNG 项目萨哈林 2 号，年产 LNG $1000×10^4$t，大约是世界总量的 5%；在建的 Yamal（亚马尔）LNG 项目有望在 2017 年投产，2018 年年产将达 $1650×10^4$t；俄罗斯计划 2018 年在库页岛建成第二座 LNG 工厂，年产 LNG $500×10^4$t；计划 2018 年前在海参崴建造一座年产能力为 $(1000\sim1500)×10^4$t 的 LNG 工厂。

在页岩气产业蓬勃发展的背景下，美国计划在墨西哥湾和东西海岸建 11 个天然气液化厂，预计 2017 年出口能力达 $1200×10^4$t；加拿大计划在西海岸建 4 个天然气液化厂，设计总产能为 2500×10^4 t/a。根据世界主流刊物《LNG Journal》报道，2016 年至 2018 年，美国将建成 LNG 生产线 24 条，页岩气的年出口能力达 1.33×10^8 t。

目前，亚洲是全球 LNG 消费的主战场。2012 年，亚洲国家和地区 LNG 累计消费量占全球 LNG 总产量的 70.7%。日本、韩国、中国是世界前三位 LNG 进口国，作为全球最大 LNG 进口国的日本，在核电站发生事故后，通过进口大量的 LNG 来弥补核发电损失。2012 年，日本进口 LNG 8808×10^4 t，比上年增长 11.4%。

亚太地区中国和印度对 LNG 需求增长很快，韩国和中国台湾的 LNG 需求量有所增长，欧洲地区的 LNG 需求量也有一定的增长；北美地区尤以美国需求增长最为明显。《剑桥能源》预测，2016 年前后，全球 LNG 需求量将达到 3.0×10^8 t/a 左右。同期全球已有、承诺及潜在 LNG 的生产能力将达到 $(3.0 \sim 4.0) \times 10^8$ t/a。

中国 LNG 产业从上游的气田开采、液化、运输、接收站汽化到终端利用，已经形成了较完整的产业链，并进入快速发展期。近年来，中国沿海 LNG 接收站和天然气液化厂建设掀起了一个个高潮。2013 年中国进口 LNG 达 $245 \times 10^8 m^3$（1750×10^4 t），主要来自于卡塔尔、澳大利亚、印度尼西亚和马来西亚。2014 年，中国 LNG 进口量为 1989.07×10^4 t，较 2013 年同期增长 10.33%。2014 年国内天然气需求增速有所放缓，LNG 进口量同比增幅下降。2015 年中国的 LNG 进口量下降了 3.5%，全年 LNG 进口量为 1945×10^4 t。

液化天然气作为清洁能源，近几年在中国得到了前所未有的关注并且发展迅猛。至 2016 年初中国已投产的 LNG 接收站项目共 15 个，在建和扩建项目近 10 个，还有多个项目正处于前期规划中。预计 2020 年前中国将跃居为世界第二大 LNG 进口国，进口量将达到 6000×10^4 t/a。

四、液化天然气船运

LNG 运输船是国际上公认最难造的高技术、高难度、高附加值的"三高"巨轮，被喻为造船业"皇冠上的明珠"。全世界只有韩国、日本、法国、中国、美国、西班牙、芬兰、挪威等少数国家的 13 家船厂具有建造此类运输船的能力。

1999 年初，世界范围内的 LNG 运输船就已达到 108 艘，其中 15 艘小型船只（$1.8 \times 10^4 \sim 5 \times 10^4 m^3$）、15 艘中型船只（$6 \times 10^4 \sim 10 \times 10^4 m^3$）、78 艘大型船只（$10 \times 10^4 m^3$ 上）。按服役年限分，少于 5 年有 32 艘，5～9 年有 12 艘，

10~14 年有 4 艘，15~19 年有 20 艘，20~24 年有 26 艘，25 年以上有 14 艘。

2012 年服役的 LNG 运输船达到 361 艘。截止到 2013 年 4 月底，全球营运的 LNG 船舶达到 387 艘，合计积载量为 $5756.24\times10^4m^3$，平均每艘的装载量为 $14.9\times10^4m^3$。

目前 LNG 常用船型为 $(13.5\sim21.6)\times10^4m^3$，LNG 船舶有向大型化发展的趋势。卡塔尔订购的容积为 $26.7\times10^4m^3$ 的 LNG 船已在 2010 年 10 月交付使用。LNG 运输船建造速度发展很快，2015 年全球营运的 LNG 船舶已经达到 415 艘。LNG 船建造主要集中在韩国和日本，截止到 2015 年 5 月，韩国已交付 259 艘，在建 64 艘；日本已交付 100 艘，在建 15 艘；法国已交付 25 艘；中国已交付 7 艘，在建 14 艘。从在建数量来看，中国后来居上，排行第三，仅次于韩国和日本。

上海沪东中华造船集团为广东 LNG 接收站、福建 LNG 接收站和上海 LNG 接收站已建造 6 艘 $14.7\times10^4m^3$ 的大型 LNG 运输船，在建船型有 $17.2\times10^4m^3$ 和 $17.4\times10^4m^3$ 两种，开创了我国 LNG 造船业的先河。

我国制造的第一艘液化天然气（LNG）船"大鹏号"，是世界上较大的薄膜型 LNG 船，船长 292m、宽 43.35m、型深 26.25m，装载量为 $14.7\times10^4m^3$，时速 19.5 节，于 2008 年 4 月顺利交船。

LNG 船行业拥有巨大市场潜力，因此，越来越多的国内造船企业开始进军 LNG 船领域。江南造船厂、大连船舶重工、中远川崎、熔盛重工、明德重工等都开始涉足该领域。

近年来，国内 $(1\sim3)\times10^4m^3$ 的小型 LNG 船只的需求量不断增加，通过内河及沿岸航线运输到中国各地，起中转运输的作用。相比于陆上运输方式，小型 LNG 运输船的成本低，有较强的竞争力。目前国内已有多家造船企业能够建造中小型 LNG 运输船。

第三节 液化天然气的发展和展望

一、液化天然气发展历史

19 世纪英国物理化学家 Michael Faraday 首次将甲烷液化得到了液化天

然气。德国工程师 Karl Von Linde 在 1873 年发明了第一台制冷压缩机。1912年,世界上第一个 LNG 工厂在美国西弗吉尼亚州开始建造,并在 1917 年投入运营。1941 年第一个商业运营的 LNG 工厂在美国俄亥俄州的克利夫兰市开工,该工厂生产的 LNG 在常压储罐中储藏,可用于远距离输送。1959 年 Constock 公司(美国康斯托克国际甲烷公司)将一艘干式货舱改建成舱容为 6200m^3 的 LNG 试验性罐船,即"甲烷先锋号",它装载 2000t LNG 从美国路易斯安那州查尔斯湖出发,横跨大西洋运输到英国泰晤士河口的坎维岛(Canvey Island)。这种货物安全地横渡海洋运输是世界海运史的首例,标志着 LNG 进入了商业化国际贸易阶段。1964 年阿尔及利亚建立了日生产量为 73.6×$10^4 m^3$ 的 LNG 工厂,同时,英国和阿尔及利亚成为了世界上最大的 LNG 进口国和出口国,阿尔及利亚成为了世界 LNG 的主要供应国。在英国建立了 LNG 工厂之后,大西洋和太平洋地区开始陆续地建立液化天然气工厂和接收站。1969 年,美国阿拉斯加的 Kenai 液化天然气工厂向东京燃气公司和东京电力公司供应 LNG。欧洲和亚洲的 LNG 市场也是从那时开始迅速发展起来的。

20 世纪 70 年代,埃克森公司(Exxon Corp.)设在利比亚卜雷加(Marsa EI Brega)的 LNG 工厂开始运行。这是第一个使用低效率但更简化的单循环混合冷剂(Single Mixed-refrigerant,SMR)技术的工厂。该技术由空气制品及化学品国际公司(Air Products & Chemicals International Inc.,APCI)设计,其目的是减少压缩机和热交换器的数目。这项技术很快在阿尔及利亚斯基克达(Skikda)LNG 工厂、蓬檀(Bontang)LNG 工厂、婆罗乃 LNG 工厂得到运用。

20 世纪 80 年代初,液化天然气工业经历了成长过程的第一次阵痛。由于全世界对 LNG 的需求量上升了 1/3,销售利润也提高将近 60%。在这种情况下经过一年,LNG 市场却产生动摇,因为供销双方在价格上发生争议,不履行合约。美国关闭了两座 LNG 接收站,几个大型计划被取消或延迟。这些都是第二次石油危机产生的油价震动所引起的。在这十年间,只建了两座新的 LNG 工厂:马来西亚 LNG 工厂和澳大利亚 LNG 工厂。

21 世纪,LNG 工业在世界范围内大规模发展。截止到 2012 年,全球 LNG 进口国家和地区已达 26 个。2014 年底,全球已建成的 LNG 接收站超过 100 座,其中日本在运营的 33 个,居全球首位;中国的 LNG 接收站数量已经居全球次席。预计 2015 年,全球进口 LNG 的国家及地区将达 37 个。

世界前 10 位开始使用 LNG 的国家、地区及时间见表 1-4。

第一章 概述

表 1-4 LNG 的最初使用国家、地区及时间

序号	国家和地区	开始使用 LNG 的时间
1	英国	1960 年
2	法国	1965 年
3	日本	1969 年
4	西班牙	1975 年
5	比利时	1982 年
6	韩国	1986 年
7	美国	1988 年
8	意大利	1988 年
9	中国台湾	1990 年
10	土耳其	1994 年

为了利用国外液化天然气资源，20 世纪 90 年代，我国开始着手规划在东南沿海建设一批 LNG 接收站。目前，国内已建成投运大型 LNG 接收站 11 座（其中一座为浮式储存汽化装置），中型两座，总接收能力 $3100×10^4$t/a。其中，广东深圳大鹏 LNG 接收站是我国大陆第一座投入商业运行的接收站，一期工程设计规模 $370×10^4$t/a，已于 2006 年投产；3 号罐及其配套工程投产后，其外输能力已经达到 $570×10^4$t/a，是目前国内规模最大的 LNG 接收站；二期通过增加 4 号储罐和汽化设施等，将扩建至 $670×10^4$t/a。截至 2015 年底，位于深圳、福建、上海、江苏、大连、唐山、宁波、珠海、海南、青岛、天津、揭阳和北海的 13 座大型 LNG 接收站，以及上海 5 号沟和广东东莞两座中型 LNG 接收站相继投产，全国 LNG 总接收能力达 $3400×10^4$t/a。目前，国家发展和改革委员会核准在建 LNG 接收站有 7 座，分别是中国海油的深圳和防城港 LNG 接收站；中国石化的天津 LNG 接收站；江苏启东广汇 LNG 接收站和舟山新奥 LNG 接收站。另外，江苏、大连和唐山等已投产 LNG 接收站也正在扩建中。这些在建和扩建项目建成后将新增接收能力 $2780×10^4$t/a。此外，还有 6 座接收站已获国家发展和改革委员会批复，同意开展前期工作，总接收能力为 $1720×10^4$t/a。

二、液化天然气项目展望

世界 LNG 产业的发展主要体现在 5 个方面：LNG 运输船舶大型化、液

化工厂规模扩大化、LNG 储罐大型化、LNG 节能减排趋势以及建设项目模块式发展。

1. LNG 运输船舶的发展

为降低单位 LNG 的运输成本、提高运输效率，LNG 运输船特别是远洋运输船的规模有不断扩大的趋势。目前新建的 LNG 运输船容一般都在 $13.5×10^4 tm^3$ 或 $14.5×10^4 m^3$ 以上，特别是 2008 年、2009 年卡塔尔燃气公司订做的多艘超大型船舶下水投入使用，其中 Q-Flex(船容 $21.6×10^4 m^3$)及 Q-Max (船容 $26.6×10^4 m^3$)是目前世界上最大型的船舶之一，在长期供货合约中可以有效降低 LNG 的运输成本。但是，由于目前世界上大多数接收站受港口及靠泊能力限制，无法接卸如此大的船，除部分接收站可通过改造升级外，大多数仍将以接卸 $15×10^4 m^3$ 以下的船型为主。目前超大型 LNG 运输船生产国主要是韩国，三星公司、大宇公司都已经交付了多艘 $21×10^4 m^3$、$26.6×10^4 m^3$ 的船舶，现代重工已经交付了 $21×10^4 m^3$ 的船舶。

2. 液化工厂规模大型化及液化技术发展趋势

目前，正在生产的 LNG 液化工厂单条生产线的能力从 $100×10^4 t/a$～$780×10^4 t/a$ 不等，总体来看单系列规模有逐渐扩大的趋势。其中，液化能力最大的是 2009 年投入生产的卡塔尔 Ras Laffan LNG 项目的两条生产线，单线生产能力高达 $780×10^4 t/a$，采用了美国 AP 公司的工艺技术，也是目前世界上单线生产能力最大的装置。

液化装置的规模大型化成为液化技术发展的趋势之一，它可以在一定程度上降低单位产能的投资，也可减少正常生产时单位产能的公用工程消耗及维护成本。但初始投资规模大，不利于项目融资及资金流量平衡，也降低了生产的灵活性，生产的平稳性也会在很大程度上取决于原料天然气供应的可靠性及用户提气的平稳性，因此目前只有卡塔尔燃气建设了 7 条生产线。除此之外，正在建设中的大型液化装置单线生产能力多为（450～600）$×10^4 t/a$。

3. LNG 罐大型化趋势

LNG 储罐的建造有大型化的趋势。目前已经投入使用的 LNG 储罐有效容积多为($15～20$)$×10^4 m^3$，新建的 LNG 储罐容积多为 $15×10^4 m^3$ 和 $16×10^4 m^3$，最大的地上储罐容积为 $20×10^4 m^3$，日本、韩国已建成的地下储罐最大容积为 $20×10^4 m^3$。韩国已开始建造 $27×10^4 m^3$ 的 LNG 储罐。

东京燃气公司正在建设一座容积为 $25×10^4 m^3$ 的地下膜式罐，采用了很多新的技术和设计理念，不仅优化了技术方案而且可以大幅度缩短建设周期，在 2013 年建成投产。法国 GTT 公司是膜式罐的首创及专利持有者，目前开发了新型的膜式罐设计方案，采用模块化的设计和施工方案，很多部件具有通用性，可以提前在工厂进行预制加工，大幅度降低了现场施工的周期，同时也有利于保证建设质量。该公司已经完成了 $22\times10^4m^3$ 及 $30\times10^4m^3$ 膜式罐的概念设计工作。

4. LNG 生产的节能减排趋势

LNG 的生产过程中要把天然气经净化后冷却至液化，因此，LNG 的生产过程同时也是大量耗能的过程，据估算有 10%左右的天然气在生产 LNG 过程中被消耗。由于 LNG 液化厂的工作周期一般为 25～30 年，因此，在液化过程中的节能对降低工厂的总体能耗、提高经济效益至关重要。各液化工厂在选择适当的总体规模的同时，也在应用一些新型的技术以改进能耗指标。例如，LNG 生产厂综合能量平衡技术，可以对多条生产线的总体能耗进行平衡，以寻求最优操作点。另外，回收热量，用来发电或产生蒸汽并加以利用，从而提高工厂的能量综合利用水平，同时实现了减排的目的。目前，某跨国企业推出的新一代联合循环燃气轮机（CCGT）可以将总效率由原来的 96% 提高到 98%以上。

5. 项目建设的模块发展

随着工艺技术、设备制造技术、工程施工技术、运输等项目建设相关技术的大力发展，项目建设的质量和环境要求的日益提高，对大型工程项目的建设提出了新的挑战。目前，多个天然气液化项目在建设上采用了模块化技术，即将天然气液化工厂的建设分为几个模块，从设计阶段及设备制造阶段就着手策划并实施，不同的模块按照项目的特点和技术要求，分别在不同的地点建造，运至现场后再进行组装。这样可以大大减少现场施工的工作量，从而加快工程建设进度，同时也有利于保证项目的建设质量，对环境的压力减小到最低限度。对电气设备同样可采用预制模块化动力中心（E-House）成品集成解决方案，所有电气设备安装及预调试均在工厂进行，避免了设计错误或产品问题对现场工作的影响，大大压缩了现场建造周期。

这种项目建设方式特别适合某些特定的项目建设地点，如孤岛、偏远地区、自然条件特殊地区，以及劳工要求或环境要求非常严格的国家或地区，同时也是天然气液化项目建设的发展趋势。

第二章 工程设计基础

第一节 总体设计要求

一、功能定位

随着我国天然气消费的增加，鉴于 LNG 的清洁性能，及其在发电和民用燃料方面的巨大市场，液化天然气接收站建设进入了一个高峰期。从我国的天然气发展形势来看，天然气资源有限，天然气产量远远小于需求量，供求缺口越来越大，所以进口 LNG 正在迅速占领我国市场，以补充管输天然气的不足和满足应急调峰的需要。LNG 接收站是 LNG 产业链中的重要环节，是海上运输 LNG 的陆上接收终端，同时又是陆上天然气供应的重要气源之一。因此，LNG 接收站实际上是天然气的液态海运与陆上气态管输的交接点。建设 LNG 项目的必要性主要体现在以下几个方面：

（1）是实现城市供气安全的需要。
（2）是保障我国能源安全的需要。
（3）是我国优化能源结构的需要。
（4）是保护环境的需要。
（5）有利于 LNG 相关产业的发展。

二、建设规模

1. 原则

近年来，中国 LNG 项目得到了迅猛的发展，并形成了一些发展 LNG 产业的有利条件：沿海一带的天然气管网已初步形成；沿海一带经济发达地区资源普遍匮乏，天然气需求大，且在城市燃气、化工、发电等应用方面都已具备完善的基础设施，对天然气的消化潜力大，对气价的承受能力强；中国沿海港口设施条件好，便于进口液化天然气的运输、装卸和接收站建设；液化天然气接收站可与城市燃气系统贯通，与海运天然气登陆衔接，形成两种气源的互补。

在进行 LNG 接收站规模确定时需要充分考虑当地资源及市场情况，设置合适规模的接收站，同时使 LNG 的输出可以兼顾气体管输、船舶转运和槽车外运。

2. 接收站规模

接收站的建设规模主要通过以下参数进行确定：LNG 资源获取情况、水域通航条件、周边地区 LNG 消费市场容量、进口液化天然气的年接卸能力、液化天然气的储存能力、液化天然气的汽化能力、液化天然气的卸船能力、液化天然气的槽车装车能力（如有）、接收站的最大外输能力和安全供气天数等。

三、设计原则及依据

1. 设计原则

（1）在设计中严格执行国家有关安全和环境保护的法律、法规及标准规范的相关规定，切实实现无事故发生、无人员伤害、无环境破坏的"三无"QHSE 目标。

（2）在保证接收站、码头、外输管道安全、可靠地长期运行及保证三废达标排放的原则下，对工艺方案及设备、材料选择和工程设计进行优化，以达到最佳的技术经济效果。

（3）采用先进、可靠的自动控制系统、设备及安全设施，以保证 LNG 接收站、LNG 接卸码头及外输管道安全、可靠地长周期、连续、稳定运转，同时尽可能减少操作人员。

（4）设计要充分考虑在正常生产及施工建设期间给周围现有企业及居民区带来的影响。

（5）给排水、电气、电信及消防等公用工程和辅助设施的设计能力需包括接收站工程、码头工程、外输管道工程和输气首站（如需要）等的用量。

2. 设计依据

（1）设计任务（或委托）书或设计合同。

(2) 外部条件协议文件，如资源、公用工程依托、船型资料等。
(3) 环境评价、安全评价、职业卫生评价、地震评价等报告及批复文件。
(4) 其他有关文件及会议文件。

四、遵循的标准规范

在中国建设的 LNG 接收站项目的设计、制造、施工，必须符合中国法律法规的要求，并满足各项强制标准规范的要求。LNG 接收站在我国的历史较短，在国际上也是一个"新兴"的行业。国际性的 LNG 接收站建设标准体系尚未形成，我国 LNG 接收站建设的相关标准体系更有待完善。具体到 LNG 接收站工程的建设，其使用的标准规范主要分为专用标准和专业标准。这些标准适用于 LNG 接收站工程的设计、采购、施工及试运投产等阶段。其中，专用标准见表 2-1。

表 2-1 LNG 接收站工程建设的专用标准

序号	规范名称	规范代号
1	《液化天然气的一般特性》	GB/T 19204—2003
2	《液化天然气（LNG）生产、储存和装运》	GB/T 20368—2012
3	《液化天然气设备与安装 陆上装置设计》	GB/T 22724—2008
4	《Standard for the Production，Storage，and Handling of Liquefied Natural Gas》《液化天然气生产和储存的标准》	NFPA 59A—2013
5	《Installation and Equipment for Liquefied Natural Gas-Design of Onshore Installation》《液化天然气设备和安装—陆上装置的设计》	EN 1473—2007
6	《液化天然气接收站工程设计规范》	GB 51156—2015
7	《液石油天然气工程设计防火规范》	GB 50183—2015
8	《Refrigerated light hydrocarbon fluids-Sampling of Liquefied natural gas-Continuous method》《冷冻轻烃流 体液化天然气的取样 连续法》	GB/T 20603—2006
9	《化工建设项目施工组织设计标准》	HG 20235—2014
10	《Installation and Equipment for Liquefied Natural Gas-Design of Onshore Installation》《液化天然气设备和安装—装卸臂试验和设计》	EN 1474—2008
11	《Installation and Equipment for Liquefied Natural Gas- Ship to Shore Interface》《液化天然气设备和安装—海滨交接船舶》	EN 1532—1997

第二章　工程设计基础

续表

序号	规范名称	规范代号
12	《Design and Construction Specifications for Marine Loading Arms》《海上装卸臂设计和施工规范》	OCIMF—1999
13	《Mooring Equipment Guidelines》《系泊设备导则》	OCIMF—2008
14	《液化天然气码头设计规范》	JTS 165-5—2016

专业标准主要由工艺、总图运输、管道布置、设备、自动控制、电气、通信、给排水、绝热与防腐、建筑结构、采暖通风、安全、消防、环境保护和职业卫生等方面构成。

第二节　工程设计输入条件

一、液化天然气资源及市场

1. LNG 资源的输入条件
（1）LNG 的具体产地；
（2）LNG 组成；
（3）航距；
（4）LNG 的产能。
2. LNG 市场的输入条件
（1）市场需求量；
（2）用户类别；
（3）调峰需求；
（4）应急需求。

二、液化天然气船运条件

LNG 是一种易燃、易爆的危险品，运输 LNG 的整个过程（包括船的管理）是一种要求很高又极其严格的工作。要保证运输、装卸、交付、接收等一系列工作都处于最佳状态，就要有一套全面的管理制度（包括技术设施、航行计划等）和一个专门的船舶管理机构，以确保运输计划准确无误。由于LNG的运输温度要求为-162℃，储存容器一般采用铝、不锈钢、镍合金钢等材料，还要避免温度变化所带来的热膨胀，因此船上的储罐设计与制造是令人关注的问题。目前虽然有约12种不同设计的LNG运输船舶投入使用，但储罐主要采用独立式储罐和膜式储罐。

1. 液化天然气船运的自然条件

LNG船舶港口选址需考虑该地区的自然条件，包括当地的地理位置、气象、水文、地形地貌和工程泥沙、地质和地震等条件。

2. LNG船型条件

接收站工程设计需要提供运输的LNG船的容积及其他参数。典型接收站运输船型及数据见表2-2。

表2-2 典型LNG运输船型数据表

船容（×10⁴m³）		14.7	21.6 Q-Flex	26.6 Q-Max
卸船期间日蒸发率（%）		0.15	0.145	0.135
船上卸料泵台数（台）		8	10	10
单台卸料泵能力（m³/h）		1500	1400	1400
总卸载速率（m³/h）		12000	14000	14000
卸料泵最大扬程（m）		150	145	165
卸料泵运行效率（%）		78.7	75~80	75~80
卸料泵最大关闭扬程（m）		182	180~200	180~200
LNG运输船与卸船臂接口	汇管接口个数	5	5	5
	汇管接口尺寸（in）	16	16	16
	汇管接口法兰处最大压头（MLC）	90	80~100	90
	汇管接口布置	LLVLL	LLVLL	LLVLL
	汇管设置（单侧/双侧）	双侧	双侧	双侧
	汇管法兰中心距水面高度（m）	19	19.9	20.1
	压力等级（cl）	150	150	150
	异径接头规格（通常船可自带大小头）（in）	16×20	16×20	16×20

续表

船型尺寸（m）	总长	292	315	345
	型长	266	303	333
	型宽	43.35	50	55
	型深	26.25	27	27
	满载吃水深度	11.45	12	12

三、船和码头的设施及建设

1. 航道

在允许的条件下，可设置独立的液化天然气船舶的进出港航道，减少对其他进出港船舶的影响。在有交通管制的条件下可与其他船舶共用。对于公共航道较长、通航密度较大的港区，需重点研究 LNG 船舶进出港对港区其他船舶通航的影响。

天然航道通常应具备槽宽水深的特点，主航道必须满足 LNG 设计船型的通行要求；若无法满足要求，则需要人工疏浚。航道的有效宽度可参照《海港总体设计规范》（JTS 165—2013）计算；LNG 船舶航道的有效宽度可依据《液化天然气码头设计规范》（JTS 165-5—2016）进行计算，单向航道的有效宽度可取 1 倍 LNG 船型设计船长。此外，还应根据相关规范设计航道底标高、航道边坡等技术参数。根据以上参数选择合适的 LNG 船通行的航道，或者对已有航道进行疏浚。若航道已有海底管道、码头设施等建构筑物，应保持足够的安全距离。对于新开辟航道选线应充分考虑风、浪、流等对船舶航行的影响，并考虑强风、强流和潮流主流向与航线的夹角，力求航线顺直，便于船舶操纵。所选择的航道应结合拟建站址的自然条件、航标设置、疏浚工程量、施工条件和维护费用等因素综合分析确定。

2. 锚地

靠泊 LNG 码头的 LNG 船舶应设置应急锚地，也可与油品运输船共用锚地。锚地是指港口中供船舶安全停泊、避风、海关边防检查、检疫、卸装货物和进行过驳编组作业的水域。其面积由锚泊方式、锚泊船舶的数量和尺度、风浪和流速大小等因素而定。作为锚地的水域要求水深适当，底质为泥质或砂质，有足够的锚位（停泊一艘船所需的位置），不妨碍其他船舶的正常航行。

根据规范要求，锚地水深不应小于设计船型满载吃水深度的1.2倍，LNG船舶的锚位与其他锚地的安全净距不应小于1000m。

3. 海务设施

LNG船舶的主航道上应有比较完善的海务设施，能够满足LNG船舶进出港需要。如港口导航和常规导助航标志、灯浮标设置、灯桩设置以及辅助靠泊电子系统等。为了LNG船的安全行驶，港口需具备比较完善的导、助航设施，并在LNG船回旋水域开挖区设置2座灯浮标。为协助靠泊和其他船舶航行安全，在LNG码头两端各设置一座灯桩等设施。为保证大型LNG船靠泊和停泊安全，必须考虑设置辅助靠泊电子系统。

四、界区输出条件

LNG接收站界区输出通常有三个途径。其中液态外输分槽车和槽船外输两种途径，即通过LNG槽车或者LNG槽船将LNG载运到各地，供居民燃气、工业燃气或LNG转运站使用；第三种方式也是主要方式，既LNG汽化后由管道外输，通过输气站输入输气干线，然后由分输站和管道沿线的末站供给电厂和城市门站。

（1）输气干线的界区输出的条件主要有天然气的压力、流量、温度等。

（2）LNG槽车的界区输出条件主要有年周转量、槽车资料、日允许LNG装车时间、道路的通行能力和管制措施等。

（3）LNG槽船的界区输出条件主要有船型资料、LNG装船时间等。

第三章　LNG 接收站站址选择

第一节　站址要求

一、LNG 接收站概述

LNG 接收站即 LNG 接收终端，是指接卸并储存液化天然气然后往外输送天然气到用户的装置。其功能是对 LNG 运输船舶从海外运输来的 LNG 进行接卸、储存、加压和汽化，并通过长输管道外输至管网或天然气用户。LNG 接收站也可建适合槽车外运和小型 LNG 驳船外运的设施。

LNG 接收站的站址选择是一项政策性和技术性很强的工作。站址的正确选择，对于工程投资、建设进度、生产成本、经营管理、经济效益等起着重要作用，还对企业的生存发展以及站址所在区域规划和区域可持续性发展战略有深远的影响。站址选择的政策性体现在接收站的比选既要贯彻国家和地方的能源政策，又要符合当地的总体规划工业布局。它的技术性体现在液化天然气项目是一个宏大的系统工程，涉及 LNG 的购运、码头装卸、接收站存储和汽化外输等。接收站工程是这个系统工程的主体部分，接收站站址选择工作意义重大，应结合备选站址的地理位置、自然条件、建设场地条件、外部建设条件、港口工程建设条件、天然气用户条件、对周边环境及安全的影响及工程综合投资等诸多因素，经过综合分析、多方案比较论证，选出投资省、建设快、运营费低，具有最佳经济效益、环境效益和社会效益的站址。

二、LNG 接收站站址选择原则

（1）应符合当地的国民经济发展和沿海经济发展的总体要求。

（2）应与全国港口布局发展规划相协调。
（3）应该与当地城市总体规划相协调。
（4）应综合考虑港址选择、天然气用户布局、输气干线走向等因素，经过多方案比选确定。
（5）应远离大型危险设施、大型机场、重要军事区、重点文物保护区、运载危险品的运输线路。
（6）应位于地质条件良好地区，避开地质构造复杂的地区，充分考虑山洪及泥石流对站址的威胁，不应该位于窝风地带，应避开对抗震不利的地点。
（7）宜选在交通方便、有利于人员疏散的区域。液化天然气站场应设置全天候的疏散设施，基荷型液化天然气接收站应设置消防车进入和人员安全疏散的通道，以保证在紧急情况下人员通过道路、铁路、隧道、桥梁、海运或空运等设施进行安全疏散。
（8）宜选在有施工作业场地、易于建设临时设施、易于在施工期内阻挡洪水和砌筑堡坎、易于"三通一平"（水通、电通、路通和场地平整）的区域。

三、LNG 接收站站址依托周边的环境条件

1. LNG 用户的用气量及位置

LNG 接收站的最终目的是向骨干用户输气，其用户的用气量及当地的 LNG 管网规划及走向决定了 LNG 接收站站址的合理位置。站址应地理位置适中、离 LNG 主要用户较近、符合当地城市总体规划的要求，应与当地 LNG 管网有较好的衔接。

2. LNG 接收站陆域形成条件

接收站站址的选择应结合陆域形成设计方案及施工方案确定。应满足接收站的陆域面积、高程等布置要求，并适当留有发展余地。陆域形成平面布置应符合当地城市总体规划的要求，应保持周边原有道路系统的畅通。陆域形成的平面布置应充分考虑协调周边单位的各项关系，陆域形成方案的可实施性是确定接收站站址的重要依据。

3. LNG 接收站周边的安全防护

接收站站址应考虑与周围工矿企业、居住区的防护距离，特别是与下列场所、区域的距离必须符合国家标准或国家相关规定、必须满足现行的安全、卫生、环保各项有关规定：

（1）居民区、商业中心、公园等人口稠密区域；

（2）学校、医院、影剧院、体育场（馆）等公共设施；

（3）饮用水水源、水厂及水源保护地；

（4）车站、码头（按照国家规定，经批准，专门从事危险化学品装卸作业的除外），机场、公路、铁路、水路交通干线，地铁风亭及出入口；

（5）基本农田保护区、畜牧区、渔业水域和种子、种畜、水产苗种生产基地；

（6）河流、湖泊、风景名胜区和自然保护区；

（7）军事禁区、军事管理区；

（8）工程建设标准强制性条文规定的，城市规划的居住区、文教区、水源保护区、名胜古迹、温泉、疗养区和自然保护区等区域；

（9）对飞机起降、电台通信、电视转播、雷达导航和天文、气象地震观测及重要军事设施等规定的影响范围内；

（10）不能确保安全的水库，在堤坝决溃后可能淹没的地区；

（11）易受洪水危害或防洪工程量很大，尚难保库区安全的地区；

（12）在爆破危险区范围内；

（13）大型尾矿库及废料场下方；

（14）有严重放射性物质污染影响的地区；

（15）全年静风频率超过 60% 的地区。

（16）法律、行政法规规定予以保护的其他区域。

四、LNG 接收站现场自然条件

接收站站址选定的影响因素主要有自然因素、经济因素、社会因素、交通及经济地理位置。其中自然因素是保证站址安全生产、生活的必要条件，为站址选择中方案比较提供了依据，为方案的技术经济比较提供了必要的基础数据。自然条件主要包括气象条件、航道港口条件、地形地貌、工程地质情况、水文地质概况、地震地质等。

接收站现场的地形、地貌情况决定了站场防洪排涝措施，工程地质、地震地质影响了接收站的稳定、安全。

1. 防洪排涝

接收站应根据站址所处地区、城市等级及接收站的建设规模符合《防洪标准》（GB 50201—2014）的规定，以免被暴雨洪水、融雪洪水、雨雪混合洪水和海岸、河口地区潮水淹没。

2．工程地质良好稳定

良好的工程地质、水文地质是站址选择的最基本要素之一，不仅直接影响站址的稳定安全，而且对项目的建设进度、投资也有重大影响，特别是工程地质条件复杂的地区。不应在下列地段和地区选择站址：

（1）地震断层及地震基本烈度高于9度的地震区；

（2）工程地质严重不良地区；

（3）有开采价值的矿藏区及采矿陷落（错动）区界限内。

站址的选定应根据工程地质评价报告经比选确定。工程地质良好的站址应具有站址稳定，无不良地质现象，基土的性质正常、均匀，可采用天然地基，地下水最高水位低于基础埋置深度，场地较为平整，土石方量较小等特点。

五、LNG 接收站周边配套设施

接收站周边配套设施的完善程度是保证接收站安全生产和生活的重要条件。接收站的建站条件除了符合防洪标准、工程地质、水文地质条件良好，气象条件适宜外，还应具有交通运输条件便利，有充足、可靠、符合生产和生活要求的水源和电源，且能满足接收站可持续发展的需要。应选在城市或居住区的下风向，并应符合相关规范的防护要求，社会协作和依托条件好，便于职工的生活。

1．运输条件便捷

接收站的站址应具有方便、经济的运输条件，生产所必须的原料及产品应采用最适宜的运输方式运入、运出。

海运——港口及腹地应满足船舶航行的航道要求，应有足够的锚地，且符合岸线资源地的规划要求。

水运——应深入调查研究，河床应稳定，水深能满足重件的运输要求，且陆域条件能满足装卸的场地要求。

公路——尽可能靠近现有公路干线。

铁路——铁路引线在铁道部门制定的规范内尽可能短捷，尽量减少交叉。

2．供电安全

接收站站址的确定必须有可靠的电源。应调查落实电厂及区域变电所的位置及分布情况，收集与接收站的距离、输电线路的长度等重要信息。根据调查情况，依据当地电力系统规划制订出接收站的供电方案，作为接收站站址选择的依据。

3. 水源充足可靠

充足的水源是站址选择的必要条件。站址选择应重视水源的调查和勘察工作，并根据接收站的建设规模评价水源的保障情况，确保生产有充足的水源。水源可利用地表水、地下水、城市水厂。应根据接收站所处地区现状、调查勘察报告确定合理、可行的用水方案。

4. 污水排放便利

接收站的生产水、生活水应落实排放形式及地点。接收站站址应可充分利用已有城市地下水排放系统。如果站址临近海域或内河及湖泊，应落实达标水就近排入水系的可行性。

5. 通信联络畅通

接收站应保障与外部各相关部门之间通信联络畅通，如国家通信网、港口以及站址供电部门等有可靠的通信设施，以利于安全施工、保障正常的生产运营。

6. 职工生活方便

接收站站址位置选择应本着有利生产、方便生活、互不干扰、保障安全的原则，妥善安排职工生活起居。站址不宜远离城镇及工业区，以便依托周围现有的公共福利设施，如文教、卫生商业网点等公用设施。同时，站址位置应满足现行的安全、卫生规范规定的防护距离。

六、LNG 接收站港口选择

新建 LNG 接收站项目依托于大型港口保障资源。由于大型 LNG 船舶进出港需要引航、助泊、交通流组织和保障等港口资源，新建的 LNG 接收站项目均紧密依托现有大型港口。根据《2015—2021 年中国液化天然气市场发展现状及"十三五"规划投资咨询报告》等资料，"十三五"期间辽宁、天津、河北、山东、江苏、浙江、福建、广东、广西、海南等地均依托其港口资源优势，拟新建设 LNG 接收站项目。

LNG 接收站港口的选择，按照"先有锚地、再有航道、后有港口"的要求，充分结合当地的港口、航道、锚地和气象情况等通航环境特点，必须制订周密、完善且具有较强可操作性的 LNG 船舶通航安全保障方案。

第二节 LNG 接收站陆域形成和场地准备

一、LNG 接收站用地需求

LNG 接收站用地和陆域形成一般需要考虑两个方面，即场地条件、陆域形成。陆域形成应根据场地使用要求、自然条件、接收站安全要求、材料来源和施工条件等因素，经技术经济论证后确定。

（1）陆域形成应解决下列内容：

① 根据接收站的使用要求、土石方平衡、场区周围地形高程和防洪防潮要求等因素，综合论证接收站场地地面设计高程。

② 需论述陆域形成方式、填料来源、填筑方法和开挖方法，必要时进行方案比选，提出推荐方案。

③ 确定陆域形成推荐方案的挖、填土石方量，设有挡土墙时，说明挡土墙位置、结构形式、主要尺度和工程量。

（2）场地条件应说明原场地地形地貌、工程地质条件、地面高程和地面设计高程。

二、场地准备和回填工程

根据我国已建和在建工程实践，大部分接收站场地布置在液化天然气码头旁边，原状地面标高较低，需要进行回填以达到设计场地使用标高。

1. 陆域形成标高

接收站陆域形成的标高应结合码头标高、场地使用需求、沉降预留及土石方平衡等综合确定，并应与场地外周围地形标高、道路及防洪排水条件相协调。在满足工艺要求和防洪防潮要求的前提下，陆域形成设计应充分考虑土石方平衡，以节省工程造价。

如无特殊要求，且在陆域临水侧有防浪墙围护的情况下，陆域高程可按 100 年一遇极端高水位（当地理论最低潮面起算）加 0.5～1.0m 考虑；在满足工艺使用要求的情况下，由于场地土方平衡或其他原因的需要，陆域高程可高于这个数值。有条件时,陆域高程也可考虑因地球气候变暖带来的海平面上升因素,在前面的基础上再适当加高 0~0.5m。

世界上已建成的 LNG 接收站,其陆域高程(个别例外)都在 100 年一遇极端高水位以上。我国部分 LNG 接收站陆域高程(当地理论最低潮面起算)见表 3-1。

表 3-1 我国部分 LNG 接收站陆域高程

LNG 项目	广东秤头角	福建秀屿港	浙江宁波(中宅)	上海西门堂	江苏如东	珠海平排山
百年一遇极端高水位(m)	3.50	8.72	5.03	5.83	9.2	4.41
设计高程(m)	5.85	9.00	5.50	6.80	10.00	7.50

注:表中高程数值以 1985 年国家高程系统为基准。

2. 回填方案

在进行场地回填之前,一般要先进行护岸工程的施工,同时还与场地开挖、地面排水等共同施工,如有开山的还包括边坡工程。

回填方案应根据场地使用要求、自然条件、接收站场地安全要求、材料来源和施工条件等因素,经技术经济论证后确定。

设计前应调查收集工程区的地形、地貌、工程地质、水文地质、气象等资料,按照相关规范的规定,进行测量和勘察,为设计、施工提供指标参数和依据。

回填方案的选择应根据场地岩土工程条件、工程区周边资源供应情况、场地使用要求以及当地的经验和施工条件,并应结合场地地基处理方案经技术经济比较后综合选取。回填料应考虑到储罐及工艺设备基础的设计和施工,设计时应对回填时的填料粒径做出限制。

3. 回填料选择

LNG 接收站陆域形成场地回填料可遵循"有石(开山混合料)不用砂,用砂怕地震,软土需固化"的原则,因为开山混合料加密后即使遭遇罕遇地震也不会产生液化,水平抗力好。而砂,即便是砾砂,加密后(福建 LNG 接收站陆域场地回填砾砂的标准贯入试验 SPT 值>19 击)在罕遇地震时也会液化。软土,甚至是淤泥,一般可以加固以达到设计要求(不小于 80kPa)。因此,具体问题要具体分析。

1）回填开山混合料

回填开山混合料的粒径宜控制在 50cm 以内，以便于冲孔灌注桩的施工，开山混合料可以采用强夯法进行处理。

但在 LNG 储罐下的开山混合料无论通过分层加固还是不分层加固，当采用冲孔灌注桩时均可能存在如下问题：

（1）冲击钻施工工效低，施工工期难以满足进度要求。通过珠海 LNG 站址地层资料及已有的工程实例、施工经验判断，单根 $\phi1200mm$ 冲孔穿过 11m 左右的抛石层成孔及嵌岩成孔的时间约需 15d，根据合理的钻机台数布置，完成一个罐全部桩基施工的工期约需 1 年。

（2）在罐基布桩密集的情况下，冲击成孔可能会对邻近已浇筑的灌注桩（尤其是早期强度阶段）的桩身造成不利影响。

2）回填砂

在场地地下水位以上填砂不会液化（即"无水不液化"）。可能液化的地区用桩基。

3）回填疏浚软土

在有些工程中缺乏砂石料，则需要利用港池和航道的疏浚软土作为陆域形成材料。

利用疏浚软土作为陆域形成材料会存在场地软弱、地基处理难度较大，道路、堆场等大面积场地以外的对变形和承载力要求较高的场地需要打设桩基础的问题。

三、地基处理

1. 概述

地基处理是工程建设的重要组成部分，在工程建设中扮演着十分重要角色。伴随着我国国民经济的快速发展，地基处理技术也取得了长足进步，特别是近 20 年来，随着经济和社会的发展，对地基处理技术也提出了更新、更高的要求。20 年来，不仅原有地基处理技术得到一定的改进和发展，也针对特定的地质条件发展出一些新的地基处理方法与工艺，我国的地基处理技术水平总体上已经达到国际先进水平，部分技术已处于国际领先水平。

目前，我国工程建设中常用的地基处理方法有：排水固结法、强夯法、爆破挤淤法、砂石桩法、振冲法等。这些方法已得到广泛应用，并有不少改进与发展。近 20 年来，我国地基处理技术更是创新不断，出现了深井（点）

第三章　LNG接收站站址选择

降水联合强夯加固技术、真空预压联合强夯快速加固疏浚土技术等组合加固技术，并出现了刚性桩、水泥粉煤灰碎石桩（CFG桩）、水泥搅拌桩等复合地基加固技术。此外，近几年还针对工程发展的需要，开发了浅表层快速加固技术，使以往不能加固的新近吹填的超软土变得能够加固，在短时间内解决了新近吹填土难以施工的问题，为后续运用常规方法继续加固处理提供了可能与条件。该技术的诞生给此类地基的处理提供了一个新的思路和办法，即对超软土可分两次处理的思路，该技术对水运工程具有重要意义。

2. 设计标准

应根据场地岩土工程条件，建（构）筑物的安全等级、结构类型、荷载大小、上部结构和地基基础的共同作用以及当地地基处理经验和施工条件、建（构）筑物使用过程中岩土环境条件的变化，经技术经济比较后，在技术可靠、满足工程设计和施工进度的要求下，选用地基处理方案。对于软土地基，应根据沉降和稳定计算情况，结合软土的厚度、深度、性质以及场地的使用要求、工程施工工期要求等选用适当的方法进行加固。

接收站陆域场地残余沉降量、不均匀沉降量、处理后地基承载力标准值应满足接收站不同区域建筑物的使用要求。接收站陆域场地的沉降标准、承载力要求应结合接收站不同区域的功能要求确定。实际设计时应对具体工程具体对待，不同的工程承载力、残余沉降量和不均匀沉降量的要求会有差别。

接收站的陆域场地在形成后或经过处理后（含地基处理、桩基础等）应满足接收站场区不同区域建、构筑物在承载力和沉降方面的使用要求。我国工程实践表明，对于陆域形成后或经过处理后的表层地基承载力，管道区达到160~220kPa，其余区达到120~150kPa，一般已可满足接收站场区使用要求。罐基础后期沉降量应满足：蝶形（凹形）沉降差（中心至边缘）≤13cm；倾斜面沉降差（罐径的两端）≤16cm；沿罐周（平面）的沉降差为弧长的1‰。这些标准严于《石油化工钢制储罐地基与基础施工及验收规范》（SH/T 3528—2014）的允许值3‰。陆域其他区域后期沉降量以≤20cm为宜。

福建LNG接收站陆域形成后的面层设计承载力：管道区为200kPa；其余区为150kPa；全场计算沉降量采用均载20kPa。

实际设计实践中，往往由接收站工艺设计单位提出陆域形成设计的陆域形成承载力要求、地基沉降量要求。

3. 常用地基处理方法及其适用范围

在接收站的场地地基处理工程中，常用的地基处理方法有强夯法、振冲

法、排水固结法、复合地基法等。其中强夯法和振冲法主要用于处理砂性土；排水固结法主要用于处理黏性土。

1) 强夯法

强夯法又名动力固结法或动力压实法，是20世纪60年代首先在法国发展起来的。通过对地基土施加强大的冲击能，在地基土中形成冲击波和动应力，使地基土得以压实和振密，从而提高地基的承载力并降低其压缩性，改善地基性能。我国于1978年首次在天津新港进行了强夯试验研究，随后又在秦皇岛码头煤堆场细砂地基进行了试验并正式使用，取得了显著的加固效果，随后在上海、大连、广州、深圳、秦皇岛等港口大面积推广应用。

强夯法适用于处理碎石土、砂土、低饱和度的粉土与黏性土、湿陷性黄土、素填土和杂填土等地基。

强夯法虽然已在工程中得到广泛的应用，但有关强夯机理的研究尚未完善，至今没有形成一套成熟的设计计算方法。因此，在设计前必须通过现场试验确定其适用性和处理效果。强夯地基处理的设计参数主要包括单击夯击能、夯击次数和夯击遍数。

2) 振冲法

振冲法是利用振动和水冲加固土体的方法，于20世纪30年代由德国的S.Steuerman首先提出。由于该法具有工艺简单、施工便捷、工期短、经济实用和效果显著等优点，在世界各地得到了广泛的应用。1976年我国开始引进振冲法并试制振冲器。1977年我国首次将振冲法应用于南京船舶修造厂船体车间的软土地基加固。后来由于大量工业民用建筑和水利、交通工程地基抗震加固的需要，这一方法得到迅速推广。

振冲法加固砂层的原理就是，一方面依靠振冲器的强力振动使饱和砂层发生液化，砂颗粒重新排列，孔隙减少；另一方面依靠振冲器的水平振动力，在加回填料的情况下通过填料使砂层挤压加密，所以这一方法又称为振冲密实法。在振冲器的重复水平振动和侧向挤压作用下，砂土的结构逐渐破坏，孔隙水压力迅速增大。由于结构破坏，土粒有可能向低势能位置转移，这样土体性由松变密。可是当孔隙水压力达到最大主应力数值时，土体开始变为流体。土在流体状态时，土颗粒不时连接，这种连接又不时被破坏，因此土体变密的可能性将大大减小。

振冲法适用的土质主要是砂类土，从粉细砂到含砾粗砂，只要小于0.005mm 的黏粒含量不超过10%，都可以得到显著的挤密效果。若黏粒含量大于30%，则挤密效果明显降低。另外，通过在振冲孔内加添中粗砂、碎石或卵石等回填料，制成密实的振冲桩，并使桩间土受到不同程度的挤密和振密，振冲法也可用于处理黏性土、粉土、粉质黏土、素填土以及杂填土等。

虽然振冲法在应用方面积累了丰富的实践经验，但是在加密机理的认识和设计理论的开发方面还处在初级阶段，设计工作基本上是根据已有工程的成功经验或者正式施工前的现场试验进行的。因此，对大型的、重要的或复杂的场地进行地基设计时，在正式施工前应通过现场试验确定其适用性。

3) 排水固结法

我国东南沿海和内陆广泛分布着海相、湖相以及河相沉积的软弱黏性土层。这种土的特点是含水量大、压缩性高、强度低、透水性差且不少情况下埋藏深厚。由于其压缩性高、透水性差，在建构筑物荷载作用下会产生相当大的沉降和沉降差，而且沉降的延续时间很长，有可能影响建构筑物的正常使用。另外，由于其强度低，地基承载力和稳定性往往不能满足工程要求。因此，这种地基通常需要采取处理措施，排水固结法就是处理软黏土地基的有效方法之一。用该方法处理软土地基时，可先在地基中设置砂井、塑料排水带等竖向排水井，然后利用建筑物本身重量分级逐渐加载，或是在建筑物建造以前，在场地先行加载顶压，使土体中的孔隙水排出，逐渐固结，地基发生沉降的同时强度逐步提高。排水固结法处理地基一般分为堆载预压、真空预压和真空联合堆载预压三种方法。

堆载预压法主要用于解决软弱地基承载力不足和压缩量过大的问题，经过几十年的发展，无论在施工方法、加载工艺，还是卸载标准、现场监测技术等都已经比较成熟，形成了一套较为完善的堆载预压加固技术，已广泛应用于水运、公路、铁路、水利等工程建设中，成为软基加固最常用的一种方法。

排水固结法主要适用于在持续荷载作用下会发生很大压缩，强度会明显增长的土。对超固结土，只有当土层的有效上覆压力与预压荷载产生的应力明显大于土的先期固结压力时，土层才会发生明显的压缩。排水固结法用于处理泥炭土、有机质土和其他次固结变形占很大比例的土的效果很差。

排水固结法处理地基应预先通过勘察查明土层在水平和竖直方向的分布、层理变化，查明透水层的位置、地下水类型和水源补给情况等，并通过土工试验确定土层的先期固结压力、孔隙比与固结压力的关系、渗透系数、固结系数、三轴试验抗剪强度指标以及原位十字板抗剪强度等。

排水固结法的主要设计内容包括：选择砂井或塑料排水带，并确定其断面尺寸、间距、排列方式和深度；确定预压区的范围、预压荷载大小和分级情况、加载速率、预压时间；计算地基土的固结度和强度增长、抗剪稳定性和变形。

在实际工程中，预压荷载应分级逐渐施加，保证每级荷载下地基的稳定性，而对真空预压工程，可一次连续抽真空至最大压力。

当建筑物的荷载超过真空预压的压力，且建筑物对地基变形有严格要求时，可采用真空联合堆载预压，其总压力宜超过建筑物的竖向荷载。

对以变形控制设计的建筑物，当塑料排水带或砂井等排水竖井处理深度范围及竖井面以下受压土层预压所完成的变形量和平均固结度符合设计要求时，方可卸载。对以地基承载力或抗滑稳定性控制设计的建筑物，当地基土经预压而增长的强度满足建筑物地基承载力或稳定性要求时，方可卸载。

对重要工程，应预先选择有代表性的地段进行试验，通过试验获得荷载变形与时间的关系曲线，孔隙水压力与时间的关系曲线，利用这些曲线推算土的固结系数、预压荷载下地基的最终沉降量及预压不同时间的固结度等参数，为卸荷时间的确定、预压效果的评价以及指导全场的设计与施工提供主要依据。

4）复合地基法

复合地基是一个比较新的概念。20世纪60年代国外采用碎石桩加固地基，并将加固后的地基称为复合地基。改革开放以后，我国引进碎石桩等许多地基处理新技术，同时也引进了复合地基概念。复合地基最初是指采用碎石桩加固后形成的人工地基。随着复合地基技术在我国土木工程建设中的推广应用，复合地基理论得到了很大的发展。随着深层搅拌桩加固技术在工程中的应用，发展了水泥土桩复合地基的概念。碎石桩是散体材料桩，水泥土桩是黏结材料桩。水泥土桩复合地基的应用促进了柔性桩复合地基理论的发展。随着低强度桩复合地基和长短桩复合地基等新技术的应用，形成刚性桩复合地基概念，复合地基概念得到了进一步的发展。如果将由碎石桩等散体材料桩形成的人工地基称为狭义复合地基，则可将包括散体材料桩、各种刚度的黏结材料桩形成的人工地基以及各种形式的长短桩复合地基称为广义复合地基。

第三章 LNG接收站站址选择

复合地基在建筑、交通、铁道、市政、水利、港口、机场、堆场等土木工程建设中得到广泛应用。复合地基主要包括砂石桩、水泥土桩、旋喷桩、CFG桩等。

四、护岸结构

LNG接收站陆域通常由填海形成,其临海面需要护岸防护。护岸结构应根据陆域高程、地质特征、水文条件、当地施工材料来源等因素分析确定,可采用直立式或斜坡式结构。目前投产的LNG接收站护岸大多采用斜坡式结构,堤心采用开山石,外侧采用人工块体或天然大块石护面,堤身上部设置防浪墙。当护岸后方为罐区时,防浪墙顶高程应按不越浪考虑。

第三节 LNG接收站选址实例

一、概述

LNG接收站选址应根据选址的原则和一般要求,对拟定选择的站址进行踏勘后,须进一步做出技术和经济评价,经多方案比选,提出各方案的优点、缺点及经济效果,以便在此基础上选出最优的站址方案。

二、LNG接收站站址选择

1. 某接收站项目概述

(1) 接收站主要组成:全包容式混凝土地上储罐、汽化器、蒸发气压缩机、天然气外输系统、冷能利用装置。

(2) 码头规模:卸船最大能力为 12000m^3/h (远期规模为两个卸船码头),可接卸 $14.5 \times 10^4 m^3$ LNG船,也可卸 $16.5 \times 10^4 m^3$ LNG船。

2. 某接收站备选站址方案位置

站址A、站址B相对位置见图3-1。

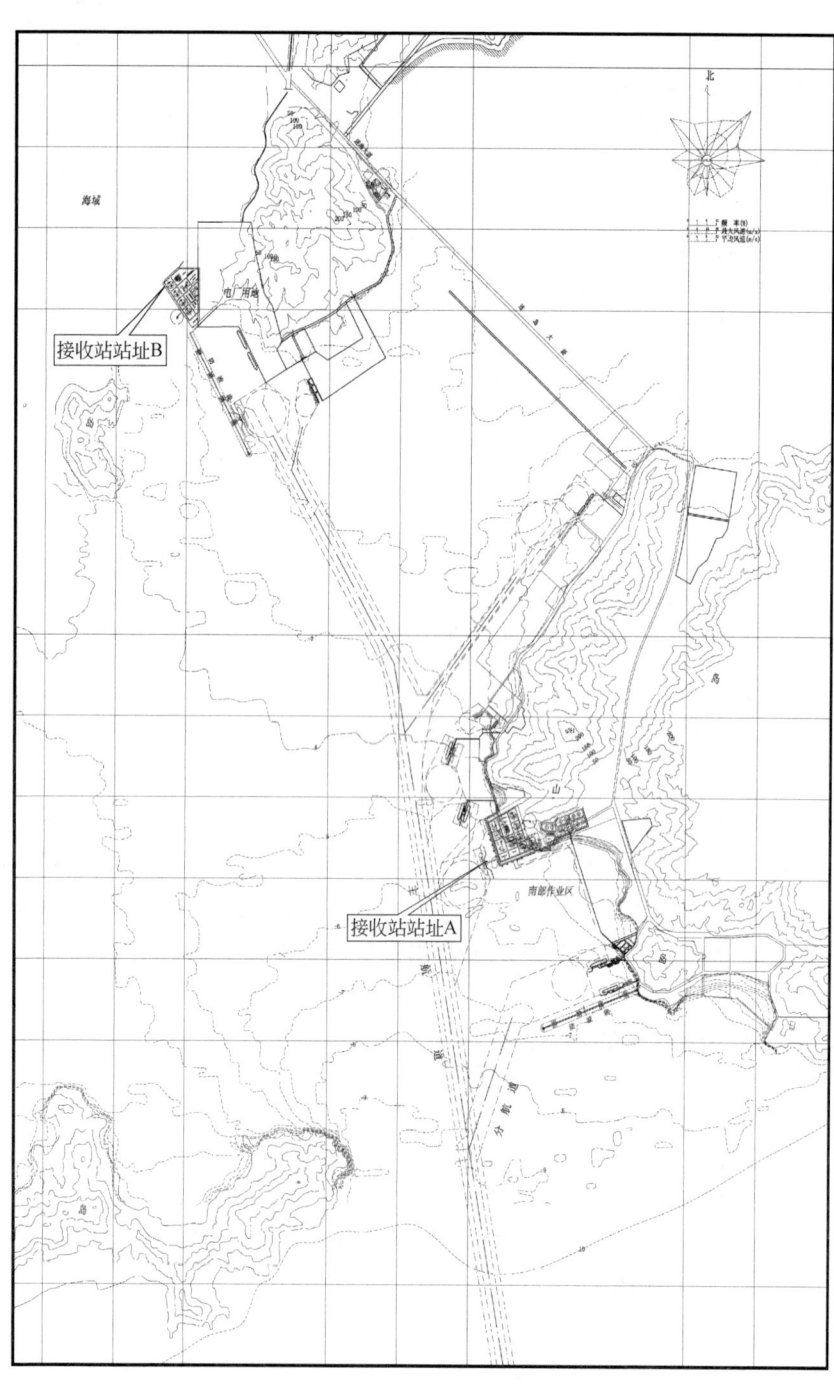

图 3-1 某接收站站址 A、站址 B 相对位置

第三章　LNG接收站站址选择

3. 某接收站备选站址方案概述

1）站址 A

（1）陆域概况。

本站址位于海岛西岸，海湾作业区北侧，西侧有山体。站址北侧、东侧为其他企业用地。西面是大海，南面即为海湾作业区，站址水运、公路运输依托条件好，交通十分发达。站址距主要天然气用户输气距离较短，与站外输气管网能较好衔接。

陆域部分大体呈矩形，占地约 $0.3km^2$，陆域形成需开挖部分山体，向西填海而成，开山、填方工程量相对较大，但 LNG 储罐位于开山后的基岩上，储罐基础地质条件优越，可减少地基处理工程量。

地质钻探资料表明，该站址所处基岩为轻微风化花岗岩和花岗岩，属于完好的花岗岩地质结构，该站址适合建造 LNG 接收站。

（2）站址概况。

本站址岸线走向与库区西护岸平行，码头通过一座长 155m 的引桥接岸和库区陆域连接。重件泊位布置在库区西护岸的北端。本站址航道利用附近电厂煤码头的主航道，进港支航道较短，航道开挖和维护费用较低，LNG 船进出港对其他进出港船舶航行的影响相对较小。本站址泊位毗邻主航道，水域较宽阔，码头使用水域条件较好。

（3）对外输气管道。

输气管道自接收站出线，向北沿环岛路一侧敷设，一直到连岛大堤，接进港大道后到达天然气管道的出港连接点，输送距离相对较长。

（4）结论。

本站址施工场地较宽裕，施工期对环岛路交通会带来一定影响。周边现有码头和企业，特别是站址北侧的液化石油气库区，对施工的安全性要求较高。本站址对外输气管道相对较长。

2）站址 B

（1）陆域概况。

站址 B 位于某电厂西侧，电厂海水排水渠南侧，电厂防波堤北侧。西面为港区规划的作业区，东面即为电厂。该站址地理位置较好，距主要天然气用户距离短，特别是与电厂用户最近，与现有站外输气管网能较好衔接。

陆域已经形成并呈扇形，地势平坦。站址北部被排水渠分隔，场地较不规整，可用面积不到 $0.25km^2$。

地质钻探资料表明，该站址场地基岩埋藏较深，储罐基础需打桩，该站址内重型设备、主管廊和重要建、构筑物均宜采用桩基结构，基础处理费用相对较高。从工程地质条件看，该站址建造接收站地质条件较差。

（2）站址概况。

本站址位于电厂现有防波堤端头内侧，岸线走向与防波堤轴线平行，码头通过一座长 85m 的引桥和防波堤连接，重件泊位可利用电厂现有的重件泊位。航道利用电厂煤码头的主航道，需将其加宽即可满足使用要求。进港支航道较长，航道开挖和维护费用较高。LNG 船进出港对其他进出港船舶航行带来的影响相对较大。本站址泊位毗邻主航道，码头调头区需占用主航道，水域相对狭窄，水域条件一般。

（3）对外输气管道。

本站址送往电厂的天然气支管道可就近输送，出港主干线在接收站出线，沿电厂西侧跨越电厂海水排水渠后向北敷设，然后折向东北经斗门围垦地到达出港连接点，输送距离较短。

（4）结论。

本站址场地较不规整，有效用地面积不足 $0.25km^2$。该站址毗邻电厂，施工水、电、路等依托条件较好，但陆域施工时，施工场地较局促。码头先行施工，可将电厂防波堤根部陆域用作站址施工场地，该站址地处风浪较小地段，施工条件较好。但由于该站址水域相对狭窄，工程施工期间会对电厂煤码头船舶进出港带来一定影响。本站址对外输气管道距离较短。

4. 某接收站项目建设工程综合比较

1）接收站站址方案技术条件比较

站址比选是 LNG 接收站比选中最基本、最重要的一个环节。"先有港，后有站"的重要性是首要的。影响站址建设和选择的技术条件主要包括地理位置、自然条件、建设方案及建设可依托的条件、航行的安全性、对周围环境的影响等多方面。A、B 两个站址技术条件比较见表 3-2。

表 3-2　某接收站站址方案技术条件比较

序号	比较内容	站址 A	站址 B
1	地理位置	该站址地理位置较好，距主要天然气用户市场的综合输气距离较短，与现有站外天然气管网能较好衔接。本站址位于规划的海湾作业区，交通便利，陆路距市中心约 23km，位于用气市场的东南部	该站址地理位置较好，距主要天然气用户市场的综合输气距离较短，特别是与电厂用户最近，与现有站外天然气管网能较好衔接。本站址位于港区西侧，陆路距市中心约 28km，位于用气市场的东南部

第三章 LNG接收站站址选择

续表

序号	比较内容		站址 A	站址 B
2	自然条件	地形、地貌	本站址位于两座海岛形成的海域内	地貌单元属西、北江三角洲,地貌景观以花岗岩风化地貌为主
		水深条件	水域较宽阔,码头调头水域可相对独立布置	水域相对较狭窄,码头调头区需占用进港航道
		水文、气象	无冰冻,一般情况下风浪较小,泊稳条件较好,年均可作业天数 325d	无冰冻,风浪较小,泊稳条件相对较好,年均可作业天数 332d
3	建设方案	LNG 码头平面布置形式	蝶形布置	蝶形布置
		LNG 码头水工结构	基岩埋藏较深,选用高桩结构。基桩长度相对较大	基岩埋藏较深,选用高桩结构。基桩长度相对较小
		LNG 泊位引桥、引堤长度	引桥长 150m,无引堤	引桥长 85m,引堤长 1270.5m,引堤可利用电厂防波堤,但需对其进行改造
		进港航道	主航道可利用现有航道,在其基础上,将该航道拓宽至 300m 即可满足本工程 LNG 船进港航道要求。该站址进港航道长 6.2km,相对较短,支航道也短,航道开挖和维护费用较低。另外,本工程距离口门较近,LNG 船进出港对其他船舶航行影响相对较小	本站址进港航道可利用现有航道,在其基础上,将该航道进一步拓宽至 300m 即可满足本工程 LNG 船进港航道要求。该站址进港航道长 11.6km,相对较长,航道开挖和维护费用高。另外,本工程距离口门较远,LNG 船进出港对其他船舶影响相对较大
		锚地	需新增锚地,水深-15m 以下,直径不小于 1000m	需新增锚地,水深-15m 以下,直径不小于 1000m
		水域挖泥	$1135 \times 10^4 m^3$	$1550 \times 10^4 m^3$
		重件码头	需建 1 个 $5 \times 10^3 t$ 级重件码头	本工程可租用电厂现有重件码头,不需另建重件码头
4	施工条件		该站周围已有其他企业码头。施工水、电、路等条件较好。施工场地需开山填海,附近有大型预制构件厂,工程建设所需的砂、石料可就近解决,施工条件较好。工程施工期间对环道路交通会带来一定影响。另外,该工程周边均为危险品码头和库区,对施工的安全性要求较高	该站址位于海岛西侧,毗邻电厂,施工水、电、路等条件较好。但陆域接收站施工时,施工场地较紧张。待二期扩建施工第 4 个 LNG 储罐,现有施工场地就已受限。若考虑码头先行施工,电厂防波堤根部陆域可用作接收站港口工程施工场地,该码头位置风浪较小,施工条件较好。但由于该处水域相对狭窄,工程施工期间会对电厂煤码头船舶进出港带来一定影响

续表

序号	比较内容		站址A	站址B
5	航行和在港安全管理		当地海事部门具有丰富的管理经验和完备的管理设施,具有引航大型危险品船舶经验。本站港口各种导助航设施齐全,具有保证LNG船安全进出港和在港管理的必要条件	当地海事部门具有丰富的管理经验和完备的管理设施,具有引航大型危险品船舶经验。本港各种导助航设施齐全,具有保证LNG船安全进出港和在港管理的必要条件
6	对周边环境及岸线规划的影响		站址选择和平面布置均符合临港工业区总体布局规划。但该站址陆域边界线突出控制性规划岸线约200m	本站址位于海岛西侧,电厂防波堤内侧,目前,该区域未规划
7	建设条件	水域条件	本站址位于主航道东侧水域内,泊位离主航道约800m,水域较宽阔,码头调头区可相对独立布置,仅与现有液化石油气(LPG)码头调头区部分重叠,码头使用水域条件较好	本站址位于已建电厂煤码头西侧,电厂防波堤掩护水域以内,码头泊位毗邻主航道,码头调头区需占用主航道。水域相对狭窄,因调头区在主航道范围内,对电厂码头船舶进出港有一定影响,使用水域条件一般
		陆域条件	该站址陆域至码头的距离约400m,符合规范规定。该站址陆域由两部分组成:开山形成,陆域基础为岩基;开山石填海形成,淤泥拟采用推填挤淤方式处理。该方案开山、填海工程量较大,但LNG储罐址位于开山后的基岩上,地质条件优越	该站址陆域距离码头约1300m,超过规范规定的适宜距离。但该站址陆域可利用电厂防波堤根部现有陆域,根据现场踏勘情况,该陆域海侧护岸须进行必要加固处理,目前陆域标高尚不能满足本工程设计要求,需继续回填至设计标高。该站址陆域涉及征地事宜
		航道条件	该站址港口主航道可利用现有航道,该航道按 $5×10^4$t 级煤炭船乘潮进出港设计,航道底高程-13.4m,航道底宽160m。在其基础上将该航道进一步拓宽至300m即可满足本工程LNG船进港航道要求。该站址进港航道长6.2km,相对较短,进港支航道也较短,航道开挖和维护费用较低。另外,本工程距离口门较近,LNG船进出港对其他进出港船舶航行带来的影响相对较小	本站址进港航道可利用已建企业航道,该航道按 $5×10^4$t 级煤炭船乘潮进出港设计, 航道底高程-13.4m,航道底宽160m。在其基础上将该航道进一步拓宽至300m即可满足本工程LNG船进港航道要求。该方案进港航道长11.6km,相对较长,航道开挖和维护费用较高。另外,本工程距离口门较远,LNG船进出港对其他进出港船舶航行带来的影响相对较大

由表3-2可以看出,两个港址各有优、缺点,均可作为大型LNG接卸码头建设的优良港址,但站址A的港址方案相对更优越一些。

2) 接收站陆域方案技术条件比较

接收站陆域技术条件的比较是站址选择的重要因素之一,主要包括地理位置、自然条件、陆域形成的场地条件、建设可依托的外部条件、天然气用

第三章 LNG接收站站址选择

户条件、冷能综合利用条件、施工条件、对周边环境及安全的影响等诸多方面的影响因素。两个接收站陆域方案技术条件比较见表3-3。

表3-3 某接收站陆域方案技术条件比较

序号	比较内容	站址A	站址B
一	地理位置	本站址位于海湾作业区，交通便利，陆路距市中心约23km。距主要天然气用户输气距离较短，位于LNG用气市场的东南部。与现有站外天然气管网能较好衔接，该站址地理位置较好	本站址位于规划海域西侧，陆路距市中心约28km。距主要天然气用户输气距离较站址A更短，特别是与已建电厂用户最近，与现有站外天然气管网能较好衔接，位于用气市场的东南部。该站址地理位置较好
二	陆域条件		
1	陆域场地	陆域场地较为规整，总图布局易于规划，土地利用率较高	陆域场地呈扇形，极不规整，不利于接收站的总图布置，土地利用率较低
2	陆域四至及发展方向	北侧为已建液化石油气库区，东侧为山体，南侧为水渠，西侧为填海造地作业区。发展方向为东侧，开挖山体可形成新的陆域	北侧为已建电厂海水排水渠，东侧为电厂围墙，西南侧为规划的海湾作业区。发展方向为排水渠北侧，但整个场地被排水渠分割
3	陆域面积	规划面积约0.3km²，已考虑一定面积的施工用地。可以满足二期建设5个LNG储罐的用地要求	排水渠南侧可用地面积不足0.25km²，总图布局比较紧张，很难考虑二期建设第4个LNG储罐的施工用地，更无法考虑二期第5个LNG储罐用地的可能
4	土石方量	需开山填海，土石方工程量较大。开山挖方量约315×10⁴m³，填海填方量约280×10⁴m³。陆域形成投资较高	场地地势平坦，只有少量填方量，约15×10⁴m³
5	陆域开山一侧护坡工程量	护坡工程量较大，长约470m，平均高55m。投资较高	无
6	陆域填海一侧护岸工程量	护岸工程量较大，护岸长1227.3m，平均深12m。拟采用斜坡式抛石结构	已有护岸工程，长约693.3m，为浆砌石结构，仅需作必要的加固处理
7	大型LNG储罐基础	LNG储罐可布置在开山地段，可有效减少大罐的地基处理费用	全部场地均为回填形成，大罐的桩基处理费用相对较高
8	陆域与码头的管道距离	LNG码头靠近陆域，卸船低温管道距离较短，约为150m	LNG码头远离陆域，卸船低温管道距离较长，约为1355m。管道投资较大
9	公用工程配套	公用工程均需自己配套建设	部分公用工程可考虑依托附近电厂
10	供水管道	临港工业区供水管道可送达站址区内	可就近利用附近电厂供水管道

续表

序号	比较内容	站址 A	站址 B
11	供电、通信	供电、通信条件较好	供电、通信条件较好
12	冷能综合利用	需在周边建设大型空气分离装置，制造液氧、液氮或制冰、建冷冻仓库来利用冷能	与电厂毗邻，电厂二期扩建燃气轮机组可考虑冷能综合利用，更为便利
三	区域内对外输气管道	较长，约为12100m。外输气管道投资较高	较短，约为2800m，且送往附近电厂的LNG可就近直接输送
四	施工条件	施工条件较好。施工场地较宽裕，但施工期间对环道路交通会带来一定影响。另外，周边环境对施工的安全性要求较高	施工用水、电、路等条件较好，但施工场地较紧张。待二期扩建第4个LNG储罐，现有施工场地就已受限
五	区域规划	符合临港工业区总体规划要求，西侧陆域边界线突出规划岸线约200m	目前该区域未规划

由表3-3可以看出，两个站址的陆域建站条件各有优、缺点，两个站址均具有建大型LNG接收站的条件。但站址A稍好，站址B次之。

3）接收站站址方案投资估算比较

某接收站站址方案投资估算比较见表3-4。

表3-4 某接收站站址方案投资估算比较

序号	工程项目或费用名称	单位	站址 A		站址 B	
			数量	金额（万元）	数量	金额（万元）
	总投资			76492		82766
一	工程费用					
(一)	疏浚工程	×10⁴m³	1135	22700	1550	40300
(二)	陆域形成	项	1	12500	1	1000
(三)	水工工程					
1	LNG主码头（含控制楼平台）	座	1	5700	1	5300
2	主码头引桥	m	150	1500	85	850
3	护岸	m	1227.3	7300	693.3	600
4	重件码头	m	155	3100		
5	引堤	m			1270.5	2000
	小计			17600		8750

第三章 LNG接收站站址选择

续表

序号	工程项目或费用名称	单位	站址A 数量	站址A 金额（万元）	站址B 数量	站址B 金额（万元）
（四）	供电照明工程	项	1	330	1	470
（五）	自控系统工程	项	1	240	1	260
（六）	土建工程	项	1	40	1	340
（七）	给排水工程	项	1	210	1	256
（八）	消防工程	项	1	309	1	675
（九）	环保工程	项	1	50	1	50
（十）	通信导航工程	项	1	1291	1	1192
（十一）	3200HP消拖两用船	艘	3	8200	1	8200
（十二）	大临工程	项	1	300	1	300
	合计			63770		61793
二	其他费用					
（一）	海域使用费	项	1	163	1	1
（二）	征地及拆迁补偿费	项			1	8000
（三）	建设单位管理费	项	1	517	1	501
（四）	工程建设监理费	项	1	510	1	494
（五）	工程质量监督费	项	1	56	1	54
（六）	定额编制管理费	项	1	56	1	54
（七）	前期工作费及勘察设计费	项	1	3826	1	3708
（八）	研究试验费	项	1	150	1	150
（九）	招标代理费	项	1	57	1	56
（十）	扫海费	项	1	50	1	60
（十一）	工程保险费	项	1	383	1	371
	合计			5768		13449
三	基本预备费	项	1	6954	1	7524

4）接收站陆域方案投资估算比较

某接收站陆域方案投资估算比较见表3-5。

表 3-5　接收站陆域方案投资估算比较

序号	工程和费用名称	站址 A 方案		站址 B 方案	
		人民币（万元）	含外汇（万美元）	人民币（万元）	含外汇（万美元）
一	固定资产	252635	14327	251911	14455
（一）	工程费用	204121	12871	203172	12999
1	设备	48580	3958	48816	3980
（1）	工艺设备	27905	2650	27905	2650
（2）	仪表	7153	976	7161	982
（3）	电气及电信	7270		7320	
（4）	车辆	56		56	
（5）	维修及分析设备	840		840	
（6）	消防及安全	2143	63	2321	79
（7）	其他	889	82	889	82
（8）	运保费	2324	187	2324	187
2	材料	23165	1886	24056	1992
（1）	管道	9474	512	9876	567
（2）	仪表	4356	623	4383	645
（3）	电气及电信	1230		1310	
（4）	绝热及防腐	1804	147	1926	176
（5）	消防	2177	210	2387	210
（6）	钢结构	231		281	
（7）	MIS	1677	202	1677	202
（8）	其他	1209	105	1209	105
（9）	运保费	1007	87	1007	87
3	施工费用	18169		20448	
（1）	总图	1626		1543	
（2）	土建	4852		6487	
（3）	设备	850		850	
（4）	管道	1905		2305	
（5）	仪表	543		562	

第三章　LNG接收站站址选择

续表

序号	工程和费用名称	站址 A 方案		站址 B 方案	
		人民币（万元）	含外汇（万美元）	人民币（万元）	含外汇（万美元）
(6)	电气	368		416	
(7)	电信	59		65	
(8)	绝热及防腐	392		585	
(9)	消防	455		495	
(10)	钢结构	272		293	
(11)	其他	1301		1301	
(12)	大型机具安拆费	828		828	
(13)	现场机具使用费	1154		1154	
(14)	临设租赁费	3564		3564	
4	LNG 储罐	64413	3616	67328	3616
(1)	设备费	3627	416	3627	416
(2)	储罐材料	25434	2648	25434	2648
(3)	储罐安装	13218		13218	
(4)	绝热及防腐	5282	553	5282	553
(5)	土建	16852		19767	
5	厂外工程	10030		2760	
(1)	供电外线	350		460	
(2)	岛区输气管外线	9680		2300	
6	其他直接费	39764	3410	39764	3410
(1)	项目管理和控制	13587	1210	13587	1210
(2)	采购服务	2982	258	2982	258
(3)	现场服务	9585	917	9585	917
(4)	其他服务及相关费用	11048	928	11048	928
(5)	工器具及生产用具购置费	54		54	
(6)	备品备件	1085	97	1085	97
(7)	硬件从属费用	1423		1423	

续表

序号	工程和费用名称	站址 A 方案		站址 B 方案	
		人民币（万元）	含外汇（万美元）	人民币（万元）	含外汇（万美元）
（二）	其他费用	48514	1456	48739	1456
（1）	建设单位经费	22387	125	22387	125
（2）	报批报建等费用	876		876	
（3）	引进设备材料国内检验费	420		435	
（4）	联合试运转费	2268	245	2268	245
（5）	压力容器检验费	200		200	
（6）	临时设施费	570		570	
（7）	工程监理费（含聘请国外专家费用）	4430	402	4430	402
（8）	工程保险费	2103		2103	
（9）	勘察费及设计费	7360	370	7570	370
（10）	前期工作费	7900	314	7900	314
二	递延资产	3411	46	3411	46
（1）	人员培训费	526	46	526	46
（2）	生产办公用具购置费	67		67	
（3）	提前进厂费	2468		2468	
（4）	图纸资料翻译复制费等	350		350	
三	预备费	18732		18732	
	建设投资	274778	14373	274054	14501

5）接收站总体投资估算比较

某接收站总体投资估算比较见表 3-6。

表 3-6 某接收站总体投资估算比较汇总表

工程和费用名称	站址 A	站址 B
	金额（万元）	金额（万元）
码头部分	76492	82766
陆域部分	265098	271754

第三章 LNG接收站站址选择

续表

工程和费用名称	站址 A	站址 B
	金额（万元）	金额（万元）
区内输气管道	9680	2300
总投资	351270	356820

5. 某接收站项目站址比选结论

根据码头部分、陆域部分及区内输气管道三部分对两个备选站址进行工程评价、费用估算和综合比较后，推荐排序为：站址 A 方案较优、站址方案 B 次之。建议将站址 A 方案作为本 LNG 接收站的首选站址，站址 B 方案作为备选站址。

第四章 LNG接收站总图及运输

第一节 总平面布置

一、总平面布置原则

液化天然气接收站工程应根据码头、栈桥、陆域形成平面布置，建设场地的自然条件及其他相关资料，经营管理及发展规划，本着有利生产、方便管理、确保安全、保护环境、节约用地的原则，结合建设场地的具体情况，进行总平面布置，并严格遵守国家现行的防火、防爆、安全、卫生等规范的要求。总平面布置应该遵循以下布置原则：

（1）平面布置遵循节约用地、功能区集中布置、预留必要的发展用地的原则，LNG储罐区及工艺设施区应充分考虑扩建的需要。

（2）满足生产工艺要求，物流顺畅，管道短捷。

（3）功能分区布局合理，便于经营和管理。

（4）辅助生产设施及公用工程尽量靠近负荷中心。

（5）根据LNG的特性，依据风向条件确定设备、设施与建筑物的相对位置，严格遵守我国及国际LNG专用现行规范、标准、工程建设标准强制性条文，考虑必要的防火、防爆及卫生要求的安全间距。做到节省用地、降低能耗、节约投资、有利于环境保护。

（6）根据气温、降水量、风沙等气候条件和工艺条件或某些设备的特殊要求，决定采用室内或室外布置。

（7）根据地质条件，合理布置重载荷和有振动的设备，储罐、汽化器、再冷凝器、加压泵等重要生产设施不应布置在存在地震断裂等不良地质条件的地段。

第四章　LNG接收站总图及运输

（8）对有可能造成LNG及其他化学品泄漏的情况，设置泄漏收集系统。
（9）考虑在紧急事故状态下的人员安全撤离通道。
（10）考虑正常情况下的工厂安全保卫系统、设施。
（11）总平面布置考虑事故状态下的防火、防爆要求。
（12）保证施工、操作及维修期间有足够的安全距离及安全操作空间。

二、适用标准规范

液化天然气接收站总图统一执行现行的国家和行业有关规范和标准。除非另有规定，执行的标准和规范均应为最新版。主要标准见表4-1。

表4-1　总图设计相关标准

标准类型	标准名称	标准代号
国家相关标准	《液化天然气（LNG）生产、储存和装运》	GB/T 20368—2012
	《液化天然气设备与安装　陆上装置设计》	GB/T 22724—2008
	《石油天然气工程设计防火规范》	GB 50183—2015
	《工业企业总平面设计规范》	GB 50187—2012
	《建筑设计防火规范》	GB 50016—2014
	《厂矿道路设计规范》	GBJ 22—1987
	《液化天然气接收站技术规范》	SY/T 6711—2014
	《液化天然气码头设计规范》	JTS 165-5—2016
	《石油天然气工程总图设计规范》	SY/T 0048—2016
国际相关标准	《液化天然气生产、储存和装运标准》	NFPA 59A—2013
其他	地方性的法律法规或主管部门的相关要求	

第二节　平面布置及厂区铺砌

一、平面布置

LNG接收站根据功能区划分主要包括：码头装卸区、LNG储罐区、工艺装置区、槽车装车区、公用工程及辅助生产区、海水取排水区、行政管理区、火炬区、外输计量区和冷能利用区等。

1. 码头装卸区

码头上包括 LNG 装卸臂、气相返回臂、栈桥及码头控制室和码头配电室等。码头装卸区应该根据 LNG 泊位及其配套设施布置图、工作船码头布置图、LNG 泊位接岸栈桥布置图、LNG 接收站护岸及防浪墙布置图等进行布置。

码头装卸区的布置应与接收站陆域布置统筹考虑。

由于液化天然气易燃、易爆的化学特性,码头区应远离海滨浴场、人口密集的居住区和其他工业区,且位于全年最小频率风向的上风向。液化天然气泊位及工作船码头与其他泊位应根据现行的相关规范的要求确定,其泊位与液化石油气泊位以外的其他货类泊位的船舶净距应满足 JTS 165-5—2016《液化天然气码头设计规范》的要求,与其工作船舶净距也应满足 JTS 165-5—2016《液化天然气码头设计规范》的要求。

2. LNG 储罐区

储罐区的布置应尽量远离站外的居住区和公共福利设施,以减少接收站事故状态下对该区域的严重影响。储罐区应布置在低于工艺装置、全厂性重要设施及人员集中场所的台阶上。该区的布置应考虑风向的影响,防止泄漏的气体扩散至维修车间、火炬等有火源的地方而引起事故。储罐区宜布置于靠近码头区域,可有效缩短卸船低温管道的长度。

储罐组周围应设环行道路,以满足施工、检修及消防车辆通行的要求。受用地的限制,不能设置环形道路时,应设有回车场的尽头式消防车道,回车场的面积不应小于 15m×15m。

储罐区应考虑预留发展用地,布置时遵循统一规划、分期实施的原则。应规划近期、远期的施工顺序,充分考虑先期施工的罐区低温管道与工艺区的管廊共架,竣工后的罐体不应造成预留区域的封闭,不应对扩建施工造成影响。罐区布置应满足罐区及其附属设施的布置要求以及扩建施工场地的占地要求。

当罐体采用单容罐和双容罐型时,储罐应设置防火堤,防火堤的布置应符合现行标准 GB 50183—2015《石油天然气工程设计防火规范》的规定。当罐体采用全容罐和膜式罐罐型时,罐组应设集液池,集液池的布置应符合现行标准 GB 50183—2015《石油天然气工程设计防火规范》的规定。

第四章　LNG接收站总图及运输

3. 工艺装置区

工艺装置区应根据站址的主导风向、场地标高，考虑液化天然气泄漏对周围设施的影响及明火位置等因素统筹布置。同时应考虑施工、检修以及建设发展用地。

装置区主要布置工艺设备，设备之间主要由管架或管墩连接，工艺装置区的主要设备包括汽化器、LNG输送泵、BOG压缩机、再凝器、气体计量设备、管道清管器、收发装置等。

工艺装置区布置时，应考虑装置间有足够的安全间距，以防一个装置出现事故时影响其他装置的运行。装置区内部各设备间应有足够的操作间距，确保设备事故检修、扩建施工、安装时，不影响现有设备的运营。设备之间的消防间距应充分考虑某一设备在着火的情况下，其热辐射不致影响附近的人员及设备。为满足消防车在事故状态下可迅速开展作业，工艺装置区四周宜设有环行消防道路。

4. 槽车装车区

槽车装车区应位于接收站边缘位置，独立成区，并设有装车区专用出入口，与接收站用非燃烧体围栏或围墙分开。槽车装车区应该有足够的用地面积，使车辆尽可能减少移动和转向。区内应布置槽车停车场，用于运输高峰期供等待车辆的短暂停留。液化天然气装卸臂接头与到储罐、控制室、办公室、维修车间等其他重要设施的距离不应小于15m。槽车站内部道路转弯半径不应小于15m。

槽车区的地面铺砌采用现浇混凝土地面。区内应设置液化天然气泄漏收集设施。槽车区的计量间应尽量靠近地衡，远离装车区域，位于爆炸危险区域之外。

5. 公用工程及辅助生产区

公用工程区及辅助生产区要相对工艺单元独立布置。该区主要包括总变电所、工艺变电所、公用工程机泵房、事故发电房、空气压缩机、仪表空气干燥器、含油废水一体化处理设备、化学品库和维修间等。

接收站控制室或现场机柜间应考虑主导风向及LNG泄漏收集区对其的影响，应布置在火灾危险区或爆炸区之外，宜紧邻道路布置，以保证通行的便利及紧急情况的疏散。

采用架空电力线路引入站内的总变电所应位于厂区边缘，且应位于工艺设备、LNG储罐及槽车装卸设施等可能引起火灾或爆炸的危险区域之外。

6. 海水取水、排水区

海水取水区一般位于护岸位置，用于海水的二级过滤，过滤后的海水进入海水池，通过海水泵打入管网系统。该区的主要设备包括工艺海水泵、海水消防泵等海水取水设施。取水设施应近、远期统一规划，分步实施，并留有发展余地。岸边式取水泵站进口地坪的设计标高，为设计最高水位加浪高再加 0.5m，并应设防止海浪爬高的设施。海水排放口位于护岸位置，海水沟的宽度及海水排放口的尺寸经计算确定。

7. 行政管理区

行政管理区的布置应结合场址的主要风向、场地坡度，考虑液化天然气泄漏、爆炸及火炬的热辐射等因素确定。管理区的主要设施包括厂区办公用房、化验室、消防站等。

接收站的消防站可考虑和周围其他企业合建或设置站内专用消防站。消防站的服务范围应按照行车路程计，行车路程不宜大于 2.5km，并且接到火警后消防车到达火场的时间不宜超过 5min。消防站的位置应确保消防车迅速通往工艺区和罐区。消防站应该远离噪声，消防车行车路线尽量避开人流道路。消防站的规模应根据接收站的规模、火灾危险性、固定消防设施的设置情况、邻近企业的消防协作条件等因素确定。消防站内应配备合理的消防训练场地，训练场地应位于工艺区及 LNG 储罐的全年最小频率风向的下风向，以避免可燃气体扩散到消防训练区域。消防站的车库大门应该面向道路，距离道路边缘不宜小于 15m，车库前的地面应该采用混凝土或沥青混凝土路面形式，并且有不小于 2%的坡度。

8. 火炬区

接收站火炬设施可位于站内或海域，海域上的火炬可通过栈桥与接收站相连，火炬设施布置应考虑盛行风向及火源的位置。火炬宜布置在储罐、工艺生产装置的全年最小频率风向的下风向。应根据主导风向确定合理的位置，使可燃气体泄漏后产生的蒸气云扩散至明火地点被点燃的可能性降低到最低。

当接收站火炬可采用高架火炬时，高架火炬布置其防火间距应符合国家标准 GB 50183—2015《石油天然气工程设计防火规范》中的相关规定；当采用封闭式地面火炬时，地面火炬的布置可按照有明火的密闭工艺设备及加热炉来控制防火间距。

9. 外输计量区

天然气外输计量区是接收站连接站外输气干线的生产设施区，该区的布

第四章　LNG接收站总图及运输

置，应符合国家标准 GB 50016—2014《建筑设计防火规范》、GB 50183—2015《石油天然气工程设计防火规范》和 GB 50251—2015《输气管道工程设计规范》的规定。

为了尽量缩短天然气与站外输气总管管道的长度，外输计量区宜靠近站外天然气总管进厂的合理方向和与总管连接较短的地点。因计量站生产过程中可能有天然气排出，为了减少对环境的影响，保障安全，宜将其布置在有明火或散发火花地点的全年最小频率风向的上风侧。

10. 冷能利用区

冷能利用区是利用液化天然气中蕴藏的大量冷量的设施或装置的区域。在天然气液化过程中蕴藏着大量的低温能量，在接收站工程汽化生产中可部分回收利用，冷能的利用可降低汽化生产对周边环境的影响。低温能量的开发和综合利用，提高了资源的利用率，体现了循环经济的理念，符合国家节能减排、环保、发展循环经济的要求。

冷能可采用直接或间接的方法加以利用。直接利用有冷能发电、空气液化分离（液氧、液氮）、液化碳酸、液化二氧化碳（干冰）、空调等；间接利用有冷冻食品、低温粉碎处理废弃物、冻结保存、低温医疗、食品保存等。

随着液化天然气产业的发展，冷能利用将实现商业化，根据现在冷能利用的运营模式，其经营及管理多与接收站分开设置，冷能利用区布置可位于接收站边缘并以围墙分割或站外，便于自主经营管理和方便运输。

二、绿化布置

接收站绿化方案应符合站址总体布置要求，与站址总平面布置、竖向设计及管道布置统一考虑，且不妨碍生产操作、设备检修、交通运输、管道敷设和维修，不影响消防作业和建筑物的采光、通风。绿化率应满足地方主管部门相关规定。

站址应根据不同的功能分区进行绿化设计。结合当地自然条件和环境保护要求，因地制宜，全面规划，分期实施。选择经济、实用、美观、苗木来源可靠及产地较近的乡土植物。

（1）行政管理区是重点绿化区域，绿化宜以景观效果为主。绿化布置及植物选择应与建筑造型相协调，考虑空间艺术效果。布置时应考虑人流休憩和活动的便捷。

(2) 接收站出入口的绿化应不妨碍交通。出入口附近围墙可用攀缘植物进行垂直绿化。

(3) 接收站行政管理区与生产区之间宜设置绿化用地，以形成绿化隔离带，可减少噪声污染，给厂前区创造良好的工作环境。

(4) 道路两侧绿化布置应满足消防车及其他车辆快速行驶和作业的要求。

(5) 装置生产区、辅助生产区、公用工程区可以布置高度不超过 15mm 的草皮。

(6) 液化天然气储罐区域内严禁绿化。

三、铺砌布置

1. 铺砌布置原则及要求

接收站铺砌对于设备的操作、维修是非常必要的，铺砌区的设计应考虑设备的操作、维修、消防、污水和清净雨水排放及人员通行的需要。铺砌布置应满足以下要求：

(1) 为设备在施工、操作及维修期间提供安全可靠、便捷的通道。

(2) 作为一些轻型设备或设施，如棚子、管架、直爬梯、楼梯、管墩等的基础。

(3) 防止由于化学品泄漏造成的地下水、土壤污染。

(4) 防止土壤侵蚀。

(5) 提供表面径流（水、化学品、油、气等）到收集池、沟的排放路线。

2. 铺砌范围

一般情况下，以下的地区需要铺砌：

(1) 工艺设备区周围。

(2) 建筑物四周需要的车辆通道或人行通道。

(3) 材料堆置区。

(4) 停车区。

(5) 工艺泵区周围。

(6) 根据要求需要作为通道的管廊下方。

(7) 工艺装置内管架下方，包含法兰连接、阀门、取样点。

(8) 通常情况下，在有可能存在污染或化学物质泄漏及人员通行的地区。

3. 铺砌类型

铺砌一般可分为以下几种类型：

（1）轻型铺砌，范围主要包括工艺设备区、人行通道、材料堆置区、工艺泵区周围、管廊下方。

（2）重型铺砌，范围主要是指接收站槽车站内部。

（3）特殊类型铺砌，主要是指根据设计要求，在铺砌的混凝土面层可配一层（轻型）或两层（重型）钢丝网，以提高铺砌的性能，也可采用素混凝土。

（4）草皮、碎石铺砌，是指接收站围墙内，除了铺砌区、道路、设备装置外，其他空白地方均可利用草皮、碎石进行铺砌。空白区的土壤不宜自然裸露，应考虑铺以植被或洒以碎石作为保护层，防止土壤受侵蚀。植被的设计（如植草等）要以经济、环保、美观为原则，同时要考虑消防等因素。植被类型应根据当地的自然条件进行设计，碎石厚度以 5～10mm 为宜。

4. 胀缝和缩缝设计

根据 JTG D40—2011《公路水泥混凝土路面设计规范》的规定，临近的混凝土面板之间需要设置胀缝。一般地，缝之间要留有足够的间隙以适应地区气温变化引起的混凝土板变形，缝间填料采用弹性材料，顶层采用防腐密封剂。缩缝设置间隙不超过 10m，钢筋混凝土板的最大尺寸不超过 20m×20m，素混凝土板的最大尺寸不超过 5m×5m，具体设置尚应按照 JTG D40—2011《公路水泥混凝土路面设计规范》的相关条款执行。

5. 铺砌区排水

铺砌区设计要结合竖向布置，考虑表面径流（清净雨水、清洗用水、污染水、化学品等）收集系统的影响。对于存在污染、化学品泄漏的地区的铺砌，四周应考虑设置立道牙，防止污染液体或泄漏的化学品四处漫流。铺砌的坡度以不小于 1∶100 为宜。

第三节 竖向布置

一、竖向布置原则

接收站内竖向布置应符合当地规划中区域用地的竖向规划。竖向布置

与站址总平面布置统一考虑，使场地符合建站要求，为施工、生产、经营管理和站址发展创造良好的条件。应根据生产、运输、防洪、排水、管道敷设、地基、基础、总平面布置的要求，结合土石方工程量，合理确定场地标高和排水方式。

二、竖向布置要求

（1）接收站的竖向布置应结合现场地形条件，确定适宜建设的场地标高。应确保雨水的迅速排除，使场地不受洪水、潮水及内涝水的淹没；场地标高的确定应满足接收站内道路的设计要求，并与外部的道路连接顺畅；接收站陆域标高的确定还应与码头接卸靠船平台、栈桥高程统筹考虑。

（2）竖向布置应合理利用自然地形，尽量减少土（石）方、建筑物、构筑物、挡土墙、护坡的工程量。

（3）接收站邻近山体建造时，应结合工程地质条件，根据岩土工程勘察报告的结论，确定合理的边坡形式，以确保边坡的稳定性。

（4）接收站分期建设时，应对竖向统一规划，确保近远期工程的协调衔接。在场地标高、场地运输线路坡度、排水系统等方面做好近期与远期的规划。

（5）竖向布置应根据建设规模及站场的地形、地貌和地质条件选择平坡式或阶梯式。

（6）接收站一般宜按照平坡式布置，当地形起伏较大时，为节省土石方工程量，也可以采用台阶式布置方式。当站内采用阶梯式布置时，应根据工程地质勘查资料，了解现场的地形、地貌及台地间的高度，确定护坡或挡土墙形式。无论采用何种形式，都应确保台地具有稳定性。应符合建筑地基基础设计规范的要求。

（7）接收站的竖向布置应防止储罐或工艺区的泄漏物流向火源、辅助生产区或其他关键设备区；储罐区的场地标高应低于工艺装置区，以降低泄漏的液体流向工艺装置区的可能性。

三、接收站防洪标准及措施

接收站防洪设计应遵循不受洪水、潮水及内涝威胁的原则，其防洪标

第四章　LNG接收站总图及运输

准应符合现行的国家标准 GB 50201—2014《防洪标准》的规定。LNG 接收站项目确定场地设计标高时，应按重现期不低于 100 年的年极值高水位，再加上 0.5m 的安全超高，最终确定站内陆域高程。

四、站址防护设施

1. 挡浪墙、边坡防护

接收站陆域一般为回填、吹填海或者为开山填海、填沟形成。陆域的临海位置，需兴修围堰，建造永久性护岸，以防止海浪对接收站场地的冲蚀。在护岸堤顶设有防浪墙，防浪墙顶设计高程采用重现期不低于 100 年的年极值高水位和重现期不低于 50 年的累积频率为 1%的波浪高进行计算，并综合物理模型试验结果确定。

当陆域场地部分由开山造地形成时，其靠山坡一侧应设护坡、挡土墙等构筑物，以防止灾害发生时，滑坡、落石等对接收站的破坏。当护坡过高，护坡支挡结构采用台阶式布置时，边坡中部应设置边坡平台，边坡平台宽度不宜小于 2m。边坡坡顶、坡面、坡脚和边坡中部平台应设地表排水系统。设置于坡顶的截水沟距离坡口的距离应大于 5m。护坡上设置的排水系统纵坡不宜小于 0.3%。

2. 围墙

接收站四周应设置不低于 2.5m 的采用非燃材料的围栏或者围墙。

3. 大门

接收站应设置不少于两座的出入口，并且宜位于不同的方向。人流出入口、货流流出入口宜分开设置，以免造成交通干扰。

五、土（石）方工程

（1）接收站在分期建设时，竖向工程的土（石）方工程宜完成一次性平整施工工作。

（2）土方平衡时，除考虑场地平整的填、挖量外，尚应考虑站场内部建构筑物、设备基础、和管道基槽的余土量，储罐基础以及表土清除与回填量。

（3）站内的场地地表如果被植被、耕土、腐殖土所覆盖，不论是填方还是挖方区域，场地平整前应剥离最少 300mm 的地表土。如果遇到沟、渠、池等低洼地带，应对低洼、淤泥区域进行处理、铲除，如果淤泥深度大于300mm，此时淤泥须清除至少 1m。铲除的表土或者淤泥宜集中堆放，并且应计入土（石）方工程量中。

（4）场地平整填方地段应分层夯实，夯实的地基承载力根据其设备的重要性而分别处理。

（5）当用回填料造陆时，应严格控制工后（残余）沉降量：

储罐区和工艺装置区工后沉降量宜不大于10cm，差异沉降量宜不大于 1‰。

其他区域工后沉降量宜不大于20cm，差异沉降量宜不大于 2‰。

（6）当陆域形成为开山填海或者半填半挖形成时，回填料应选择及配良好、自然密实度高的中粗砂或开山石（土、砂）分层夯实，开山石（土、砂）料宜选用级配良好的混合料，石料直径不宜大于40cm。当采用开挖港池、航道的中粗砂作为填方造陆回填料时，其含泥量不应大于 5%，强夯密实后，其完工相对密度宜不低于 75%。

（7）当站址位于原泥面以下为淤泥、粉砂等软土基区域时，应采用软基础处理方法加固地基。

第四节　交通运输

一、交通运输设计总体要求

接收站的交通运输组织方案应根据总平面布置、工艺流程、货物运输量和消防的要求，合理组织车流、人流。物流以保障运输畅通、运距短截、经济合理、避免迂回和平面交叉干扰为原则，接收站内道路设计应避免人车混流。站内道路布置应该确保运输、装卸安全，对接收站内道路的布局、宽度、坡度、转弯半径、净空、安全限界及安全视线、建筑物距离道路间距制订合理规划，特别对于仓库、装卸场所周围的道路应合理规划交通组织路线。

第四章　LNG接收站总图及运输

二、交通运输设计

1. 接收站外道路设计

接收站外道路的规划应符合当地交通运输规划，且应合理利用站外现有的国家公路和城镇道路。站外道路与国家公路及城镇道路连接时，应使外线短截、工程量小，且应与站内竖向设计相协调。与站外道路连接的出入口应不少于两个，宜位于不同的方向，出入口的设置位置应该符合当地规划主管部门提出的规划要点的要求。

2. 接收站内道路设计

接收站内部道路布置应满足生产、运输、安装、检修、消防和环境卫生的要求。厂内道路设计应充分考虑基建、检修期间大件设备的运输与吊装要求。接收站内道路应与竖向设计、管道布置相结合，并与站外道路连接顺畅。在可能的情况下，每个区域不同的两个方向都应该设置消防通道，并考虑两条消防通道之间的距离在有效的消防服务半径以内。工艺区和罐区四周应设置环形消防及维修的道路，如果用通道隔开各功能区，道路的设计应能够满足卡车、维修设备及起重机等车辆的通行要求。站内道路设计应考虑在火灾的情况下，消防人员及紧急切断系统人员有安全通道。

（1）道路宜与建筑物轴线平行布置。

（2）生产区域和仓库区域，根据安全需要，可设置车辆限行或禁止通行的路段，并且设置标志。标志的设置、位置、形式、尺寸和颜色应符合相关规范的规定。

（3）道路在道路转弯的横净距和交叉口的视距三角形范围内，不得有妨碍驾驶员视线的障碍物。

（4）道路应采用双车道，罐区和装置区的环形消防通道宽度不应该小于6m。路面内沿转弯半径不应小于 15m。其他区域的道路内沿转弯半径不应小于12m。用于槽车运输的路线道路的纵坡不应大于6%。

（5）在液化天然气接收站的槽车装车站应设置汽车衡和停车场。汽车衡台面两端引道的平面和纵坡设计应符合所采用的汽车衡设备安装的技术要求。两端引道与道路连接的路面内缘转弯半径不宜小于15m。

（6）罐区内部的储罐与消防车道的距离应符合规范的要求：任何储罐的中心至不同方向的两条消防车道的距离均不应大于120m；当仅一侧布置消防车道时，车道至任何储罐中心不应大于80m，且道路宽度不小于9m。

第五节　LNG 接收站总图布置实例

一、LNG 接收站 A 工程

图 4-1 是 LNG 接收站 A 工程总平面布置图。

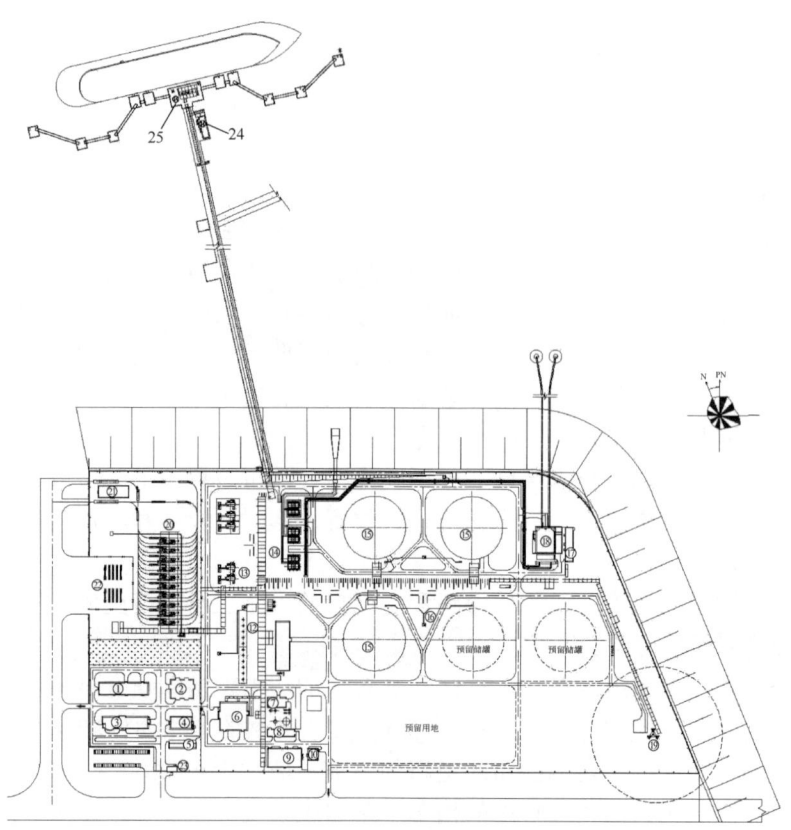

图 4-1　LNG 接收站 A 工程总平面布置图

①—维修车间及仓库；②—化学品存储棚；③—综合楼；④—化验室；⑤—车库；⑥—主控室；
⑦—空气压缩机房及制氮间；⑧—水泵房及加氯间；⑨—主变电所；⑩—发电机房；
⑪—BOG 压缩机棚；⑫—高压泵；⑬—SCV 汽化器；⑭—ORV 汽化器；⑮—LNG 储罐；
⑯—泄漏收集沟；⑰—海水泵房变电所；⑱—海水取水泵房；⑲—火炬；⑳—装车橇；
㉑—装车站控制室；㉒—槽车停车物；㉓—主门卫；㉔—码头控制室；㉕—码头平台

第四章　LNG接收站总图及运输

1. 概述

LNG接收站A工程位于某人工岛的东北角，总面积约0.3004km²。该工程总平面布置由接收站陆域和接收站专用码头两部分组成，配套码头通过栈桥与接收站陆域连接。栈桥长度约为1960m。

2. 总平面布置介绍

该LNG接收站工程按照各单元的功能进行分区布置。接收站陆域按照功能划分为LNG储罐区、工艺生产区、槽车装车区、维修及仓库区、公用工程及辅助生产区、火炬区、海水取水区、行政办公区，总用地面积约0.3004km²，分区布置情况如下：

（1）LNG储罐区位于接收站东北角，该区域靠近栈桥及码头，从而节约LNG低温管道的长度。该区布置了4座16×10⁴m³ LNG全包容储罐。

（2）工艺生产区位于接收站中部北侧，主要由开架式LNG汽化器区（ORV）、浸没燃烧式汽化器区（SCV）、LNG输送泵、BOG压缩机和回流鼓风机棚、再冷凝器、发配电间、取样棚、燃料气加热系统以及海水排水系统组成。

（3）槽车装车区位于接收站西北侧，与接收站内其他功能分区以实体围墙分隔，设有槽车专用出入口。该区有槽车装车位5个。区内设有装车候车区，槽车装车区紧邻场外道路，方便槽车运输。

（4）火炬区位于站址东南角，设置火炬一座。

（5）维修及仓库区位于槽车装车区南侧，维修及仓库区主要由维修车间及库房和化学品储存棚组成，该区临近接收站货流入口，便于仓储运输和设备维修。

（6）公用工程及辅助生产区位于工艺装置区南部，包括主控制室、空气压缩机及制氮间、废水处理设施、变电所等主要公用工程设施。

（7）海水取水装置位于接收站的东北角，主要为海水取水泵房及取水装置。

（8）行政办公区位于接收站西南侧，包括实验室、综合楼。该区紧邻人工岛主要通道布置，交通便捷，利于工作人员上下班和出行。

（9）码头区位于接收站北部，栈桥长度约为1960m。

二、LNG接收站B工程

图4-2是LNG接收站B工程总平面布置图。

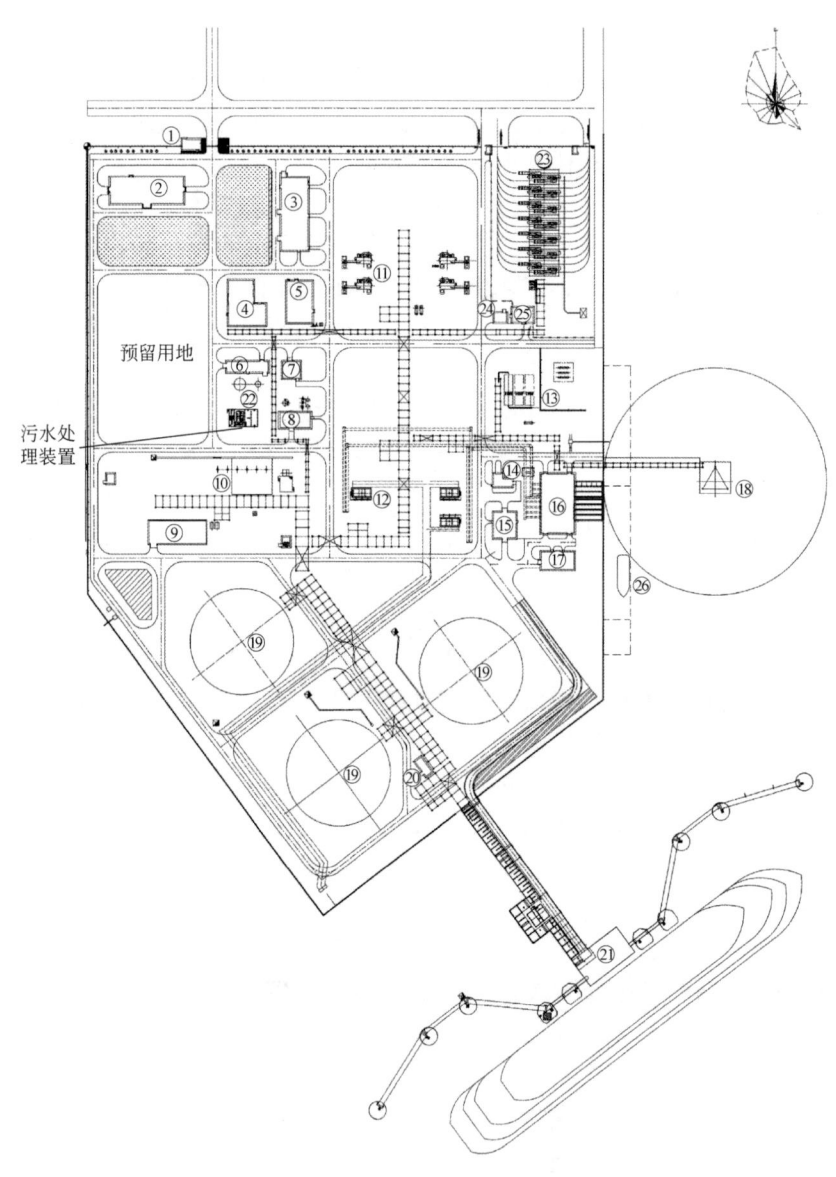

图 4-2　LNG 接收站 B 工程总平面布置图

①—主门卫；②—综合主控楼；③—维修车间及仓库；④—天然气 66kV 变电所；⑤—工艺变电所；
⑥—生产、生活、消防水泵房；⑦—柴油发电机房；⑧—空气压缩站；⑨—BOG 压缩机厂房；
⑩—高压泵；⑪—SCV 汽化器；⑫—ORV 汽化器；⑬—首站计量；⑭—海水泵房变电所；
⑮—碱库；⑯—海水泵房；⑰—NaClO 发生间；⑱—火炬；⑲—储罐；⑳—雨淋阀室及泡沫站；
㉑—码头平台；㉒—污水处理设备；㉓—装车橇；㉔—槽车区泡沫站；㉕—槽车装车站控制室

第四章 LNG接收站总图及运输

1. 概述

LNG 接收站 B 工程位于某开发区内，距市区约 50km。该工程东、南两面临海，北侧和西侧均有其他企业。

该工程 LNG 接收能力为 $300×10^4$t/a，建设 3 个 $16×10^4$m^3 全容式储罐。该工程由接收站陆域和码头两部分组成。接收站陆域部分总用地面积约 0.2117km^2，接收站陆域与码头之间通过栈桥连接。栈桥长度约为 150m。

2. 总平面布置介绍

接收站陆域部分满足工艺流程、安全生产、消防、扩建及综合投资等的要求。接收站陆域按照功能划分为 LNG 储罐区、工艺生产区、槽车装车区、维修车间及仓库区、公用工程及辅助生产区、首站计量区、火炬区、行政办公区。分区具体情况如下：

（1）LNG 储罐区布置在站址南侧临海处，该区域靠近栈桥及码头，共有 3 座 $16×10^4$m^3 的 LNG 全容储罐。

（2）工艺生产区位于接收站北侧中部，主要由开架式 LNG 汽化器区（ORV）、浸没燃烧式汽化器区（SCV）、高压泵、BOG 压缩机、再冷凝器、燃料气加热系统以及海水排水系统组成。

（3）LNG 槽车装车区预留在接收站东北角，与接收站内其他功能分区以实体围墙分隔，设有槽车专用出入口。共有 LNG 槽车装卸车位 5 个。区内设有装车候车区，槽车装车区紧邻场外道路，方便槽车运输。

（4）火炬位于站址东部海域中。

（5）码头区位于接收站南侧，栈桥长度约为 150m。

第五章 LNG接收站卸船码头设计

第一节 设计说明

一、设计分工

卸船码头是LNG接收站工程的配套工程,由码头专业设计单位承担设计工作,按照与接收站工程的设计分工,码头工程的设计范围通常如下:

(1) LNG接收站的陆域形成、地基初步处理、陆域护岸结构、码头、栈桥、防波堤平面布置及水工结构、海水取水口及取水泵池、海水排水口、水上火炬栈桥及平台水工结构等。

(2) 导助航系统、辅助靠泊设施、环境监测设施、缆绳张力监测设施、登船梯。

(3) 码头工程与LNG接收站工程的设计分界点可设置在栈桥和接收站陆域相接处。

二、建设规模

LNG接收站卸船码头建设规模包括泊位性质、泊位数量和吨级、吞吐量、设计通过能力等。码头建设规模一般与接收站的LNG年处理能力相匹配,结合LNG的货源地、港口建设条件、单个泊位通过能力等因素论证确定。

目前我国建设的LNG接收站设计规模为一期LNG年处理能力200~300×10^4t,二期达到400~600×10^4t/a。LNG主要来自东南亚、澳大利亚、中

第五章 LNG接收站卸船码头设计

东等地,采用大型 LNG 船舶运输,船舶舱容基本在 $8\times10^4m^3$ 以上,最大靠泊船型可达 $26.7\times10^4m^3$。因此,码头建设规模均为一期建设一个可靠泊 $8\sim 26.7\times10^4m^3$ LNG 船的专用泊位,码头通过能力可达 $500\sim700\times10^4t/a$。

另外,LNG 接收站通常还需要设置重件及工作船码头。泊位吨级通常为 $3000\sim10000DWT$。该码头的功能主要是在 LNG 接收站项目建设期间进行重(大)件设备的接卸,在 LNG 接收站工程建成运营期间为工作船舶的停靠及补给服务。该码头按通用码头进行设计,在重(大)件接卸间隙及完成重(大)件运输任务后,可以继续作为散杂码头营运。该码头通常由码头、引桥、堆场、工艺设备四部分组成。

三、设计适用标准规范

卸船码头设计应严格执行我国现行的国家、行业标准,并参照国外标准或指南。执行的我国现行的主要技术标准见表 5-1。主要的国际通用设计指南见表 5-2。

表 5-1 我国现行的主要技术标准

序号	标准名称	标准代号
1	《液化天然气码头设计规范》	JTS 165-5—2016
2	《港口与航道水文规范》	JTS 145—2015
3	《海港总体设计规范》	JTS 165—2013
4	《港口工程荷载规范》	JTS 144-1—2010
5	《港口工程地基规范》	JTS 147-1—2010
6	《高桩码头设计与施工规范》	JTS 167-1—2010
7	《水运工程混凝土结构设计规范》	JTS 151—2011
8	《水运工程混凝土施工规范》	JTS 202—2011
9	《水运工程抗震设计规范》	JTS 146—2012
10	《水运工程质量检验标准》	JTS 257—2008
11	《重力式码头设计与施工规范》	JTS 167-2—2009
12	《港口及航道护岸工程设计与施工规范(附条文说明)》	JTJ 300—2000
13	《水运工程岩土勘察规范》	JTS 133—2013

续表

序号	标准名称	标准代号
14	《港口工程桩基规范》	JTS 167-4—2012
15	《港口工程桩基动力检测规程（附条文说明）》	JTJ 249—2001
16	《海港工程混凝土结构防腐蚀技术规范（附条文说明）》	JTJ 275—2000
17	《海港工程钢结构防腐蚀技术规范》	JTS 153-3—2007
18	《防波堤设计与施工规范》	JTS 154-1—2011
19	《水运工程混凝土质量控制标准》	JTS 202-2—2011
20	《码头附属设施技术规范（附条文说明）》	JTJ 297—2001

表 5-2 国际通用设计指南

序号	指南名称
1	OCIMF（石油公司国际水运论坛，Oil Companies International Maritime Forum）设计指南
2	SIGTTO（国际气体船及码头运营者协会，Society of International Gas Tanker and Terminal Operations Ltd）设计指南
3	PIANC（国际航运协会）相关标准

第二节　设计条件

一、设计依据

卸船码头设计依据的文件应包括下列文件：

（1）接收站可行性研究报告的批复文件或项目申请报告的核准、备案文件和码头岸线使用批复文件。

（2）工程地点、规模、性质等发生重大变化时的批复、核准或备案文件。

（3）政府有关职能部门对海域使用论证报告、通航安全影响论证、地震安全评价报告、环境影响报告、安全预评价报告、职业病危害预评价报告、

第五章　LNG接收站卸船码头设计

社会稳定风险评估、船舶污染海洋环境风险评估报告及溢油应急设备配备报告等的批复文件。

（4）港口总体规划的批复文件。

（5）有关工程使用要求和重要技术条件的文件。

（6）承担初步设计文件编制的有关文件，包括设计委托书或设计合同。

卸船码头设计依据的资料应包括下列文件：

（1）批复的港口总体规划。

（2）批复的海洋功能区划。

（3）批复的工程可行性研究报告或核准、备案的项目申请报告。

（4）自然条件勘测报告。

（5）专题研究报告。

（6）批复的海域使用论证报告、通航安全评估报告、地震安全评价报告、环境影响报告、安全预评价报告、职业病危害预评价报告等。

（7）工程地点、规模、性质等发生重大变化时的论证报告。

（8）其他作为设计依据的资料。

二、自然条件

自然条件部分的主要内容包括地理位置、气象、水文、地形地貌和工程泥沙、地质和地震。自然条件是项目设计的基础性数据，是码头工程设计的主要输入条件，是影响平面布局和结构设计的关键因素。

1. 地理位置

一般需要说明拟建工程的位置及其与周边主要港区、航道的相对关系，与周边主要城镇和陆路交通通道的关系，并给出工程地理位置图。

2. 气象部分

气象部分包括的主要内容有气温、相对湿度、降雨、雾况、雷暴、风况和设计风速、灾害性天气等内容。一般通过收集工程区及其附近的长期气象站观测资料统计分析获得气象参数。报告中需要说明所采用的气象站的地理位置、资料年限、资料代表性等。同时，若气象站离拟建项目位置较远，资料代表性较差，一般还需要在工程位置处建立临时气象站进行最少连续一年的气象观测，观测项目包括风速风向、气温、相对湿度、降雨、雾况、雷暴等。获得一年的实测资料后，与长期气象资料进行综合分析和对比论证，以给出设计气象参数。

1）气温

一般需要给出多年年平均气温、多年极端最高气温、多年极端最低气温等统计参数，并按表 5-3 的格式给出气温在年内各月的特征参数。

表 5-3 各月气温特征值（℃）

月份	1	2	3	4	5	6	7	8	9	10	11	12	年
最高气温													
最低气温													
平均气温													

2）相对湿度

给出本地区多年平均相对湿度、最大月平均相对湿度和最小月平均相对湿度。

3）降雨

论述工程区域的降雨特征，给出以下降雨参数：多年年平均降雨量、最大年降雨量、最小年降雨量、极端最大 24h 降雨量、极端最大小时降雨量、多年年平均暴雨日数等参数。若统计资料齐全，还可以给出如表 5-4 所示格式的年内各月降雨分布数据，这些数据可供整个项目的给排水设计、防洪设计、作业天数分析及项目的施工和运营使用。

表 5-4 各月降雨特征值（mm）

月份	9	10	11	12	1	2	3	4	5	6	7	8	全年
月平均降雨量													
月最大降雨量													
月最小降雨量													

4）雾况

描述工程区的雾特征，给出多年平均雾日数，给出雾年平均能见度小于 1km 和 2km 的平均日数。

5）雷暴

描述工程区的雷暴特征，给出多年年平均雷暴天数、最多年雷暴天数等参数。

6）风况和设计风速

论述工程区风况，主要包括常风向、强风向和相应频率、最大风速、平均风速等，给出风玫瑰图。设计风速包括百年一遇 10min 平均最大风速、百

第五章　LNG接收站卸船码头设计

年一遇 2min 平均最大风速、百年一遇 3s 平均最大风速和风力不小于 15m/s 的年内出现的天数。

7）灾害性天气

论述工程区的台风和风暴潮等自然灾害情况。

3. 水文

本部分主要包括设计水位、波浪和潮流三部分。

1）设计水位

给出工程域的潮汐性质、基准面关系、各类潮汐特征值（包括历年最高潮位、历年最低潮位、平均高潮位、平均低潮位、最大潮差、平均潮差、平均涨潮历时、平均落潮历时等）和设计水位（设计高水位、设计低水位、100年一遇极端高水位、50年一遇极端高水位、100年一遇极低高水位和50年一遇极端低水位）。这些参数是整个工程高程设计的关键参数，一般可以通过收集工程海域长期的潮位站资料统计和计算得到。若工程海域或附近没有潮位站，则需要在港区建立一个临时潮位站，进行至少为期一年的潮位观测，并与最近的潮位站综合对比分析后计算得到上述数据。

2）波浪

主要包括波况和设计波浪。

（1）波况。

分析论述工程海域常年的波浪特点，主要包括工程海区主浪向及相应频率、次常浪向及相应频率、强浪向和次强浪向及相应的实测波高，还需要统计分析各级波高出现的频率等数据，波高和周期的联合分布等，并绘制16个方位的波浪玫瑰图。这些数据一般可以通过港区周边的波浪测站的实测资料统计计算得到。若港区附近没有波浪测站，一般需要在港区 10～20m 水深处较开阔的水域进行一年的波浪观测以获得实测资料。上述波浪资料是码头平面布局（防波堤、航道、码头位置等）和统计波浪影响船舶作业天数的基础数据，也是港区建设施工和未来运营的指导数据。

（2）设计波浪。

根据工程海域长期的波浪实测资料统计计算获得深水设计波浪（一般指 20m 水深处）。若没有长期波浪测站，可以通过不小于 30 年的台风风场数据，采用波浪模型计算得到深水设计波浪。获得深水设计波浪后，通过波浪数学模型，计算深水（一般指 20m）区至工程水域和码头前沿的波浪传播过程，获得港区水工建筑物如防波堤、护岸、码头、栈桥等的设计波浪，同时计算码头前沿 2 年一遇的设计波高，以此来评判码头的泊稳条件，同时也获得航

道和港池的设计波浪，指导相应的设计。设计波浪是工程设计的最重要参数，在必要的时候，还应该进行整体或局部整体波浪物理模型实验，结合波浪数模成果综合分析确定工程的设计波浪。同时还可以获得工程海域的波浪场数据，这将有力地支持平面布局的设计和优化。与一般的港口工程不同的是，根据 JTS 165-5—2016《液化天然气码头设计规范》，LNG 码头工程的设计波浪是采用 100 年一遇的（相应的水位也是 100 年一遇的极端高水位），而一般的港口工程的标准是 50 年一遇到的波浪（相应的水位也是 50 年一遇的极端高水位）。

3) 潮流

一般需要在港区布置数个潮位测站进行洪、枯季大中小潮的全潮水文观测，以获得工程海域的潮流数据，主要是流速、流向和水体含沙量数据，以供航道设计、码头设计和水工结构设计使用，同时实测潮流和泥沙数据也是潮流泥沙数学（物理）模型试验的输入条件。

通常需要开展潮流泥沙数学模型试验，以获得工程实施前后，工程水域特别是工程设计关注的航道、回旋水域、泊位前沿等位置处的潮流特征值及流场图，获得工程实施后的泥沙回淤强度及回淤量，为方案的设计和优化提供技术支持。

4. 地形地貌和工程泥沙

论述工程海域和海岸的地形地貌特征。如有需要，进行专项的岸滩演变调查和研究，计算沿岸输沙量，以获得工程前后岸滩的稳定性情况。如项目需要建设防波堤或拦沙堤，则岸滩演变的研究成果可以指导其平面布局。

需要分析和计算工程海域工程前后的泥沙环境，计算工程后的泥沙淤积强度和淤积量，对于台风多发海域，还应计算骤淤量。

5. 地质

在码头设计与施工之前，必须按基本建设程序进行岩土工程勘察，查明和评价建设场地的地质、环境特征和岩土工程条件。应按各设计阶段和施工需要分期进行。

LNG 接卸码头和对应的航道勘察规定可按 JTS 133—2013《水运工程岩土勘察规范》执行。

需要对工程影响范围内的土层分布及其物理力学性质进行描述，分析和评价地基的稳定性、均匀性和承载力。

对于需要进行沉降计算的，要提供地基变形计算参数；对于季节性冻土地区，需要提供场地的标准冻结深度；对于重力式结构建筑物，应提供地基允许承载力；对于桩基结构建筑物，应提供桩侧极限摩阻力和桩尖极限阻力。

对于抗震设防烈度不小于 6 度的场地，应进行场地和地基的地震效应专项勘察，判别场地液化和震陷情况，确定液化指数和场地液化等级。

应附上码头及相关区域工程地质剖面图。

6. 地震

应给出工程区域场地类别、场区抗震设防烈度及对应的设计基本地震加速度值。在可行性研究阶段应开展专项地震安全性评价，给出工程区域50年超越概率10%（OBE）的地震作用和50年超越概率2%（SSE）的地震作用的地震动峰值。

三、工艺条件

工艺条件包括装卸臂的布置和荷载条件、工艺管道布置及荷载条件等，这些条件由接收站设计单位提供。

四、设计船型条件

设计船型可通过分析论证确定，也可按照现行行业标准JTS 165—2013《海港总体设计规范》选用相应等级的船型。设计船型主尺度需列表说明设计船型和兼顾船型的种类、舱容、总长、型宽、型深、满载吃水、压载吃水等参数。

第三节 码头总平面布置

一、布置原则

（1）液化天然气码头的布置应与城市规划、港口总体规划及海洋功能区划相衔接。

（2）液化天然气码头应远离人口密集的区域，综合考虑与相邻建筑物及储罐区的安全距离。液化天然气码头不宜布置在敏感区域全年常风向的上风侧。

（3）液化天然气码头宜选在自然条件良好且能满足液化天然气船舶不乘潮通航要求的水域，不满足上述条件时，应做专门论证。

（4）在孤岛上建设液化天然气码头时，应解决确保人员安全疏散等对外交通问题。

（5）液化天然气码头平面布置应充分考虑风、浪、流和泥沙回淤等自然因素对船舶航行、靠离泊和装卸作业的影响，并保证码头的泊位通过能力。受波浪影响较大的水域，需通过建设防波堤等措施，以满足码头允许的作业条件。

（6）陆域布置应注意环境保护，如需吹填造陆，尽量做到挖填平衡，降低工程总投资。

（7）总平面布置必须满足港口工程技术规范及与本项目相关的国家规范及行业标准。

二、水域主尺度

水域主尺度需考虑下列内容：

（1）确定码头长度、码头前沿顶面高程、码头前沿设计水深、码头前沿停泊水域平面尺度和设计底高程、靠船墩和系缆墩的位置及顶面高程。其中，码头长度、靠船墩和系缆墩的位置应通过模拟试验确定；在前期研究阶段，码头长度可按1.0～1.2倍设计船长估算。对于液化天然气码头前沿设计水深应保证满载设计船舶在当地理论最低潮面时安全停靠。

（2）确定港池设计水深和回旋水域尺度。船舶回旋水域应设在方便船舶进出港和靠离码头的位置。回旋水域的回旋圆直径不宜小于2.5倍设计船长。当布置较困难且水流流速较小时，回旋圆直径不应小于2倍设计船长。受水流影响较大的港口，回旋水域可采用椭圆形布置，沿水流方向的长度可加长至不小于3倍设计船长。

（3）确定口门有效宽度及口门宽度。

（4）简述船舶操纵仿真模拟试验中关于水域回旋圆尺度和航道有效宽度等的主要结论。

三、总平面布置设计

1. 总平面布置方案

总平面布置应提出两个或两个以上方案，分别论述。总平面布置方案论述的内容应包括水域平面布置、陆域平面布置、高程控制设计和主要工程量等。

第五章 LNG接收站卸船码头设计

（1）液化天然气码头的平面布置，根据建设规模、设计船型、装卸工艺和自然条件等，可采用蝶形或一字形等布置形式。根据码头的掩护条件，码头一般分为有掩护码头和开敞式码头，码头的布置应根据当地水深、潮汐、地质、泥沙、风、浪和水流等自然条件综合分析确定。码头轴线方向，应满足港口营运和船舶靠离、系泊和装卸作业的要求，并宜与风、浪、水流的主导方向一致；当无法同时满足时，应服从其主要影响因素。墩式液化天然气码头宜设置两个靠船墩，两个墩中心距可取设计船长的30%～45%。当船型差别较大时，可设置辅助靠船墩。系缆墩的布置需考虑船舶缆绳系缆时的横向和纵向角度、缆绳受力以及缆绳的长度，可通过数学或物理模型试验对码头的长度及系缆墩的布置进行研究确定。液化天然气码头工作平台上应设置操作平台。操作平台的平面布置和高度应按设计船型管汇位置确定，并应满足液化天然气船舶在当地最大潮差和波浪变动范围内的安全作业要求。LNG接收站码头总平面布置图例、蝶形布置码头图例、一字形布置码头图例分别见图5-1、图5-2、图5-3。

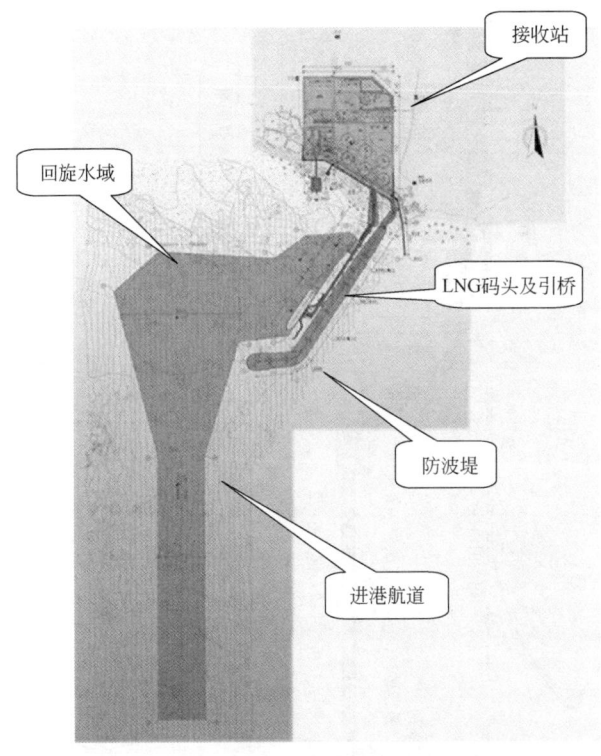

图5-1 LNG接收站码头总平面布置图例

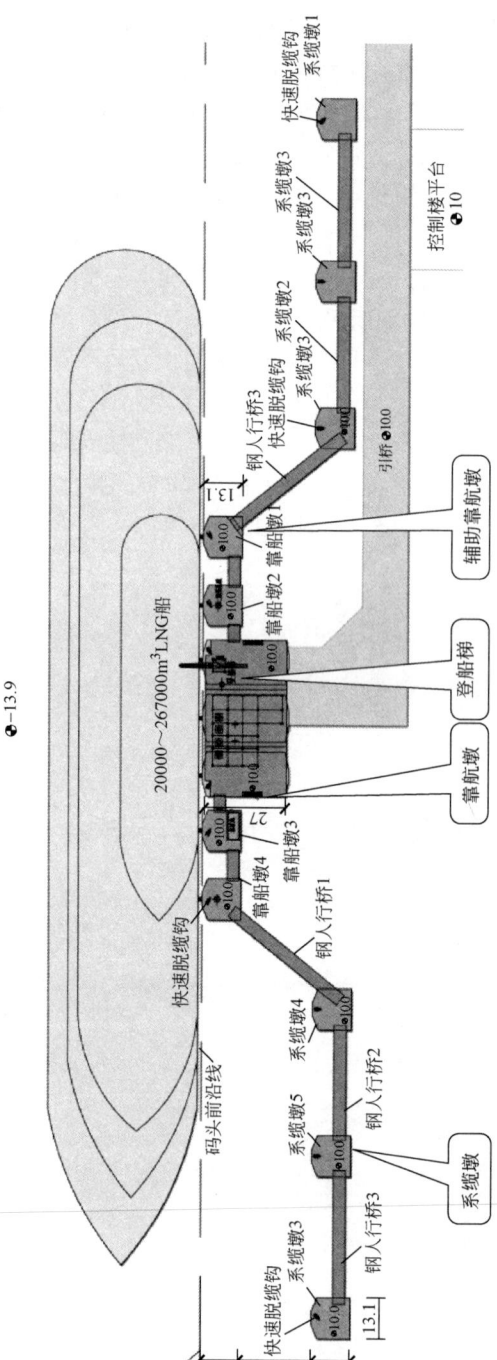

图 5-2 蝶形布置码头图例

第五章　LNG接收站卸船码头设计

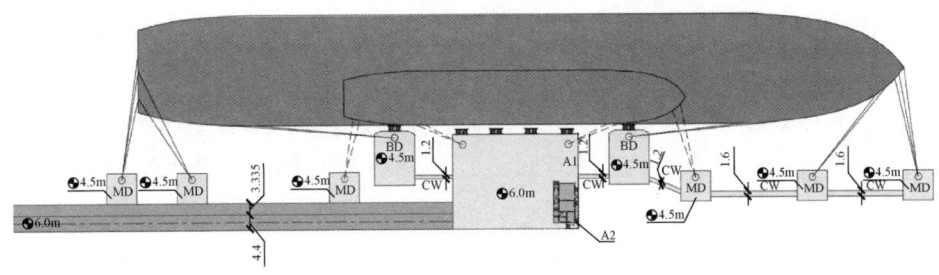

图 5-3　一字形布置码头图例

（2）液化天然气码头一般通过接岸引桥与后方接收站相连，码头操作平台至接收站储罐的净距不应小于 150m，其最大净距应根据液化天然气船泵能力及其他经济、技术条件综合确定，一般接岸引桥长度不宜超过 2km。

（3）液化天然气泊位对周边的安全距离要求非常严格，在设计的时候需特别注意。液化天然气泊位与液化石油气泊位以外的其他货类泊位的船舶净距不应小于 200m。停泊在液化天然气泊位与工作船泊位的船舶间的净距不应小于 150m。停泊在相邻的液化天然气泊位的船舶，或停泊在相邻的液化天然气泊位与液化石油气泊位的船舶，其净距不应小于 0.3 倍最大设计船长，且不小于 35m。两相邻泊位的艏、艉系缆墩可共用，但快速脱缆钩或系船柱应分别设置。采用离岸墩式两侧靠船布置的液化天然气码头，两侧泊位的船舶净距不宜小于 60m。液化天然气船舶在港系泊时，其他通行船舶与液化天然气船舶的净距不应小于 200m。

2. 水域平面布置

（1）对于浪大、掩护条件较差的水域，一般需要设置防波堤，对码头、港池水域进行掩护。防波堤布置形式可根据自然条件和建设规模采用单堤、双堤或多堤的形态。防波堤的布置应符合现行行业标准 JTS 165—2013《海港总体设计规范》的有关规定。对于防波堤的掩护效果，可通过数学或者物理模型试验进行验证。防波堤布置的基本形式见图 5-4。

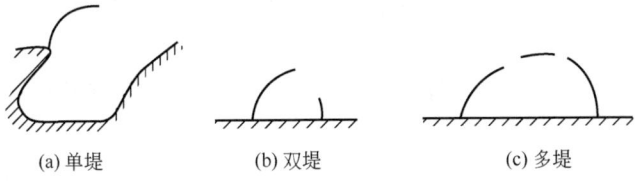

(a) 单堤　　　　(b) 双堤　　　　(c) 多堤

图 5-4　防波堤布置的基本形式

（2）论述并确定港池、回旋水域、制动水域、连接水域和港内航道的平面布置。

（3）对轴线需转向的港内航道，论述并确定转弯段尺度。

（4）论述水域的泊稳条件，已进行泊稳模型试验的，说明试验的主要结论。

（5）计算确定水域疏浚工程量。

3. 高程控制设计

（1）论述并确定各主要区域的控制性高程。

① 液化天然气码头面顶高程应按现行行业标准JTS 165—2013《海港总体设计规范》的有关规定确定。

② 码头前沿设计水深应保证满载设计船舶在当地理论最低潮面时安全停靠。设计水深计算中的各项富裕深度应按现行行业标准JTS 165—2013《海港总体设计规范》的有关规定选取。

③ 接收站陆域形成的场地高程应根据接收站的使用要求、土石方平衡、场区周围地形高程和防洪防潮要求等因素综合确定。

（2）计算确定挖方和填方工程量，说明土方平衡计算结果。

第四节　航道及锚地

一、航道

在允许的条件下，可设置独立的液化天然气船舶进出港航道，减少对其他进出港船舶的影响。在有交通管制的条件下可与其他船舶共用。对于公共航道较长、通航密度较大的港区，需重点研究LNG船舶进出港对港区其他船舶通航的影响。

液化天然气船舶在进出港航道航行时，应实行交通管制并配备护航船舶。除护航船舶外，其前后各1n mile（1852m）范围内不得有其他船舶航行。

液化天然气码头人工进出港航道可按单向航道设计，航道有效宽度应按JTS 165—2013《海港总体设计规范》的有关规定确定，且不应小于5倍设计船宽。液化天然气船舶在双向航道如需与其他船舶交会，航道有效宽度应通

第五章　LNG接收站卸船码头设计

过专项论证确定。

液化天然气码头进出港航道设计水深的计算基准面宜采用当地理论最低潮面。设计水深计算中的各项富裕深度应按现行行业标准 JTS 165—2013《海港总体设计规范》的有关规定确定。

对于内河航道和沿海的舱容小于 $8×10^4 m^3$ LNG 运输船的航道，我国规范正在编制之中，目前尚无明确规定。

关于疏浚土方的处理主要有两种方式，分别为吹填造陆和外抛。如果疏浚土外抛，需确定抛泥区的位置、容量及选划论证结果。对有炸礁的工程，说明弃礁区的位置。

二、锚地

锚地的内容应符合下列规定：
（1）说明港口现有锚地状况和使用情况。
（2）确定锚位数、系泊方式、锚地规模和面积。
（3）确定锚地水深、位置及控制点坐标，必要时对锚地水域设置界标。
（4）对选划锚地水域底质、水流、地质等条件进行评价。

液化天然气船舶应设置应急锚地，也可与油品运输船舶共用锚地。液化天然气船舶的锚位与其他锚地的安全净距不应小于 1000m。锚地尺度应按现行行业标准 JTS 165—2013《海港总体设计规范》的有关规定确定。

第五节　水工建、构筑物

一、水工建、构筑物的种类和安全等级

1. 种类

卸船码头水工建筑物主要包括：工作平台、靠船墩、系缆墩、集液池、联系各墩台之间的人行桥、码头与陆域连接的引桥（引堤）、补偿平台、辅助平台等。

工作平台：主要是供船泊装卸作业使用，必要时可兼顾船舶靠泊和系缆。

平台上部一般布置有卸船平台、装卸臂、登船梯、消防炮以及各类管墩管道等设施设备；兼顾靠泊时需要在平台前沿布置护舷设施；兼顾系缆时需要在平台上布置脱缆钩设施。

靠船墩：主要是供船舶靠泊和系缆使用，必须设置护舷和脱缆钩设施，在墩台上根据需要设置消防炮、大屏幕显示器等设施。

系缆墩：主要是供船舶系缆使用，必须设置脱缆钩设施。

集液池：用于收集码头面装卸臂和管道渗漏的 LNG 液体，可依托靠船墩布置，也可布置在单独设置的墩结构上。

人行桥：人行桥设置在工作平台、靠船墩、系缆墩之间，是工作人员的人行便道，便于人员到达各墩台进行系、解缆操作，设备检修维护等。

引桥（引堤）：引桥（引堤）连接码头与后方陆域。引桥（引堤）一般分区考虑，有管廊区和道路区，管廊区布置各类管道，道路区要求能满足人行与装运、安装设备的流动机械通行和作业。

补偿平台：是满足管道Π型水平补偿时平面尺度及受力需要的结构。

辅助平台：主要是用于建设码头必需的消防、工作楼等设施的结构。

2. 安全等级

根据 JTS 165-5—2016《液化天然气码头设计规范》规定，液化天然气码头的结构安全等级应采用一级。因此，卸船码头的结构安全等级均为一级。

二、主要结构选型与结构方案

1. 结构选型

1）影响码头结构选型的因素

影响码头结构选型的因素很多，主要有三方面因素：自然条件、使用要求和施工条件。

自然条件往往对结构形式的选择起着关键作用，并且是影响码头造价的主要因素。自然条件包括了地质条件、水位变化条件、波浪条件、水流条件、风压条件、冰凌条件等。

使用要求是建设码头的最终目标，对上部结构选型起了决定作用。使用要求包括装卸工艺流程及荷载条件、船舶靠泊及泊稳要求、结构使用年限和耐久性要求、附属设施和设备安装和维护要求等。

施工条件也是影响结构选型的重要因素之一。施工条件主要是指目前国内施工的技术水平、施工设备（主要指挖泥、起重、打桩等大型施工船舶和

第五章 LNG接收站卸船码头设计

施工机具）的能力、当地已有预制厂的规模及能力、当地建筑材料来源以及项目对工期的要求等。

2）码头结构选型

当岩石、砂土及较硬黏性土地基多采用重力式结构，上部地基软弱，而在地基的适当深度处存在较坚硬的持力土层时，主要采用高桩结构。对于地质条件复杂区域，可以考虑在天然地基强度不能满足重力式结构要求的情况下，采用地基加固措施，或可以在坚硬的地基上采用嵌岩桩结构，两种方案进行技术、经济论证，选择最优方案。

位于外海的 LNG 码头，对水深要求高，离岸较远，因此，风浪较大，为了避免或减小波浪力对码头的直接作用，多采用墩式或透空式结构。

码头结构选型时，应结合建设地区的施工条件进行技术、经济分析，降低材料、预制厂条件等对工程造价的影响。

2. 结构方案

对于 LNG 码头，目前新建码头一般为离岸的墩式码头，码头与陆域之间通过引桥相接，而改造成 LNG 码头的旧码头有顺岸的连片式码头，也有离岸的墩式码头。码头建筑物的结构形式繁多。目前，LNG 码头常用的基础为重力式和高桩，上部结构为梁板、墩台的结构形式。

1）重力式码头

重力式码头依靠结构自重来抵抗建筑物的滑动和倾覆。由于结构基础应力直接传给上部地基，对上部地基和其下卧土层都有较高的承载能力要求，因此要求有比较良好的地基，地基强度能维持其整体稳定性。

重力式码头具有以下特点：

（1）墙身用混凝土建成，坚固耐久，抗冻和抗冰性能好，一般不需要维修。

（2）整体性好，结构对码头荷载变化适应性强，可承受较大的船舶水平荷载。

（3）砂石料用量大，宜于在砂石料丰富的地区采用。

（4）抛石基床需夯实整平，预制件吊装及潜水作业工作量较大。

顺岸的重力式连片码头一般由墙身、胸墙、基础、墙后减压棱体和码头设备等组成。

离岸的重力墩式码头一般由沉箱、胸墙（墩台）、基础和码头设备等组成。

重力式码头的沉箱可根据情况采用矩形沉箱和圆形沉箱。两种沉箱的适

应性和特点如下：

（1）矩形沉箱基础相互之间为倒滤结构，易处理，可有效地防止后方回填料漏失，且上部胸墙结构施工简便、受力均匀，因此，在顺岸连片码头较多采用。

（2）矩形沉箱预制与出运较简单。

（3）圆形沉箱消浪效果好，可减少沉箱前沿水体雍高，因此，码头区波浪较大时多采用圆形沉箱基础。

（4）圆形沉箱各方向承受水平力作用，受力均匀，因此，适用于离岸墩式码头中波向多且波浪大的区域。

2）高桩码头

高桩码头结构是利用打入地基一定深度的桩，将作用在码头上的荷载传至地基中。这种结构用于具有较深厚的软土的地基上。当下卧有硬土或砂层时，可大大提高桩基承载力。

高桩码头具有以下特点：

（1）为透空式结构，消波性能好，对波浪的反射率小，泊稳条件好，易于船舶靠泊。

（2）上部结构的预制件相对于重力沉箱结构小、重量轻，施工不需要大型起重船机。

（3）桩基础的抗震效果好，更适用于地震动峰值较大的地区。

（4）砂石料用量少，对缺乏砂石料来源的地区尤为经济。

（5）结构耐久性较重力式差，特别是外露的钢质材料需要进行防腐，以确保使用年限要求。

高桩码头主要由上部结构（桩台或承台）和桩基组成，顺岸码头还有接岸的挡土结构和护坡。

上部结构构成码头面，与基桩连成一体，成为整体结构，直接承受作用在码头上的各种荷载和外力，并通过它将这些荷载和外力传给桩基。桩基用于支撑上部结构，并将作用在上部结构的荷载和外力传到地基。接岸结构用于连接码头结构和岸坡，起挡土作用。

高桩码头的基桩宜采用预应力混凝土方桩、预应力混凝土管桩或钢管桩，也可采用灌注桩或嵌岩桩等其他形式基桩。

接卸 LNG 的卸船码头多采用钢管桩，主要原因如下：

（1）靠泊船型较大，承受船舶荷载较大。

（2）码头前沿水深较深，桩的自由长度较长。

第五章 LNG接收站卸船码头设计

（3）为了满足船舶停靠水深要求，并且减少疏浚量和后期疏浚维护，码头多建设在外海水深处，波浪、水流条件较差。

（4）钢管桩可施打性较好，对较硬土层穿透性较强。

3）上部梁板结构

应用在 LNG 卸船码头的上部梁板结构，常作为码头工作平台以及联系引桥各墩体之间的结构。

当直接承受船舶的撞击荷载或较大的波浪、风压水平力作用时，梁板结构宜做成连续整体的；当跨距较大、地质复杂、沉降位移不均匀时，梁板结构宜做成简支的。为了充分发挥梁板结构下部基础的作用，应根据不同条件优化设计，找出合理的经济跨距。

4）上部墩台结构

墩台结构主要用于分离布置的基础墩上部，是 LNG 卸船码头最常用的一种结构形式。

墩台结构一般设计成钢筋混凝土的刚性承台，为现浇结构，特别适用于上部预埋件多、预埋长度深、预埋位置灵活可变等复杂情况。

三、荷载条件

1. 主要外力的计算取值

码头结构上承受的作用主要分为四类，分别为：永久荷载、可变荷载、偶然荷载、地震作用。

（1）码头上部主要的永久荷载包括自重力（结构、设备、管道等）、由土重力和永久荷载引起的土压力、固定水位的静水压力和浮托力等。对于远离岸线布置的卸船码头，主要是自重力荷载。

（2）码头上部主要的可变荷载对于 LNG 卸船码头主要包括风荷载、波浪力、水流力、有冰冻地区的冰荷载、船舶荷载、人群荷载、起重运输机械荷载、管道或设备使用过程产生的荷载、施工期荷载等。

主要外荷载作用的设计取值应根据 JTS 165-5—2016《液化天然气码头设计规范》的规定确定：

风荷载：基本风压宜采用港口附近空旷平坦地面、离地 10m 高、100 年一遇的风速计算。承载能力极限状态和正常使用极限状态整体计算宜取 10min 平均最大风速。工作平台和栈桥面以上的结构物承载能力极限状态的计算宜取 3s 平均最大风速。工作平台和栈桥面以上的结构物受力的计算，主要是指结构物的预埋件的受力计算。

波浪力：液化天然气码头结构设计波浪要素重现期应采用100年，且不应小于历史实测值。波列累积频率应按现行行业标准 JTS 145—2015《港口与航道水文规范》的规定取值。

船舶荷载：液化天然气码头的设计靠泊法向速度应取15cm/s，控制靠泊法向速度应小于10cm/s，靠泊角度应小于5°。码头护舷的面压不应大于200kPa。

2. 主要外荷载作用的计算方法

风荷载：作用在结构上的风荷载按 JTS 141-1—2010《港口工程荷载规范》和 GB 50009—2012《建筑结构荷载规范》计算，并应符合国家标准 GB 50135—2006《高耸结构设计规范》和 JGJ 3—2010《高层建筑混凝土结构技术规程》的规定。

波浪力和水流力：波浪和水流作用在结构上产生的荷载按 JTS 145—2015《港口与航道水文规范》计算。

冰荷载：作用在结构上的冰荷载按 JTS 141-1—2010《港口工程荷载规范》相关规定计算。

船舶荷载：船舶荷载主要包括风和海流作用下的系缆力、船舶靠泊情况的撞击力、船舶停泊时期波浪作用下的挤靠力。船舶荷载按 JTS 141-1—2010《港口工程荷载规范》相关规定计算。同时船舶作用在系缆设施上的系缆力标准值不应小于表5-5的规定。

表5-5 海船系缆力标准值

船舶载重量（t）	1000	2000	5000	10000	20000
系缆力标准值（kN）	150	200	300	400	500
船舶载重量（t）	30000	50000	80000	100000	120000
系缆力标准值（kN）	550	650	750	1000	1100
船舶载重量（t）	150000	200000	250000	300000	—
系缆力标准值（kN）	1300	1500	2000	2000	—

人群荷载：码头上的人行荷载按 JTS 141-1—2010《港口工程荷载规范》的规定取值，卸船码头人行荷载可按 3kPa 考虑。

第五章　LNG接收站卸船码头设计

起重运输机械荷载：包括所有的移动设施，如工具、移动设备、车辆等。各码头使用的工具、移动设备、车辆荷载则根据具体配置情况进行计算取值。

码头上作用的偶然作用包括非正常撞击、火灾和爆炸等。码头有特殊要求时需要进行组合计算。

由于液化天然气码头属于生命线工作，因此，JTS 165-5—2016《液化天然气码头设计规范》明确规定了抗震设防标准和验算工况：

抗震设防标准：码头抗震设防采用的地震动参数应根据专项地震安全性评价结果确定，且不得低于现行地震动参数区划图确定的数值。

两种验算工况：操作基准地震 OBE 工况应采用 50 年超越概率 10%的地震作用水准作为设计地震，进行承载能力极限状态验算，结构重要性系数按水工建筑物一级采用。安全停运地震 SSE 工况应采用 50 年超越概率 2%的地震作用水准作为设计地震，承载能力极限状态验算时，结构重要性系数可采用 1.0，并应对结构变形进行专题论证。

地震作用在结构上产生的荷载按 JTS 146—2012《水运工程抗震设计规范》计算。

如果当地地质土层中有砂层，抗震计算时需要特别对砂土进行液化判别分析。

四、主要结构计算内容

由于 LNG 卸船码头基本采用重力式结构和高桩结构，对扶壁、板桩等结构涉及较少，因此，本书主要介绍重力式码头和高桩码头的结构计算要求。

1. 重力式码头结构计算

（1）承载能力极限状态的持久组合应进行下列计算或验算：

① 对墙底面和墙身各水平缝及齿缝计算面前趾的抗倾稳定性。

② 沿墙底面和墙身各水平缝的抗滑稳定性。

③ 沿基床底面和基槽底面的抗滑稳定性。

④ 基床和地基承载力。

⑤ 墙底面合力作用位置。

⑥ 整体稳定性。

⑦ 沉箱、圆筒等构件的承载力。

（2）承载能力极限状态的短暂组合应进行下列计算或验算：

① 有波浪作用，墙后尚未回填或部分回填时，已安装的下部结构在波浪作用下的稳定性。

② 有波浪作用，墙后尚未回填或部分回填时，墙身、胸墙在波浪作用下的稳定性。

③ 墙后采用吹填时，已建成部分在水压力和土压力作用下的稳定性。

④ 施工期构件出运、安装时的稳定性和承载力。

（3）正常使用极限状态设计的作用组合应进行下列计算或验算：

① 沉箱、圆筒等构件的裂缝宽度。

② 地基沉降。

2. 高桩码头结构计算

（1）对于持久状况、短暂状况、地震状况和需要时的偶然状况，需按承载能力极限状态设计：

① 结构的整体稳定、岸坡稳定、挡土结构抗倾和抗滑等。

② 构件的受弯、受剪、受冲切、受压、受拉和受扭等。

③ 桩和柱的压屈稳定、桩的承载力等。

（2）对于持久状况、必要时的短暂状况和偶然状况，需按正常使用极限状态设计：

① 混凝土构件的抗裂或限裂。

② 装卸机械有控制变形要求时梁的挠度。

③ 码头结构的水平位移。

④ 装卸机械作业引起结构震动等。

五、主要结构计算控制标准

接卸码头的安全等级为一级，重要性系数为1.1。

重力式码头地基平均沉降量对于卸船码头常用的沉箱码头不应大于250mm。

重力式结构稳定验算采用表5-6的作用分项系数时，应满足抗滑计算式结果大于滑动计算式结果、抗倾计算式结果大于倾覆计算式结果。稳定验算时作用分项系数见表5-6。

表 5-6 稳定验算时作用分项系数

组合情况	永久作用		可变作用					
	γ_g	γ_{pw}	γ_g	γ_{pg}	γ_p	γ_v	γ_{pz}	
持久	1.35	1.05	1.35	1.40	1.30	1.30	1.50	
短暂	1.35	1.05	1.25	1.30	1.20	1.20	—	

桩基码头进行桩基承载力验算时，单桩轴向承载力设计值与其极限承载力标准的比值应大于表 5-7 的单桩轴向承载力抗力分项系数，才能满足规范要求。单桩轴向承载力抗力分项系数见表 5-7。

表 5-7 单桩轴向承载力抗力分项系数

桩的类型		静载试验法 γ_R	经验参数法		
打入桩		1.30～1.40	γ_R 取 1.45～1.55		
灌注桩		1.50～1.60	γ_R 取 1.55～1.65		
嵌岩桩	抗压	1.60～1.70	覆盖层 γ_{ts}	预制型	1.45～1.55
				灌注型	1.55～1.65
			嵌岩段 γ_{tr}	1.70～1.80	
	抗拔	1.80～2.00	覆盖层 γ_{ts}	预制型	1.45～1.55
				灌注型	1.55～1.65
			嵌岩段 γ_{tr}	2.0～2.2	

桩基码头进行锚杆抗拔力验算时，单桩锚杆抗拔力设计值与其极限抗拔力标准的比值应大于表 5-8 的抗拔力分项系数，才能满足规范要求。

表 5-8 单桩锚杆抗拔力分项系数

桩的类型	静载试验法 γ_k	经验参数法 γ_p
锚杆	1.50～1.70	取 1.1

六、耐久性设计

一般情况下，码头均位于风浪条件较为恶劣的海域，处于海水环境，长期承受海水和波浪作用。为了确保码头使用年限，增强结构的耐久性、减少使用期的维护，合理、有效的防腐设计极为关键。

码头防腐设计主要包含混凝土结构、钢管桩、钢桥和钢构件等的防腐。

混凝土结构按 JTJ 275—2000《海港工程混凝土结构防腐蚀技术规范（附条文说明）》、钢管桩按 JTS 153-3—2007《海港工程钢结构防腐技术规定》进行防腐耐久性设计。

1. 钢筋混凝土结构防腐蚀措施

1）海水环境混凝土部位划分

根据预定功能和混凝土建筑物部位所处的环境条件，对混凝土提出不同防腐蚀要求和措施，规范中规定了混凝土部位按水域掩护条件和港工设计水位或天文潮位进行划分，如表 5-9 所示。

表 5-9 海水环境混凝土部位划分

掩护条件	有掩护条件	无掩护条件	
划分类别	按港工设计水位	按港工设计水位	按天文潮位
大气区	设计高水位加 1.5m 以上	设计高水位加 (η_0+1.0m) 以上	最高天文潮位加 0.7 倍百年一遇有效波高 $H_{1/3}$ 以上
浪溅区	大气区下界至设计高水位减 1.0m 之间	大气区下界至设计高水位减 η_0 之间	大气区下界至最高天文潮位减百年一遇有效波高 $H_{1/3}$ 之间
水位变动区	浪溅区下界至设计低水位减 1.0m 之间	浪溅区下界至设计低水位减 1.0m 之间	浪溅区下界至最低天文潮位减 0.2 倍百年一遇有效波高 $H_{1/3}$ 之间
水下区	水位变动区以下	水位变动区以下	水位变动区以下

注：η_0 值为设计高水位时的重现期 50 年 $H_{1\%}$（波列累积频率为 1%的波高）波峰面高度。

2）混凝土常用防腐措施

码头结构的上部构件处于浪溅区和大气区，特别是浪溅区是钢筋混凝土最容易受侵蚀的位置，必须采取必要的防腐措施，提高钢筋混凝土结构的耐久性。

（1）适当增加混凝土保护层厚度是延长钢筋混凝土使用寿命最为直接、简单而又经济有效的方法。

（2）采用表面涂层保护对防止混凝土中钢筋锈蚀，提高钢筋混凝土结构的耐用年限，是一种经济、简便及行之有效的防腐措施。

（3）用表面硅烷浸渍混凝土构件表面是施工简便、经济、长效的防腐技术。

（4）高性能（高耐久性）混凝土有较高的抗氯离子渗透性特征，其优异的耐久性和较好的性能价格比已受到国际上的认同。

根据各类防腐蚀方法技术特点,结合防腐蚀技术先进性和经济性,同时考虑各类防腐蚀技术的使用效果,可结合使用。

2．钢管桩防腐措施

海水环境钢管桩部位划分见表5-10。

表 5-10　海港工程钢管桩的部位划分

掩护条件	有掩护条件	无掩护条件	
划分类别	按港工设计水位	按港工设计水位	按天文潮位
大气区	设计高水位加 1.5m 以上	设计高水位加（η_0+1.0m）以上	最高天文潮位加 0.7 倍百年一遇有效波高 $H_{1/3}$ 以上
浪溅区	大气区下界至设计高水位减 1.0m 之间	大气区下界至设计高水位减 η_0 之间	大气区下界至最高天文潮位减百年一遇有效波高 $H_{1/3}$ 之间
水位变动区	浪溅区下界至设计低水位减 1.0m 之间	浪溅区下界至设计低水位减 1.0m 之间	浪溅区下界至最低天文潮位减 0.2 倍百年一遇有效波高 $H_{1/3}$ 之间
水下区	水位变动区下界至海泥面	水位变动区下界至海泥面	水位变动区下界至海泥面
泥下区	海泥面以下	海泥面以下	海泥面以下

海港工程钢结构必须进行防腐蚀设计,目前,国内外工程主要采用的钢管桩防腐措施如下：

（1）采用外壁加覆防腐涂层或其他覆盖层措施,即采用海工防腐蚀专用涂料或环氧类涂料、铝/锌合金喷涂、聚脲弹性体喷涂及玻璃钢包覆等。在钢桩的大气区、浪溅区、水位变动区及水下区均可使用。

（2）水下采用阴极保护,即外加电流或牺牲阳极。在钢管桩的水下区、水位变动区、泥下区有效。

（3）钢管壁预留腐蚀量厚度,主要是考虑涂层及阴极保护在使用年限到期失效的情况下,利用钢管壁预留腐蚀厚度抵抗腐蚀作用,确保构件强度。

根据各类防腐蚀方法技术特点,结合防腐蚀技术先进性和经济性,同时考虑各类防腐蚀技术的使用效果,可结合使用。

3．钢桥及钢构件防腐措施

对于码头钢桥及钢构件,如人行钢桥、支架钢件、预埋钢板、预埋螺栓杆件等,也需进行防腐蚀处理。人行钢桥可采用高质量的底漆、面漆进行涂装，钢构件可采用热浸锌镀或进行涂层处理。

第六节　码头配套设施

一、船舶交通管理系统

船舶交通管理系统一般由国家投资，由海事部门建设并实施管理。船舶交通管理系统将对特定海域的船舶进行交通组织和通航安全管理，根据特定海域的船舶交通状况来设置，通常一个港口只有一个船舶交通管理系统，不是所有港口都建设船舶交通管理系统。

对于位于船舶交通管理系统覆盖区内的码头，船舶进出港必须由船舶交通管理中心批准，码头管理者应根据船舶交通管理系统操作指南要求，及时申报船舶进出港计划，及时与船舶交通管理系统中心沟通，实时掌握船舶进出港交管指令。

二、导助航设施

1. 总的要求

导助航设施是 LNG 码头的重要配套设施，为了船舶通航安全，码头项目必须配置完善的导助航设施。码头如果没有完善助航设施效能，海事部门将不允许码头进行靠泊作业。

常规导助航设施有导标、灯桩或灯浮标。具体项目需根据水域平面布置、周边助航标志现状合理布置助航标志，并且根据标志的工作环境合理选择助航标志。

根据《中华人民共和国航标管理条例》，助航标志应报航标主管部门审批，由相关资质单位施工，由航标主管部门验收，由相关资质单位进行航标维护，以确保良好的航标效能。

2. 导助航设施安全管理

导助航设施的设置和配置应符合 GB 4696—2016《中国海区水上助航标志》和 GB 16161—1996《中国海区水上助航标志形状显示规定》的规定。导

第五章　LNG接收站卸船码头设计

助航设施的管理应符合《海区航标作业管理规则》的相应规定。要求标位准确、灯质正常、涂色鲜明、结构良好；航标正常率达到98.5%，航标维护正常率达到99%。导标、堤头灯、浮标的各种技术资料齐全，做好资料登记和整理工作。

导助航设施每月白天和夜间各进行一次巡检，对浮标、灯桩根据能源配备情况补给，在补给时做好必要的保养工作。十级以上大风过境或受其他自然灾害袭击后，必须对导助航设施进行一次全面巡检。

三、船岸无线通信系统

船岸无线电话采用海上甚高频无线电话，包括台式机和对讲机，台式机位于码头控制室，对讲机供进入码头作业人员佩带。

海上通信必须在海上专用频道上进行，不得进行与海上业务无关的通信。正常情况下，设备应处于遇险信道守听状态。进行通话前应先收听，确认没有其他人通信后再通话，不应干扰他人通信。

（1）LNG接收站码头属于危险品码头，严禁非防爆通信（电子）设备带入码头。

（2）使用通信设备前必须认真学习设备操作说明书，熟练掌握设备操作方法。

（3）消防控制室配置有多套通信设备，正常情况下应有1套设备处于待机状态。

（4）设备必须定期保养，使用设备前应确认设备处于正常状态。

（5）在满足通信效果下，发射机的功率尽可能小，减少对其他通信的干扰。

四、辅助安全靠泊电子系统

1. 总的要求

根据LNG船舶靠离泊码头作业和卸船作业安全要求，LNG码头需要设置完善的辅助安全靠泊电子系统。

LNG码头辅助安全靠泊电子系统应设置有激光靠泊系统、环境监测系统、缆绳张力监测系统和船岸链接系统，各子系统集中在码头控制室进行集成和监控。

激光靠泊系统将提供船舶在靠泊时急需的船舶位置和船舶动态，包括船首的速度、船尾的速度、船舶与码头的距离、船舶与码头的夹角。一个LNG码头一般配置2个激光探测器、1个大屏幕显示器、1个移动终端、几个BP显示器和1个监控分中心，对于左右舷都靠泊的码头，需要配置2个大屏幕显示器。

环境监测包括风向/风速、气温、能见度、潮位/波浪、海流等要素的实时监测，环境监测系统必须具有自动采集功能，有标准的传输接口，测量数据纳入靠泊系统主机，进行储存、显示和共享。

设置智能缆绳张力监测系统是为了船舶系缆安全，提供更合理的缆绳布置和缆绳受力监测。每套缆钩配置压力传感器、放大器、通信接口箱，系缆钩的受力测量数据通过屏蔽双绞线或光纤传输到码头控制室主机。测量数据纳入靠泊系统主机，进行储存、监控、显示和共享。控制室配置安装了智能缆绳监测软件的监控终端，设置声、光报警信号装置。船舶上的控制终端和控制室主机须建立联动和热线电话。

船岸链接是LNG船舶的靠泊特点，大部分LNG船舶都设置了与码头链接的专用接口，链接方式有特定的方式。船岸链接主要是传输码头卸船工艺设备、船舶工艺设备的工作状态信号、应急切断信号，也传输热线电话、靠泊系统全部信号。船岸通信链的布置和传输内容应满足SIGTTO关于LNG船舶紧急停车和船岸通信链建议，传输的紧急停车信号、安全信号和其他信号应与LNG船舶信号一致。常规的船岸链接包括光缆链接、电缆链接和气连接，气连接已比较少用，基本为光缆链接和电缆链接。

光缆链接应具有4个信道、双工传输通信/数据信号、船至岸和岸至船的应急切断信号。在码头前沿装卸臂的附近设置1个光纤电缆卷轴密封箱，用于存放码头至船舶的活动软光纤电缆和接头，从码头控制室控制单元至码头前沿电缆卷轴箱需要敷设一个6芯的光纤电缆。

电缆链接应提供4路电话信道、船至岸和岸至船的应急切断信号。系统包括控制单元、电气电缆和电缆卷轴箱。控制单元位于码头控制室，电缆卷轴箱位于码头前沿。在码头前沿安装1个电缆卷轴密封箱，用于存放码头至船舶的移动电缆和电缆接头。从电缆卷轴箱至码头控制室控制单元敷设37芯电气电缆，电缆防护应满足LNG码头工作环境的要求。电缆卷轴箱至船舶配置移动软电缆，软电缆配置电缆接头，电缆接头应与船舶电缆接头对应。

2. 使用管理

辅助安全靠泊系统是LNG码头必须具备的安全设施，应加强日常管理，维持正常的工作状态，船舶靠泊前应先运行系统，检查系统是否处于正常状态。

船舶在码头靠泊作业期间，应安排人员对靠泊系统进行监控，及时与船舶相关人员联系。

远程快速脱缆系统是为了在紧急情况下实现远程脱缆，正常情况下不得使用。大型LNG船舶靠离泊作业都需要拖轮协助，即使在紧急状况，远程快速脱缆系统的使用也要十分慎重。

船舶脱缆、缆绳调整等操作由船舶人员决定，码头靠泊系统值班人员如果发现异常情况，应及时向船舶人员报告。

室外器件应定期保养，特别是要定期清洁激光探测器外透镜、大屏幕显示器的表面，水下设备应定期清除海生物。

五、登船梯

根据JTS 165-5—2016《液化天然气码头设计规范》的规定，液化天然气码头应设置登船梯。这主要是由于液化天然气船舶尺寸大、干舷较高，使用舷梯较危险，必须使用登船梯保证船、码头之间人员上下方便、安全。

登船梯主要有塔架式和立柱式两种形式，其中塔架式登船梯拥有一个可以升降的平台，服务范围涵盖几万到最大的$26.7 \times 10^4 m^3$的LNG船舶，因此被广泛应用到LNG卸船码头上。

登船梯设计时应认真研究各种作业水位下靠泊船型的干舷高度、船罐特征和登船梯登陆位置的布置等，在选型过程中宜与设备供应商紧密联系，及时取得设备的详细尺寸、荷载和公用工程需求条件等。同时应注意登船梯的设置对装卸臂作业的可能影响，合理确定登船梯的布置位置。

六、港作船

港作船应说明总平面布置推荐方案的港作船舶配备种类、规格和数量。

液化天然气船舶靠泊和离泊时宜配备全回转型拖船协助作业，且拖船配置应符合下列规定：

（1）液化天然气船舶靠泊时，可配置4艘拖船协助作业。

（2）液化天然气船舶离泊时，可配置2艘拖船协助作业。

拖船的总功率应根据当地自然条件和船型等因素综合确定，且单船最小功率不应小于3000kW。

当码头风、浪、流等作业条件复杂时，港作拖船的数量和总功率应根据码头设计，通过模拟试验确定。

为满足系统要求，可配置1艘系缆船。当在孤岛或外海等交通不便区域建设LNG码头时，宜配置1艘交通船。

第六章 LNG 接收站工艺设计

第一节 工艺方案的确定

一、工艺技术路线选择

LNG 接收站的主要功能是液化天然气(LNG)接收和储存、蒸发气(BOG)处理、LNG 增压、LNG 汽化、天然气（NG）输出以及 LNG 输出。

由于 LNG 在常压下低温储存，LNG 储罐和管道吸热、动设备能量输入，尤其是在 LNG 卸船时，LNG 储罐体积置换、压力闪蒸等因素将不可避免地产生蒸发气体（Boil off Gas，BOG）。出于环境保护和节能的考虑，这些蒸发气不能排放到大气或火炬，因此必须对这部分气体进行处理。目前，LNG 接收站 BOG 处理工艺通常采用直接压缩输出工艺和再冷凝工艺。

1. BOG 直接压缩输出工艺

直接压缩输出工艺是将蒸发气压缩到外输压力后直接送至用户或输气管网，流程相对简单（图 6-1）。直接压缩输出工艺需要消耗大量压缩功，运行费用较高，一般用于外输气压力较低、最小外输量低于冷凝蒸发气需要的 LNG 量的场合。

2. BOG 再冷凝工艺

再冷凝工艺则是将蒸发气压缩到一个较低的压力（通常为 0.6～0.9MPa），然后与低压输送泵从储罐送出的 LNG 在再冷凝器中混合，将 BOG 冷凝下来，冷凝后的 LNG 经高压输出泵加压汽化后外输（图 6-2）。

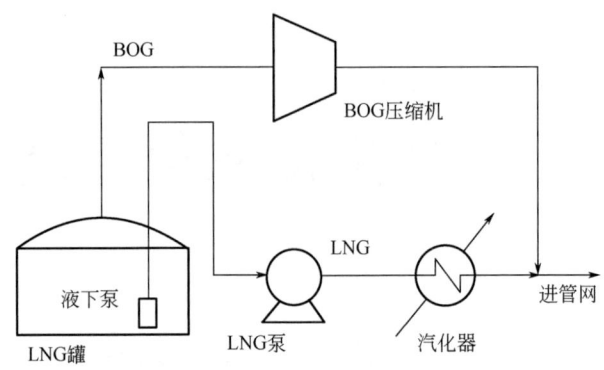

图 6-1　BOG 直接压缩输出工艺

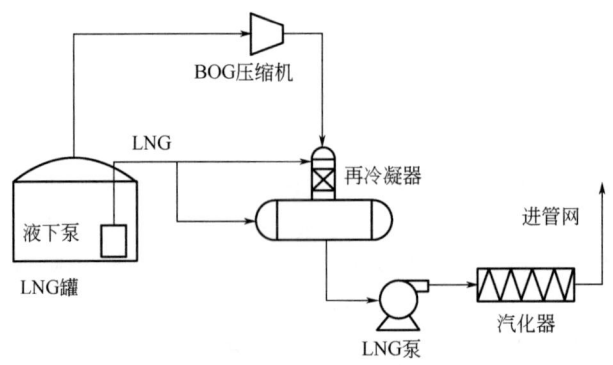

图 6-2　BOG 再冷凝工艺

再冷凝工艺利用 LNG 的冷量将 BOG 冷凝，减少了 BOG 压缩功的消耗，从而节省能量，比直接输出工艺更加先进、合理。因此，在可能的条件下再冷凝工艺为 BOG 处理的首选方案。

另外，从节能的角度看，带预冷器的 BOG 再冷凝工艺可进一步节能（图 6-3）。利用高压泵出口的 LNG 作为冷却介质，把压缩后的 BOG 在进入再冷凝器前先进行预冷，降低 BOG 进入再冷凝器的温度，减少了再冷凝器中冷凝 BOG 的 LNG 负荷，这样在处理相同 BOG 量时可降低再冷凝器的压力，从而节省 BOG 压缩机功耗可达 20% 左右。

LNG 接收站卸船工况下的 BOG 处理量比非卸船工况下 BOG 处理量要大一些，同时，根据下游管输用户用气量的不同，LNG 接收站外输量也有较大波动，这些因素使得 BOG 再冷凝液化的控制对整个接收站外输的稳定起至关重要的作用。当 BOG 处理量较大，而下游用户用气量较低时，会造成 BOG

第六章 LNG接收站工艺设计

无法完全液化而不得不排入火炬系统白白的烧掉,造成损失。因此,某些LNG接收站采取了BOG再冷凝液化及BOG直接压缩两种工艺混合使用的方案,以避免BOG进入火炬系统而造成能源浪费。对于个别接收站运行初期,由于输气管道未投用,BOG也有用采用制冷方式的再液化装置来回收的特例。

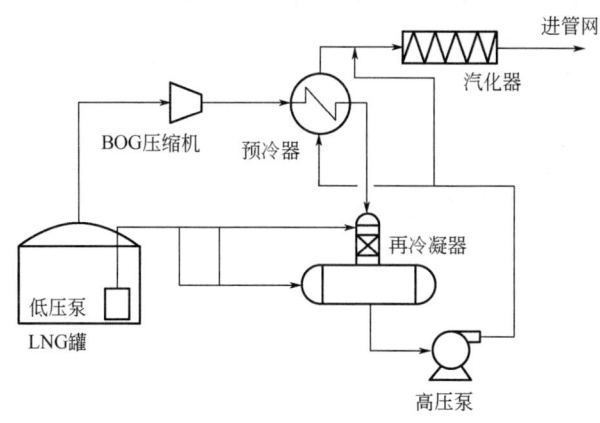

图6-3 带预冷器的BOG再冷凝工艺

综上所述,一个接收站的BOG处理具体采取哪种工艺线路,还需要根据外输气的具体情况来进行综合分析确定。目前国内已建和在建的大型LNG接收站大都采用再冷凝工艺。

二、工艺系统配置

LNG接收站工艺过程通常包含:LNG接卸、LNG储存、BOG回收处理、LNG低压输送、LNG加压汽化、NG计量及外输、LNG装车等。国内的一些接收站由于各种原因还设置了装船系统。一般来讲,接收站按工艺过程进行工艺系统划分如下:

(1)卸船系统;
(2)LNG储存系统;
(3)BOG处理系统;
(4)LNG增压系统;
(5)LNG汽化外输系统;
(6)分析计量系统;

（7）LNG 装车系统。

三、辅助设施及公用工程系统配置

根据 LNG 接收站主要工艺流程的需要，一般 LNG 接收站主要配置以下辅助设施及公用工程系统：

（1）火炬系统；
（2）燃料气系统；
（3）氮气系统；
（4）仪表空气、工厂空气系统；
（5）海水系统；
（6）生产生活用水系统；
（7）消防系统；
（8）废水处理系统；
（9）中央控制室；
（10）码头控制室；
（11）分析化验室；
（12）维修车间及仓库；
（13）变电所。

四、工艺系统流程概述

1. 卸船系统

LNG 接收站具有专用的接卸码头，其接卸能力应满足接收站的要求。码头设有 LNG 卸载所需要的工艺设施、安全设施及相关辅助设施。LNG 船到岸时，港口操作员与领航员、拖船以及船只停泊监测系统控制运输船平稳靠岸系泊。在运输船安全系泊并和岸上取得有效通信联系后，方可连接 LNG 卸料臂和气相返回臂。船岸连接后需测试紧急切断系统，并使用氮气置换至卸船臂中氧气含量达到要求，再用船上的 LNG 冷却运输船的输送管道和 LNG 卸船臂后方可进行卸船作业。

LNG 运输船和卸料臂准备就绪后，LNG 由运输船上的卸料泵，经过 LNG 卸船臂，并通过卸船总管输送到 LNG 储罐中。为平衡船舱压力，LNG 储罐内的部分蒸发气通过气相返回管道返回至船舱中。如果靠储罐和运输船之间

第六章　LNG接收站工艺设计

的压差无法将蒸发气压回运输船，那么就需要通过回流鼓风机将蒸发气增压后送回运输船。

一般来讲，LNG 卸料臂中有一台臂为气液两用臂。当气相返回臂发生故障不能使用时，气液两用臂将被用作气相返回臂。此时，虽然卸船操作时间会延长，但一方面避免卸船中断造成的 LNG 船滞港；另一方面又避免了产生的蒸发气无法回船而排放至火炬系统燃烧。

卸船操作时，实际卸船速率和同时接卸 LNG 储罐数量需根据 LNG 储罐液位和 LNG 船型来确定。每座 LNG 储罐均设有液位计，可用来监测罐内液位。卸船管道一般设有取样分析系统，既可对管道中的 LNG 进行在线分析，也可取样进行实验室分析。

卸船时可通过卖方提供的货运单上的 LNG 组分使 LNG 合理地通过储罐的顶部或底部进料阀注入储罐中，避免 LNG 产生分层，从而减少储罐内液体发生翻滚的可能性。

在卸船完成后、LNG 运输船脱离前，用氮气从卸船臂顶部进行吹扫，将卸船臂内的 LNG 分别压送回 LNG 运输船、LNG 卸船管道或 LNG 码头排净罐（如有），吹扫合格后，解脱卸船臂与船的接头。

在无卸船操作期间，LNG 卸船管道如需处于冷态备用，应采用 LNG 冷循环保持。冷循环的 LNG 应根据工艺系统的设计确定返回至再冷凝器或 LNG 储罐。

2. LNG 储存系统

LNG 接收站按 LNG 储罐的设置方式可分为地上储罐、地下储罐与半地下储罐；按结构形式可分为单容罐、双容罐、全容罐。

目前国内已建成大型 LNG 接收站的 LNG 储罐均为全包容式混凝土顶储罐（FCCR），储罐的有效工作容积多为 $16\times10^4m^3$。中国石油江苏 LNG 接收站二期工程扩建了一台有效工作容积为 $20\times10^4m^3$ 的 FCCR。

全包容式混凝土顶储罐内罐采用 9%Ni 钢，外罐采用预应力混凝土材料建成。储罐的设计压力一般为-0.5kPa/29kPa，储罐的日最大蒸发量不超过储罐容量的 0.05%。

为防止 LNG 泄漏，罐内所有的流体进出管道以及所有仪表的接管均从罐体顶部连接。每座储罐设有 2 根进料管，既可以从顶部进料，也可以通过罐内插入立式进料管实现底部进料。进料方式取决于 LNG 运输船待卸的 LNG 与储罐内已有 LNG 的密度差。若船载 LNG 比储罐内 LNG 密度大，则船载的 LNG 从储罐顶部进入，反之，船载的 LNG 从储罐底部进入。这样可有效防止储罐内 LNG 出现分层、翻滚现象。操作员可以通过操控顶部和底部的进料阀来调节 LNG 从顶部和底部进料的比例。在 LNG 进料总管上设置切断阀,可在紧急情况时隔离 LNG 储罐与进料管道。

LNG 储罐通过一根气相管道与蒸发气总管相连,用于输送储罐内产生的蒸发气和卸船期间置换的气体至 BOG 压缩机、LNG 船及火炬系统。

每座 LNG 储罐都设有连续的罐内液位、温度和密度监测仪表,以防止罐内 LNG 发生分层和溢流。储罐的压力通过调节 BOG 压缩机运行负荷和运行数量进行控制。

LNG 储罐一般设有两级超压保护。当压缩机不能及时处理大量的蒸发气,造成储罐超压到一定数值时,可通过开启压力控制阀,将 BOG 气体排放至火炬系统来保护储罐,这是储罐的第一级超压保护。另外,每座储罐还配备数个安全阀,这是储罐的第二级超压保护,安全阀的设定压力为储罐的设计压力,超压气体通过安装在罐顶的安全阀直接排入大气。

LNG 储罐一般设有两级真空保护。当 LNG 储罐压力降低至一定数值时,来自外输天然气总管的天然气通过破真空阀输送至 LNG 储罐,维持储罐内压力稳定,这是一级真空保护。如果补充的破真空气体不足以维持储罐的压力在正常操作范围内,储罐的压力继续降低时,空气就会通过安装在储罐上的真空安全阀进入储罐内,维持储罐压力正常,保证储罐安全。

低压外输管道设有混合管道,可实现单座罐内顶部和底部的 LNG 循环混合。

在储罐的内部空间和环隙空间设置氮气管道,可以干燥、吹扫以及惰化储罐。储罐内顶部设有喷嘴,用于 LNG 储罐的初次预冷。

3. 蒸发气处理系统

1)蒸发气压缩处理

蒸发气的产生主要是由热量的输入造成的,如泵运转电动机发热、外界热量的传入、环境的影响等,另外大气压变化、LNG 送入储罐闪蒸效应造成罐内蒸发气体积的变化也是蒸发气产生的原因。蒸发气处理系统的目的是为了经济而有效地回收 LNG 接收站产生的蒸发气。

LNG 接收站在卸船操作时产生的蒸发气的量远远大于不卸船操作的蒸发气量。卸船时产生大量蒸发气,其中一部分蒸发气通过气相返回管道,经气相返回臂返回 LNG 船舱中,以保持卸船系统的压力平衡。另一部分经 BOG

第六章　LNG接收站工艺设计

压缩机压缩到一定的压力后在再冷凝器中冷凝。

BOG 压缩机采用低温压缩机，可通过负荷调节来实现流量控制。BOG压缩机的开车/停车由操作员控制。

如果 BOG 产生量高于压缩机或再冷凝器的处理能力，储罐和蒸发气总管的压力将升高，当压力超过压力控制阀的设定值时，过量的蒸发气将排至火炬燃烧。

卸船时，为了处理大量的蒸发气，需要更多的压缩机同时工作。一旦 1 台 BOG 压缩机出现故障，为了确保卸船时产生的蒸发气能得到有效处理，可适当降低卸船速率，以避免或减少蒸发气排至火炬燃烧。

BOG 压缩机入口设有缓冲罐，防止蒸发气夹带液滴进入压缩机。

2）再冷凝器

再冷凝器将 BOG 压缩机增压后的蒸发气与 LNG 混合并将蒸发气冷凝为液体。再冷凝器内填充有填料。蒸发气与 LNG 在填充床中混合并实现冷凝。

再冷凝器的材料为不锈钢，其上部冷却段为不锈钢鲍尔环填充床，LNG蒸发气从再冷凝器的顶部进入，一路 LNG 从再冷凝器侧壁进入，两者在填充床中混合并冷却，此处的压力和液位控制保持恒定，以确保 LNG 高压输送泵的入口压力稳定。另一部分 LNG 直接进入再冷凝器下部的液体缓冲罐（缓冲段），与混合冷却后的 LNG 一起送去高压输出泵。再冷凝器设有比例控制系统，根据蒸发气的流量控制进入再冷凝器的 LNG 流量，以确保进入高压输出泵的 LNG 处于过冷态。

4. LNG 增压系统

储罐内的 LNG 经低压输送泵一部分进入再冷凝器冷凝，另一部分直接进入高压输出泵，通过高压泵加压达到外输所需的压力，而后进入汽化设备。

1）低压输送泵

低压输送泵为立式潜液泵，安装在储罐的泵井中。低压输送泵的运行流量由天然气外输量、装车/船量及保冷循环量等确定。每台低压输送泵的出口管道上均设有最小流量调节阀，以保护泵的运行安全。

每座储罐的低压出口总管上设有紧急切断阀，既可用于隔离低压输送泵与 LNG 低压外输总管，又可在紧急情况时使储罐与低压 LNG 外输总管隔离，同时可用于低压输送泵或低压 LNG 外输管道的检修操作。

2）高压输出泵

高压输出泵采用立式电动离心泵，安装在专用的立式泵罐内。高压输出泵的输出流量通过设在汽化器入口管道的流量调节阀进行控制。每台泵的出口管道均设有切断阀，以便于泵的切换和紧急情况下的切断隔离。高压输出泵的出口设有最小流量控制阀，以保证泵的安全运行。

5. LNG 汽化外输系统

大型接收站比较常用的汽化器有开架式汽化器（ORV）、浸没燃烧式汽化器（SCV）、中间介质汽化器（IFV）等。ORV 使用海水作为汽化 LNG 的热媒，SCV 则以天然气燃烧加热的水作为热媒，IFV 则使用海水加热的中间介质作为热媒。一般接收站在海水条件满足要求时首选开架式汽化器（ORV）。

汽化器的入口设有流量调节阀，用以调节接收站的外输天然气输出量，并控制汽化器出口天然气的温度和天然气输出总管的压力。汽化器的运行台数和运行流量根据管网调度要求确定。

当外输气体出口温度过低时，可通过汽化器外输系统温度控制，减小入口 LNG 流量。每台汽化器还设有安全阀，超压时可将过量的气体就地排放至安全地点或排放至火炬。

6. 分析计量系统

天然气外输总管上设有分析计量系统，用来分析外输天然气的热值、组分，同时实现接收站的外输贸易计量，重要的数据需要上传至外输管网的数据采集与监视控制系统（SCADA）。

7. LNG 装车系统

LNG 由 LNG 接收站低压输送进入槽车输送总管，后经各装车站支管经槽车装车臂进入 LNG 槽车，装车流量由就地装车定量控制仪控制完成。槽车中的气相通过气相返回臂返回至槽车回气总管，然后接入 BOG 总管返回至 LNG 接收站。在槽车输送总管末端设置冷循环管道，通过控制循环流量，保持槽车输送总管处于冷态。可根据管道上的表面温度计的温升情况调节冷循环流量。

每次装车完成后，各装车位吹扫残液（气）和置换气排放进入 LNG 收集罐（如有）。LNG 收集罐到达一定液位时，残液压送至接收站低压排净总管。

第六章　LNG接收站工艺设计

五、辅助设施及公用工程系统流程描述

1. 火炬系统

火炬系统用于收集 BOG 总管的超压放空气体。另外界区内天然气外输总管维修时的泄压气体也可考虑直接进入火炬系统。

在火炬管道靠近火炬低点位置设有火炬分液罐和火炬分液罐加热器。分液罐的作用是使排放到分液罐的泄放气中可能携带的液滴充分分离；加热器的作用是使其中的 LNG 汽化。

为防止空气进入火炬系统，在火炬总管尾端以及分支总管端部连续通以低流量氮气，以维持火炬系统微正压。

根据接收站火炬平面布置的要求以及紧急排放量的大小，接收站应进行火炬形式的选择。一般来讲，接收站的火炬可采用高架火炬或地面火炬，选用哪种火炬需根据项目的具体情况而定。

2. 燃料气系统

接收站燃料气系统为浸没燃烧式汽化器、火炬点火装置及长明灯等提供燃料。燃料气一般来自 BOG 压缩机出口的压缩蒸发气以及外输天然气汇管。

其他公用工程系统的流程描述见相关章节。

第二节　工艺控制过程

一、系统控制原则及设置

接收站工艺控制系统通常分为分散控制系统（Distributed Control System，DCS）、安全仪表系统（Safety Instrumented System，SIS）以及成套设备可编程控制器（Programmable logic controller，PLC）。

1. DCS 系统

DCS 是接收站控制系统的核心，主要用于监视和控制接收站站内主要工艺设备的运行，其主要功能如下：

（1）对接收站、码头、槽车装车的生产过程进行监视和控制。

（2）与音响报警系统连接，用干接点输出信号来启动音响报警系统。

（3）与 SIS 系统进行通信，采集各联锁报警和紧急切断阀阀位状态等信息。

（4）与 LNG 储罐管理系统通信，对 LNG 储罐工作状态进行实时监控。

（5）与转动设备状态监视及诊断系统通信，对其运行情况进行监视和分析。

（6）与成套设备的控制系统通信，如卸料臂位置监视系统、BOG 压缩机控制系统等。

（7）用于阀门调节或启/停电动机，输出信号采用硬线连接。

（8）与电动机控制中心（MCC）通信，监视电动机运行状态信息。

（9）自动生成报告、报警记录和趋势图。

（10）与 DCS 内部网络通信、与其他系统进行通信管理和转换相关的协议。

（11）与外输管道 SCADA 系统通信，对外输气生产管理系统进行监控。

2. SIS 系统

SIS 独立于 DCS 设置，是接收站人员及设施保护的重要系统，其安全级别较高，在设备或接收站发生危险时，通过迅速关停相关设备、关闭相关阀门、隔离相关设施，避免发生危险或降低事故损失。其主要功能如下：

（1）整个接收站的紧急停车和工艺单元隔离。

（2）每台设备的停车和隔离。

（3）阀门的关断和设施的隔离。

3. 成套设备 PLC

PLC 仅用于成套设备（卸船臂、BOG 压缩机，SCV 等）的控制。PLC 和 DCS 之间能够通信，通信信号主要包括成套设备的操作参数、运行状态、故障报警等。

二、主要控制回路

1. 简单控制回路

本章按照不同的控制功能给出典型的控制回路。

第六章　LNG接收站工艺设计

1）卸船回气压力控制

卸船期间为平衡船舱内压力，部分置换的蒸发气需从 LNG 储罐返回到船舱中，为避免回气过程中船舱超压，返回气压力通过回气总管上压力控制阀进行调节，船舱压力高时减小调节阀的开度，船舱压力低时增大调节阀的开度。

2）低压泵出口最小流量控制

为防止低压泵在最小流量以下运行时对泵造成损伤，每个低压泵出口都设有最小流量保护旁路。在正常操作条件下，最小流量调节阀关闭，当输出流量低于最小流量时，最小流量旁路上流量调节阀开启，确保低压泵能够在最小流量以上运行。

3）再冷凝器液位保护控制

再冷凝器高液位时，系统将通过从外输管道上引入降压后的天然气调节气相压力及降低再冷凝器的 LNG 进料量，从而稳定再冷凝器的液位。

4）燃料气温度控制

燃料气经高压天然气减压后通常温降较大，为防止燃料气出口碳钢管道损坏，需对燃料气进行加热。加热器的负荷应根据燃料气出口温度进行调节，保证加热器出口温度在允许的范围内。

2. 复杂控制回路

1）储罐压力控制及压缩机负荷控制

LNG 接收站一般通过控制压缩机负荷使 LNG 储罐的正常操作压力维持在设定值范围内。通常当储罐压力高于设定值时，压缩机负荷或压缩机运行台数增加；当储罐压力低于设定值时，压缩机负荷或压缩机运行台数减少。

但当出现以下三种情况时，在储罐压力正常时，首先应考虑维持再冷凝器的稳定操作，通过储罐压力调节压缩机负荷回路被超驰，压缩机负荷应降低：

（1）当再冷凝器液位低于设定值时。

（2）当再冷凝器出口饱和蒸气压差值低于设定值时。

（3）当低压输出总管压力调节阀旁路流量低于设定值时。

压缩机负荷的增加或减少可采用两种模式：

（1）同时增减模式：已经启动的压缩机运行负荷相同且同时对负荷进行增减。

（2）顺序增减模式：第一台压缩机增加负荷至 100%后，手动启动第二台压缩机,将第二台压缩机负荷增加至100%后,再手动启动第三台压缩机,将第三台压缩机负荷再增加至100%;减负荷时也是按顺序减少。

2）汽化器负荷控制

通常采用外输管网压力对汽化器进口流量进行串级控制。当外输管网压力低于设定值时,通过串级控制汽化器入口流量,调节阀开度增加；当外输管网压力高于设定值时,通过串级控制入口流量,调节阀开度减小。

当汽化器出口温度高于设定值时,入口流量由串级回路进行控制。当汽化器出口温度低于设定值时,串级控制回路被超驰,入口阀门开度应根据出口温度控制并关小。

第三节 工艺流程图及数据表

一、工艺流程图的内容

工艺流程图（Process Flow Diagram，PFD）是指对整个工艺流程用图纸来进行简单的描述。PFD 的主要内容包括主要工艺设备及位号、设备的名称、操作温度、操作压力、主要物料管道及流向、物流号、重要控制回路的仪表及功能等。物流相关信息,如物流组成、温度、压力、相态、流量及物性等,可以单独列表,也可以直接表示在 PFD 上。

二、工艺流程图例图

为了更好地了解工艺流程图,提供一个接收站的例图供参考使用,见图 6-4。

三、工艺数据表

工艺数据表应包括设备数据表、设备一览表、管道数据表、仪表数据表、安全阀数据表、界区条件表等。

第六章　LNG接收站工艺设计

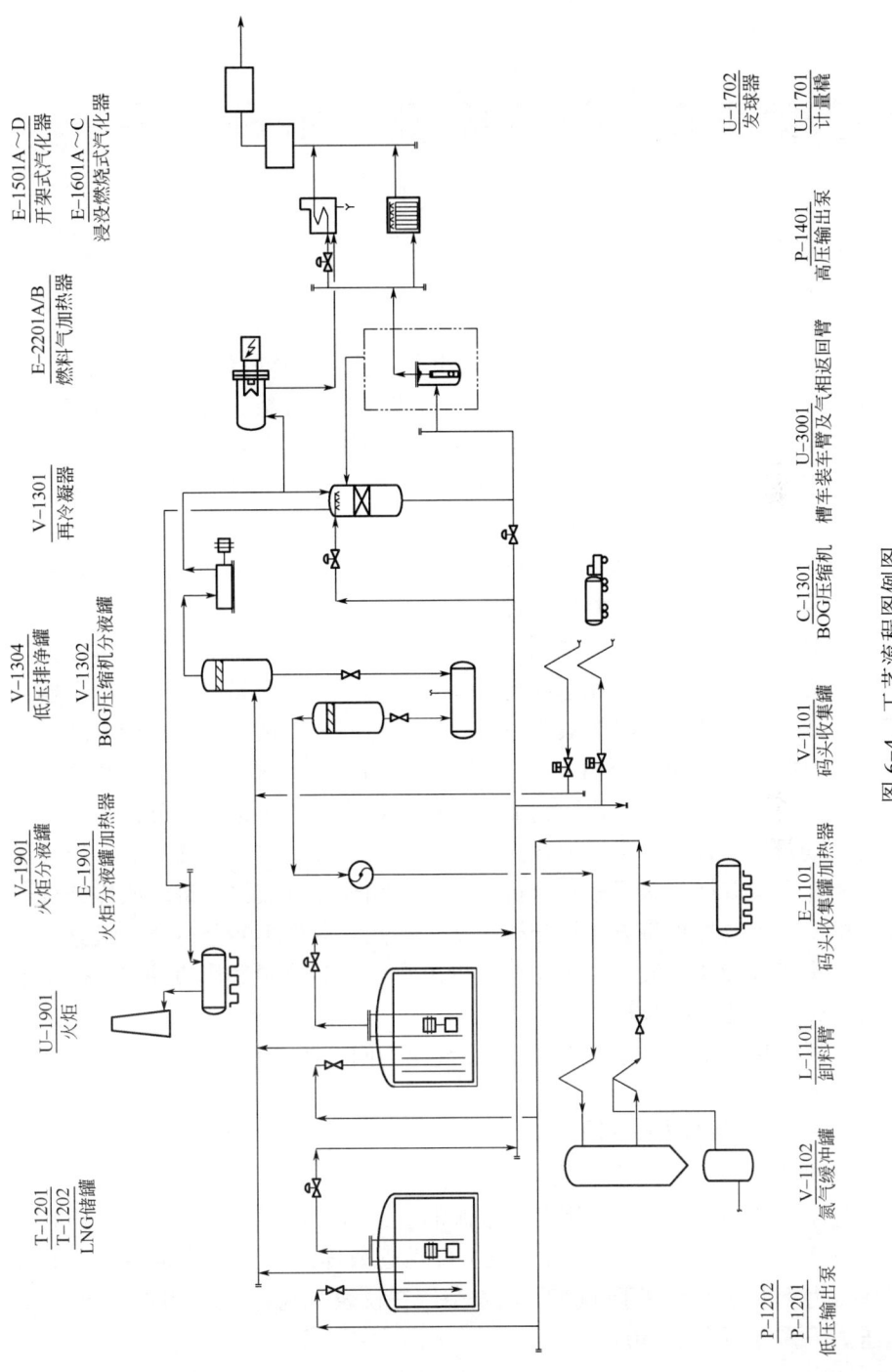

图 6-4　工艺流程图例图

第四节 分析项目及分析仪器设置

一、工艺分析项目

为了监测到岸的 LNG 介质的各种组分含量,在接收站内设置分析项目。根据对分析结果的不同要求,分析方式一般有在线分析、实验室分析和就地分析三种,分别采用分析小屋、实验室设备和便携式分析仪来完成。

根据已建和在建 LNG 接收站经验,一般对卸船 LNG 和外输 NG 进行在线分析,要求能够分析流体组成、密度、H_2S 含量、总硫含量、CO_2 含量、O_2 含量、烃露点、水露点等,外输天然气还需要计算热值和沃伯数等,并根据要求决定是否上传至控制室监控。

需要在实验室进行分析的项目,要在设计时考虑设置取样点。LNG 接收站中一般在卸船管道及气相返回臂、LNG 储罐顶部及环隙空间、再冷凝器顶部、天然气外输总管、槽车装车总管及气相返回线管道(如果有槽车站)等处设置取样点。其中,LNG 储罐顶部和环隙空间主要检测 O_2 含量和露点,在试车时及真空安全阀开启后需取样分析。再冷凝器罐顶主要分析 N_2 含量,在再冷凝器压力持续升高时取样分析。根据操作经验,一般 LNG 卸船管道及气相返回臂取样点每船取样分析一次,外输天然气取样点每班取样分析一次,槽车装车取样点每天取样分析一次。这几处取样主要分析介质组分。

便携式分析仪一般只要求能够分析出组分、O_2 含量和露点即可,操作工随身携带,就地取样分析。

分析结果范围根据各 LNG 接收站气源不同有所差别。

二、公用工程分析项目

为监测 LNG 接收站公用工程气源的供给质量,氮气和仪表空气一般需每天取样一次进行分析。氮气在氮气分配总管取样,要求 O_2 含量不高于 1%,工作压力下的露点不高于-60℃。仪表空气在仪表空气总管进行取样,要求工作压力下露点不高于-40℃。

三、环保分析项目

根据环境监测管理要求,应对接收站内排放的污染物进行监测,典型分析项目见表 6-1,并应对排污口进行规范化管理,在排污口附近醒目处设置环境保护图形标识牌。

表 6-1　环境监测分析项目一览表

取样地点	分析介质	分析项目	分析次数
SCV 排气筒	燃烧烟气	NO_x	运行期 1 次/季
厂界	环境空气	(非甲烷总烃)NMHC	1 次/季
		NO_x	
隔油池进口/出口	生产废水	流量	在线
		(化学需氧量)COD_{Cr}	在线
		石油类	1 次/d
		(固体悬浮物)SS	
生活污水处理装置	生活/生产废水	流量	在线
		(化学需氧量)COD_{Cr}	在线
		(固体悬浮物)SS	1 次/d
		(氨氮含量)NH_3-N	
海水厂界排放口	排放的温降海水	余氯	1 次/d
		水温	在线
厂界	环境噪声	等效连续 A 声级	1 次/季

四、实验室分析仪器和设备

实验室采用的分析方法主要有色谱法、分光光度法、容量法、计算法等。实验室需要的分析仪器和设备主要有气相色谱仪、紫外/可见分光光度计、分析天平、加热设备、清洗设备等。

1. 分析仪器和设备的用途

化验室的分析设备用于 LNG 接收站工程的离线分析项目,包括样品在化验室内的分析测定和在装置区内用便携式分析设备的测定。

2. 分析仪器和设备的选型

分析仪器和设备的选型主要依据国际天然气技术委员会(ISO/TC193)出版的 ISO 标准、美国试验与材料学会标准(ASTM)和我国国家标准规范。

3. 分析仪器和设备的采购

通常 LNG 项目的分析设备均可以在中国国内采购,其中产品分析的仪器选用国外或合资制造厂商的产品,公用工程分析的仪器选用合资或国内厂商制造的产品。

4. 分析仪器和设备配置

根据不同接收站的要求,分析的项目也会稍有差别,因此分析仪器和设备配置也会有所不同。主要的设备配置如下:

(1)产品分析需配置气相色谱仪(测定天然气烃类组分)、气相色谱仪(测定天然气微量硫组分)、紫外荧光总硫分析仪、原子吸收分光光谱仪、露点仪、微量氧气分析仪、气体发生器等。

(2)公用工程分析需配置紫外/可见分光光度计、自动滴定仪、离子计、酸度计、电导率测定仪、红外水质油分析仪、水质化学需氧量(COD)分析系统、水质生化需氧量(BOD)测定仪、马弗炉、电热干燥箱、纯水制备仪、浊度仪、分析/电子天平、纯水制备仪、磁力搅拌器、离心机等。

(3)环境和安全监测配有便携式可燃气体测定仪、气体检测管等仪器。

五、LNG 贸易交接计量设备及取样分析设备

由于船运 LNG 到岸贸易交接采用统一的国际标准化流程,LNG 贸易按热值进行交接和结算。基于 LNG 的特点,现行的国际标准仍采取静态测量方式,即 LNG 到港静态计量是依靠船上配置的 CTMS(Custody Transfer Measurement System)系统来自动记录船舱液位,校正船舶横倾和纵倾对液位造成的影响,从而自动核算出 LNG 体积;陆上配置的取样及分析系统对卸货 LNG 进行汽化取样,利用色谱分析法对 LNG 样品进行组分分析;通过 LNG 密度计算、单位质量热值计算和返舱 BOG 能量计算来确定到港 LNG 贸易交接的总热值。也就是说贸易交接配置的计量设备及分析设备分为两部分:船上的计量装置与陆上的 LNG 组分取样分析设备。

1. 船上计量装置

船上计量装置包括主液位计（雷达液位计）、辅助液位计（浮子液位计）、测温仪、压强计量仪器、横倾计量仪、纵倾计量仪。

2. 陆上的取样及分析设备

陆上的取样及分析设备包括取样探头、连接取样探头和汽化器之间的真空绝热管道、汽化器、取样控制系统、取样钢瓶、离线色谱仪、在线色谱仪（实时分析检测汽化后的 NG 组成和 NG 的品质，减少人工取样分析）。

LNG 组分分析结果是 LNG 密度及单位热值计算的关键参数，分析结果的准确与否，将直接影响 LNG 贸易交接计量的具体数量及质量判定。为确保分析结果的精准性，取样系统设计应遵循 LNG 取样标准关于过冷度的要求，取样探头、连接管道、阀门和汽化器具有很好的绝热效果，LNG 样品在汽化前必须保持过冷状态，即全液体状态，避免 LNG 在汽化前发生分馏，导致出现测量 LNG 单位热值偏高的误差，保证卸载过程能取到有代表性的 LNG 样品，从而使离线和在线色谱分析结果更精准、可信度高、重复性和重现性好，使 LNG 贸易交接计量更准确、公平、公正。

第五节 冷能利用

一、概述

LNG 冷能利用主要是依靠 LNG 与周围环境（如空气、海水等）之间存在的温度和压力差，将高压、低温的 LNG 变为常压（或高压）常温的天然气时，回收存储在 LNG 中的能量。

LNG 汽化时放出很大的冷量，其值大约为 830kJ/kg，包括 502.1kJ/kg 的汽化潜热和 334.7kJ/kg（到 0℃）的显热。LNG 的冷能是非常高品质的冷能，如果充分利用这些冷能，既可节约大量的能源，又可减少汽化 LNG 所排出的冷海水对环境的冷污染，同时又可获得可观的经济效益。

二、冷能利用方法

LNG 的冷能温度范围广，可以在很广泛的领域应用，从应用途径的角度讲，可以分为直接利用和间接利用。

直接利用方式是在 LNG 接收站附近建设 LNG 冷能利用的工业设施，直接利用 LNG 的冷能来生产工业产品或进行工业生产，包括：

(1) 空气分离；
(2) 冷能发电；
(3) LNG 中重组分分离；
(4) 冷冻仓库；
(5) 制造液体二氧化碳和干冰；
(6) LNG 冷藏汽车；
(7) 海水淡化；
(8) 蓄冷装置；
(9) 民用冰雪娱乐设施；
(10) 空调制冷；
(11) 低温养殖和栽培等。

间接利用方式是对直接利用 LNG 冷能生产的工业产品在远离 LNG 接收站二次利用的方式，主要是对空气分离装置生产的液体产品的二次利用，包括：

(1) 液氮的应用——低温破碎、集中供冷系统、超导等；
(2) 液氩的应用——钢厂、焊接、照明、电子等；
(3) 液氧的应用——臭氧污水处理、军工、医用、钢厂、金属加工等；
(4) 冷冻低温干燥、食品冷冻保鲜、大容量电缆的冷却等。

三、国外冷能利用现状

1. 日本冷能利用状况

日本作为世界上最大的 LNG 进口国，其冷能利用技术也是最领先的。在日本，约有 20%LNG 的冷能被利用（约 70%发电，30%民用）。除与发电厂相配合使用外，还有 26 台独立的冷能利用设备，其中 7 台空气分离装置，产能都为 6000m^3/h（氧）以上；3 台制干冰装置，产能各为 100t/d；1 台深度

第六章　LNG接收站工艺设计

冷冻仓库，容量为33200t；15台低温郎肯循环独立发电装置，出力大约各为几千千瓦。

日本根岸等四个LNG接收站建有利用冷能利用的空气分离装置。根岸基地属于日本东京煤气公司，是最早的几个LNG接收站之一，也是冷能利用技术开发最全面的接收站，是集中了深低温冷冻、深冷发电、食品冷冻、空气分离及液化以及干冰生产的综合利用工业区。其冷能利用率达到了43%，其中，冷能发电占28%，液态O_2、液态N_2、深冷仓库及干冰等占15%。这些冷能利用装置与不利用LNG冷能的工厂相比，电力消耗大幅度下降，可达约50%。

日本的泉北LNG接收站实际运行的LNG阶式冷能利用装置可同时实现液化二氧化碳、冷却丁烷和冷却水三个目的。根据泉北LNG接收站运行商提供的数据，采用上述阶式冷能利用流程后，其所需的LNG冷量仅为同规模各单项冷能利用所需冷量的77%。

2. 美国冷能利用状况

在美国，从LNG中分离出C_2+轻烃已成为调节天然气热值的重要手段，其在轻烃分离方面也有很多专利。然而国外的轻烃分离技术分离出的甲烷多为气相，对我国引进的LNG富液脱轻烃起到了良好的指引作用，但也需要改进来适应我国的管网压力。

LNG冷能利用的领域还在不断扩展，美国Cryotherm公司新近开发成功了"热电汽化器"装置，这种装置与太阳能光电电池原理类似。太阳能光电电池是将太阳能转变为电能，而热电电池是将热能转变为电能，冷源采用低温LNG，热源为环境空气。

3. 法国冷能利用状况

法国的FOS-SUR-MER接收站也采用了LNG冷能用于空气分离装置和燃气发电机组的冷凝器及其他转动设备的冷却水，实行阶式冷能利用的流程。

4. 韩国冷能利用状况

韩国对于LNG冷能的利用主要是空气分离和食品冷冻冷藏等方面。通过利用冷能，节约了空气分离厂50%的电力。空气分离的产品液氮可用作食品的冷藏保鲜防腐，还可用于低温粉碎。目前韩国的冷能利用率不到20%。

5. 印度和波多黎各冷能利用状况

印度和波多黎各对于LNG冷能的利用主要是提高电厂的大型燃气轮机的出力。印度达波尔电厂和LNG接收站都由美国安然公司投资，安装美国通用电气公司（GE）的740MW联合循环机组一套，1999年初投产，电厂设计每年使用 230×10⁴t LNG，年工作时间约 7500h。波多黎各的 EcoElecrica 电厂也由安然公司投资，做同样的冷能利用。

四、中国接收站冷能利用现状

截止到 2015 年，中国大陆地区已建成陆上 LNG 接收站 13 座，中国台湾地区已建成接收站 2 座。中国大陆地区目前扩建及在建 10 余座，多数项目在规划阶段已将冷能利用同时进行了规划。

2010 年，中国海油和美国空气产品公司（AP）联合开发的冷能空气分离项目在福建莆田投产，成为我国大陆地区第一个成功实施的 LNG 冷能利用项目。

1990 年，中国台湾地区永安 LNG 厂开始运营时即同时考虑和规划了冷能利用方案，到目前，已形成了发电、空气分离、空调系统、养殖渔场综合利用模式：

（1）冷压能发电。

冷能发电部分：采用低温郎肯循环，利用汽化 130t/h、−148℃的 LNG 过程中释放的大量冷能，以丙烷为循环介质。加热及蒸发压缩丙烷所需热源全部由海水提供，丙烷以密闭回路做低温郎肯循环。

压能发电部分：经汽化后的的天然气压力约 6.5MPa，而供给电厂做燃气只需 2.5~3MPa 压力，3.5~4MPa 的压力差则被利用膨胀发电，120t/h 的天然气可发电约 2750kW。冷、压能所产生电力共约 7600kW，每年可节省巨大电力支出费用。

（2）空气分离。中国台湾远东气体厂，设计 40t/h LNG 用量，液氮产量 330t/d，液氧产量 220t/d，液氩产量 17.4t/d。

（3）空调系统。厂区内行政大楼、备勤中心、保警中心、厂房及中央控制室空调用冰水、空气压缩机冷却水等均由冷能利用冰水系统提供。

（4）养殖渔场。汽化 LNG 的海水排水量很大，在 3×10⁴t/h 以上，而且经过 ORV 之后完全未受到污染，经监测水质良好，接近恒温（18~20℃）。这样良好的水源为周围永安县、高雄县（中国台湾地区重要的陆上养殖渔业区）提供优良的海水资源。

表 6-2 列出了目前中国大陆地区及中国台湾地区接收站已建及规划中的冷能利用项目。

第六章 LNG接收站工艺设计

表6-2 中国大陆及中国台湾地区 LNG 接收站规划的冷能利用项目

建设地点	地区	控股股东	建设状态	投产时间（年）	产能（×10⁴t/a） 首期	产能（×10⁴t/a） 二期	产能（×10⁴t/a） 加总	冷能利用情况
大鹏	广东深圳	中国海油	竣工	2006	370	670	1040	规划冷能利用项目：BOG 回收、冷排水为东部电厂循环水进水、空气分离、冰雪世界
秀屿	福建莆田	中国海油	竣工	2008	260	500	760	空气分离（已经投产，610t/d）、低温橡胶粉碎、冷能发电、冷库、冰雪世界等。（唯一已经开车运行的）
中西门港	上海洋山	中国海油	竣工	2009	300	600	900	规划 70%LNG 用于冷能利用，30%用于调峰。适合的项目：空气分离、合成氨、联合燃气循环发电、低温粉碎、液体 CO_2、冷库、海水淡化
洋口港	江苏如东	中国石油	竣工	2011	350	650	1000	决定采用冷能空气分离，工程设计已完成
鲇鱼湾	辽宁大连	中国石油	竣工	2011	300	600	900	拟采用冷能空气分离，已做完可行性研究；冷库已做完可行性研究，但由于需要重新建码头等问题，没有继续进行
沙田	广东东莞	九丰能源	竣工	2012	100		100	LNG 冷能用于降低库区二甲醚装置循环水的温度
北仑港	浙江宁波	中国海油	竣工	2012	300	600	900	空气分离作为首选，轻烃回收作为备选
唐山	曹妃甸	中国石油	竣工	2014	350		650	空气分离项目 2015 年 6 月投产，建设规模为液氧547t/d、液氮150t/d、液氩26t/d
永安	中国台湾高雄	中油（台）	竣工	1990			744	冷能发电（15～20kW/tLNG）、压能发电（2 套 3000kW），空气分离（LNG 用量 40t/h，日产液氮330t,液氧220t,液氩每17.4t），冰水系统（空调），养殖（冷排水养殖好处：节省电费和维护费用、水温适合当地鱼类生存、水量大）
台中	中国台湾台中	中油（台）	竣工	2009	300		788	空气分离（LNG 用量 65t/h，日产液氧和液氮600t），冷库正在治谈中

五、小结

液化天然气已经成为 21 世纪人类的主要能源之一，跨地域的使用和进出口促进了液化天然气工业的发展。因此，蕴藏在-160℃的 LNG 中的 830kJ/kg 的高品位冷能的利用，是各进口国积极开发的技术领域。世界上进口 LNG 最多的国家日本，也是冷能利用最先进和最多的国家，其冷能利用多用于发电，空气分离装置次之，也有采用综合利用方式的接收站已经在运行。我国 LNG 冷能利用开展的比较晚，现在也有福建莆田接收站的冷能空气分离等项目已经在运行，而且全国各个接收站大部分已经规划了冷能利用方案。冷能利用不但节约了能源消耗，也响应了国家"十三五"规划节能减排的要求。

液化天然气的冷能利用方式较多，其中技术相对成熟的有冷能空气分离、冷能发电、冷库，此类技术比较简单、易于实现。其他单项方式，如 LNG 汽车、海水淡化等的技术尚未达到大规模工业应用的程度，然而这些冷能利用方式比较环保，能很好地应对当前能源紧缺的局面，因此发展潜力巨大。

第六节　操作手册

一、概述

操作手册，是指导 LNG 接收站开车及操作的技术性文件，是编制试车计划的依据。LNG 接收站在机械竣工的基础上依据操作手册确定试车关键路线，以关键路线为主导，安排相关的试车项目。操作手册，也是生产运行方为 LNG 接收站编制今后在正常生产过程中的操作规程的依据和指导文件。

二、操作手册的编制

操作手册的编制，是工艺流程设计的一个重要环节，是业主或总承包单

第六章　LNG接收站工艺设计

位编制试车和开车的依据和指导，但是在工艺流程设计过程中是否编制操作手册，应依据合同要求决定。

操作手册通常由 LNG 接收站设计单位组织相关专家，依据其所提供的工艺流程的长期理论研究和实践操作经验，基于所提供的工艺流程图（PID）编制而成。其目的是使操作人员能够对工艺流程单元及设备进行正确的操作，并了解操作中可能发生的事故和预防出现危险的内容。

操作手册在施工图设计后期根据初步设计和施工图设计工程中的流程调整、修改情况进行修订并最终发布，交付业主用于编制试车计划和指导开车的技术性文件。

三、操作手册主要内容

为了使操作人员能够充分地了解、熟悉和运用工艺流程及主要设备的操作、维护内容，并了解操作中可能发生的事故和危险及应对处理措施，一部完整的接收站操作手册主要应包括以下内容。

1. 工艺说明

1）工艺原理、工艺特点

接收站设计基础和依据主要包括，接收站概况（生产规模、能力、建成的时间和历年改造情况）、工艺指标（原料指标、半成品、成品指标，公用工程指标，主要操作条件，原材料消耗、公用工程消耗及能耗指标）。

工艺原理和流程描述：接收站的工艺原理描述（说明接收站的物理、化学原理及其特点）、接收站的工艺流程描述。

2）操作变量分析

分析与过程有关的操作变量（温度、压力、流量、液位高度等）的影响，可以采用文字、图表等所有便于表达的形式。

2. 正常操作程序

依据流程（管道仪表流程图）按部分、单元逐步说明（设备和重要阀门）正常操作控制步骤和方法。

3. 开车准备工作程序

依据不同工艺复杂程度分别说明，例如，容器检查、水压试验、管道检查、化学清洗、吹扫、气密性试验、置换、单机试车等的步骤和工作要点。

4. 开车程序

根据工艺流程，按先后次序和部分说明开车步骤要点。

5. 正常停车程序

根据工艺流程，按先后次序和部分说明停车步骤要点。

6. 事故处理原则

依据工艺流程按部分、单元分别说明各单元、部分有可能发生的事故和危险，以及相应采取的紧急处理方法及步骤要点。

7. 填料装卸

说明再冷凝器中所采用的填料的装填和卸载的步骤、要点及安全注意事项等。

8. 采样

分别说明各采样分析取样点的位置、正常操作时的采样分析频率、采样方法及安全注意事项等。

9. 工艺危险因素分析及控制措施

说明接收站中易燃易爆及有毒有害物料的安全和卫生控制指标。

分析接收站操作中可能发生的主要危险，提出相应采取的防护原则和方法。

标出危险点、报警器、灭火器位置。必要时可单独画出危险点、报警器、灭火器布置图。

10. 环境保护

说明接收站正常操作、开停车、检修时的污染排放源，从工艺角度提出减少污染的控制方法和原则。

11. 设备检查和维护

对接收站中的专利设备或专有设备、设施要说明其检查与维护方法及检维修的周期要求。例如，检查步骤，主要维护点，使用的润滑油、液压油等的介质规格要求，特殊检修方法和工具，检修的安全注意事项与安全措施，设备和设施控制系统的调试要求和调试参数。

在施工图设计后期，操作手册修订时，应对接收站中重要的设备和设施增加操作使用和检查与维护方法的说明。

12. 分析化验手册

对于原料、产品、排放物、化学品等有必要按照工艺提供者指定的方法、采用的特定仪器进行分析化验，而不能采用国家标准、行业标准、国际通用标准（如ASTM标准）等规定的分析化验方法的特殊项目，应编写分析化验指导手册。对于常规介质的分析化验方法，如果有合同约定，也可要求工艺提供者提供分析化验指导手册。

第六章　LNG接收站工艺设计

在改、扩建项目中，操作手册的内容应着重描述工艺路线的变更、接收站组成等变化部分的相关内容。对接收站原有未改动部分的内容忽略。

四、操作手册编制过程的注意事项

（1）设计基础中各种原材料、燃料、填料、化学品及公用工程的技术规格、厂址条件应与设计文件一致。

（2）工艺特点、工艺说明应与设计文件一致。

（3）水压试验、设备的检查与清理、填料的装填、管道冲洗、化学清洗及管道检查、吹扫、气密性试验等过程应叙述清楚、准确。

（4）接收站预试车操作步骤应叙述清楚。

（5）各单元、工序操作原理及步骤应叙述清楚、完整，与工艺流程一致、吻合。

（6）所有操作过程的注意事项应交代清楚。

（7）设备名称、位号应与PID和设备施工图一致；仪表编号应与PID和仪表索引及仪表规格书一致。

（8）附件齐全、完整。

五、操作手册示例

下面列举的是国内某LNG接收站的操作手册的详细目录，从中可以看出操作手册编制的主要内容和基本框架结构。

国内某LNG接收站操作手册（目录）

1　卸船系统
　1.1　工艺系统描述
　1.2　设备配置描述
　　1.2.1　卸料臂
　　1.2.2　码头排净罐
　　1.2.3　氮气缓冲罐
　　1.2.4　登船梯
　　1.2.5　快速脱缆钩

1.3 自动控制系统
    1.3.1 仪表描述
    1.3.2 控制阀概述
    1.3.3 DCS 控制
    1.3.4 报警解决措施
    1.3.5 SIS 联锁
    1.3.6 JCR 试车程序
  1.4 投产试运程序
    1.4.1 LNG 卸船管道试车程序
    1.4.2 首船卸船程序
    1.4.3 试车程序
  1.5 操作程序
    1.5.1 卸船操作程序
    1.5.2 低压保冷循环操作程序
2 储存及低压外输系统
  2.1 工艺系统描述
  2.2 设备配置
    2.2.1 LNG 储罐
    2.2.2 低压泵
  2.3 自动控制系统
    2.3.1 仪表概述
    2.3.2 控制阀概述
    2.3.3 DCS 控制
    2.3.4 SIS 联锁
    2.3.5 CCR 试车程序
  2.4 投产试运程序
    2.4.1 LNG 储罐干燥及惰化程序
    2.4.2 储罐试车程序
    2.4.3 低压输送泵及输送管道试车程序
    2.4.4 储罐蒸发率测试程序
  2.5 操作程序
    2.5.1 罐内自循环程序
    2.5.2 倒罐操作程序

第六章 LNG接收站工艺设计

  2.5.3 低压外输系统操作程序
  2.5.4 低压排净操作程序
  2.5.5 零外输系统操作程序
3 蒸发气处理系统
 3.1 工艺系统描述
 3.2 设备配置描述
  3.2.1 BOG 压缩机
  3.2.2 再冷凝器
  3.2.3 火炬
  3.2.4 火炬分液罐
 3.3 自动控制系统
  3.3.1 仪表概述
  3.3.2 控制阀概述
  3.3.3 DCS 控制
  3.3.4 SIS 联锁
 3.4 投产试运程序
  3.4.1 BOG 压缩机试车程序
  3.4.2 再冷凝器试车程序
  3.4.3 火炬试车程序
 3.5 操作程序
  3.5.1 BOG 处理系统操作程序
  3.5.2 火炬排放系统操作程序
4 高压汽化外输输出系统
 4.1 工艺系统描述
 4.2 设备配置描述
  4.2.1 高压泵
  4.2.2 ORV
  4.2.3 SCV
  4.2.4 计量橇
  4.2.5 燃料气电加热器
 4.3 自动控制系统
  4.3.1 仪表概述
  4.3.2 控制阀概述

  4.3.3 DCS 控制
  4.3.4 SIS 联锁
 4.4 投产试运程序
  4.4.1 高压输送泵及输送管道试车程序
  4.4.2 ORV 开车程序
  4.4.3 燃料气系统试车程序
  4.4.4 高压 NG 输送系统试车程序
  4.4.5 SCV 开车程序
 4.5 操作程序
  4.5.1 LNG 增压外输系统操作程序
  4.5.2 燃料气系统操作程序
5 海水系统
 5.1 工艺系统描述
 5.2 设备配置描述
  5.2.1 海水泵
  5.2.2 海水制氯装置
  5.2.3 钢阀门
  5.2.4 拦污格栅
  5.2.5 清污机
  5.2.6 旋转滤网
 5.3 自动控制系统
  5.3.1 仪表概述
  5.3.2 控制阀概述
  5.3.3 DCS 控制
  5.3.4 SIS 联锁
 5.4 投产试运程序
  5.4.1 海水泵及海水分配系统试车程序
  5.4.2 电解加氯单元试车程序
 5.5 操作程序
  5.5.1 工艺海水系统操作程序
  5.5.2 海水消防泵测试程序
  5.5.3 海水电解加氯系统操作规程
6 公用工程系统

第六章 LNG接收站工艺设计

6.1 工艺系统描述
    6.1.1 仪表风和工厂风系统
    6.1.2 氮气系统
    6.1.3 生产水和生活水系统
    6.1.4 污水处理系统
6.2 设备配置描述
    6.2.1 仪表风和工厂风系统
    6.2.2 氮气系统
    6.2.3 生产水和生活水系统
    6.2.4 污水处理系统
6.3 自动控制系统
    6.3.1 仪表概述
    6.3.2 控制阀概述
    6.3.3 DCS概述
    6.3.4 SIS逻辑
6.4 投产试运程序
    6.4.1 仪表风工厂风试车程序
    6.4.2 氮气系统试车程序
    6.4.3 生产水系统试车程序
    6.4.4 生活水系统试车程序
6.5 操作程序
    6.5.1 仪表风和工厂风系统操作程序
    6.5.2 空气压缩机操作程序
    6.5.3 液氮系统操作程序
    6.5.4 生产水和生活水系统操作程序
    6.5.5 污水处理操作程序
7 消防系统
  7.1 工艺系统描述
  7.2 设备配置描述
    7.2.1 消防水系统
    7.2.2 高倍数泡沫灭火系统
    7.2.3 气体灭火系统
    7.2.4 干粉灭火系统

7.2.5 移动式灭火器
7.3 自动控制系统
　　7.3.1 仪表概述
　　7.3.2 控制阀概述
　　7.3.3 DCS 控制
　　7.3.4 SIS 联锁
7.4 投产试运程序
　　7.4.1 安全系统试车程序
7.5 操作程序
　　7.5.1 保压泵、测试泵操作程序
　　7.5.2 室外消防栓操作程序
　　7.5.3 消防炮操作程序
　　7.5.4 高倍数泡沫灭火系统操作程序
　　7.5.5 干粉灭火系统操作程序
　　7.5.6 气体灭火系统操作程序

第七章 设备设计

第一节 设计说明

LNG 接收站的主要设备有 LNG 储罐、LNG 泵、汽化器、再冷凝器、火炬等。

一、设计原则

应遵从政府的有关法律和法规,设计时根据工艺的要求,合理选用材料和结构,提供优化的设计,保证安全可靠、经济合理。

压力容器应有压力容器设计、制造许可证,进口压力容器的国外制造商应取得国家有关部门颁发的安全质量许可证书。

二、适用标准规范

国内供货的压力容器的设计、制造、检验和验收应符合表 7-1 中法规、标准和规范的要求。

表 7-1 国内供货的压力容器的设计、制造、检验和验收标准

规范名称	规范代号
《固定式压力容器安全技术监察规程》(第 2 版)	TSG R0004—2009
《压力容器[合订本]》	GB150.1～GB 150.4—2011
《压力容器焊接规程》	NB/T 47015—2011
《承压设备焊接工艺评定》	NB/T 47014—2011
《承压设备产品焊接试件的力学性能检验》	NB/T 47016—2011

续表

规范名称	规范代号
《承压设备无损检测［合订本］》	NB/T 47013.1～13—2015
《承压设备无损检测第 7 部分：目视检测》	NB/T 47013.7—2012
《钢制管法兰、垫片、紧固件》	HG/T 20592～20635—2009
《承压设备用不锈钢钢板及钢带》	GB 24511—2009
《锅炉和压力容器用钢板》	GB/T 713—2014
《承压设备用碳素钢和合金钢锻件［合订本］》	NB/T 47008—2010～NB/T 47010—2010
《流体输送用不锈钢无缝钢管》	GB/T 14976—2012
《流体输送用不锈钢焊接钢管》	GB/T 12771—2008

LNG 储罐设计、建造采用的主要标准及规范见表 7-2。

表 7-2 LNG 储罐设计、建造标准

规范名称	规范代号
《大型焊接低压储罐设计与建造》	API 620—2012
《用于储存操作温度介于 0～-165℃的低温液化气体的现场建造立式圆筒形平底钢制储罐的设计和建造》	BS EN 14620—2006
《液化天然气生产储存和装运标准》	NFPA 59A—2013
《液化天然气设备与安装》	BS EN 1473—2007

国外供货的压力容器采用的主要标准及规范见表 7-3。

表 7-3 国外供货的压力容器设计、制造标准

规范名称	规范代号
《压力容器》	ASME Section VIII DIV 1.DIV 2
《材料》	ASME Section II
《无损检验》	ASME Section V
《焊接与钎接评定标准》	ASME Section IX

除采用以上国际普遍应用的压力容器标准规范外，还应符合《压力容器安全技术监察规程》的相关规定。

三、设备制造、检验、验收、包装运输要求

容器、换热器等静设备的制造、检验与验收应符合相关标准规范的要求，且应符合采购合同技术附件中的特殊要求规定。除现场制作设备（如 LNG 储罐等）外，所有在工厂完成的设备的包装、运输都应满足相应标准规范的要求。

第二节 LNG 储罐

大型 LNG 储罐属常压低温储罐，通常为平底双壁圆柱形。储罐内筒一般采用 9%Ni 钢，也可为不锈钢薄膜，外壁为金属或预应力混凝土。壁顶的悬挂式绝热支撑平台为铝制，罐顶则由碳钢或混凝土制成。罐内绝热材料主要为膨胀珍珠岩、弹性玻璃纤维毡及泡沫玻璃砖等。

一、LNG 罐型选择

液化天然气接收站的最小储存能力应根据设计船型、安全储存天数、正常外输及调峰能力确定，液化天然气储罐数量不宜少于 2 座。LNG 储罐是接收站的重要设备，其选型应综合考虑安全、投资、运行操作费用、环境保护等因素。通常 LNG 接收站建造的 LNG 储罐属常压、低温大型储罐，按储罐的设置方式可分为地上储罐、地下储罐与半地下储罐；按结构形式可分为单容罐、双容罐、全容罐和膜式罐。其中，单容罐、双容罐及全容罐均为双层罐，由内罐和外罐组成，内罐材料大都采用国际上广泛使用的耐低温钢板（9%Ni 钢），在内外罐间夹层充填导热系数较低的保冷材料。对于单容罐、双容罐、全容罐及膜式罐设计概念的详细描述，请见标准 BS EN 1473—2007 和 BS EN 14620—2006。另外，影响 LNG 储罐选型的主要因素包括安全性、建造费用、运行费用、施工周期、当地的标准和规范等。

地下与半地下储罐比地上储罐具有更好的抗震性和安全性，不易受到空中物体的撞击，不会受到风荷载的影响，也不会影响人们的视线。但是地下与半地下储罐的罐底应位于海平面及地下水位以上，事先需要进行详细的地质勘察，以确定是否可采用地下储罐形式。地下储罐的施工周期较长、投资

较高。LNG储罐罐型示意图见图7-1。

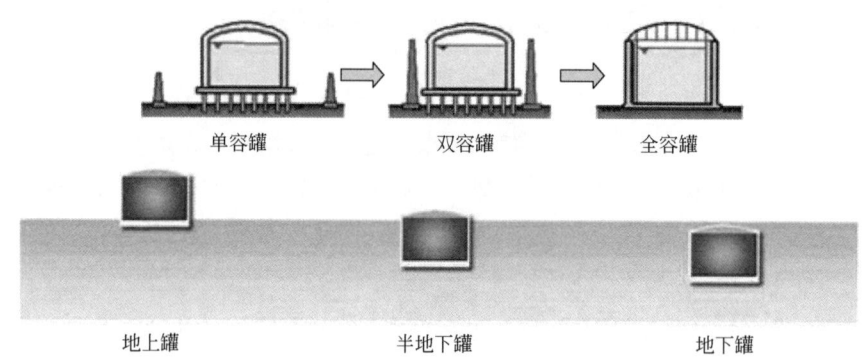

图7-1 LNG储罐罐型示意图

大型LNG储罐的设计及建造具有特殊的复杂工艺要求和设计标准，具有安全性要求高、设计使用寿命更长等特点。在LNG储罐建设过程中，需要勘察、土建、结构、设备、工艺、仪电和安全等相关专业相互配合。

LNG储罐的基础通常采用高桩承台基础或低承台基础。高承台与地面有一定空间高度，可以使空气在下方流通，防止储罐承台结冰而损坏混凝土基础；采用低承台时，为防止冷量对地基产生影响，需要在储罐基础上设置电加热系统，并在基础的不同位置设有温度检测设施以控制电加热系统。

1. 单容罐

单容罐是低温液化气体常压储存的常用形式，只有一个自支撑式结构的容器或储罐用于容纳低温易燃液体，该容器或储罐可由带绝热层的单壁或双壁结构组成。单容罐的设计内压约15kPa，正常的操作压力为8～12kPa。依据BS EN 1473—2007和BS EN 14620—2006，带有内吊顶的单容罐设计如图7-2所示。

由于LNG常压储存温度为超低温的-162℃，出于安全和绝热考虑，单壁罐较少在新建大型LNG接收站及LNG工厂中使用。而由于造价低、建设周期短等优势，单容罐仍是是一种罐型选择。

单容罐结构形式为金属双壁储罐，内罐的设计要考虑盛装低温介质，其选材为耐低温的钢板。外罐只用于保护内罐的保冷层和抵抗外部载荷（如大风、暴雨等），不能用于盛装低温介质，其选用材料为普通碳钢。

单容罐一般适宜在远离人口密集区、场地较为宽阔、不容易遭受灾害性破坏（例如火灾、爆炸和外来飞行物的撞击）的地区使用，由于它的结构特点，

第七章 设备设计

从安全防护的角度考虑，要求单容罐必须设置围堰。因此，加大了工厂布置安全距离及占地面积。由于单容罐的外罐是普通碳钢，需要考虑防止外部的腐蚀。

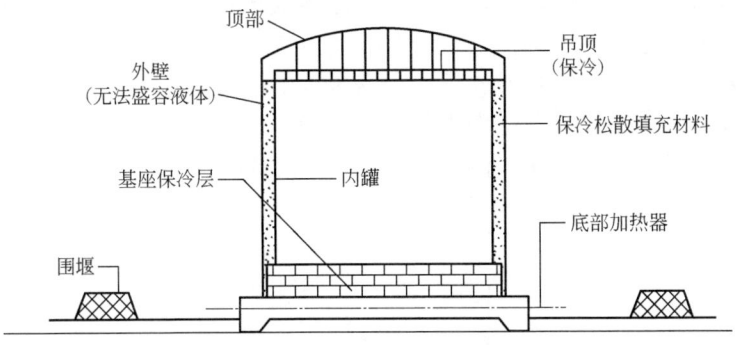

图 7-2　单容罐示意图

从操作角度讲，对于大直径的单容罐，由于其结构限制，储罐设计压力相对较低，通常情况下，其最大操作压力大约为 12kPa，设计压力不超过 20kPa。较低的操作压力不能使卸船过程中产生的蒸发气靠压差返回到 LNG 船舱中，因此，一般来讲，单容罐还需配备回气鼓风机，增加了操作运行费用。

目前，在国内已经投运最大容积的 LNG 单容罐为 $8×10^4m^3$，在美国最大的单容罐罐容为 $16×10^4m^3$，在日本最大的单容罐罐容达 $18×10^4m^3$。综合考虑单容罐的投资和安全性，近年来容量超过 $10×10^4m^3$ 的单容罐在新建的大型 LNG 接收站中已较少使用。

单容罐实物图如图 7-3 所示。

图 7-3　单容罐（双壁金属罐）实物图

对于大型的单容罐，从合同签订时算起，标准的建造周期为 14～16 个月，包括工程设计、现场预制、地质勘察、试桩、桩基础施工及检验等过程。同一场地有多个储罐时，每增加一个储罐需要增加一个月的施工周期。

2. 双容罐

双容罐由一个单容罐及其外包容器组成的储罐。该外包容器与单容罐的径向距离不大于 6m 且顶部向大气开口，用于容纳单容罐破裂后溢出的低温易燃液体。依据 BS EN 1473—2007，典型双容罐的设计如图 7-4 所示

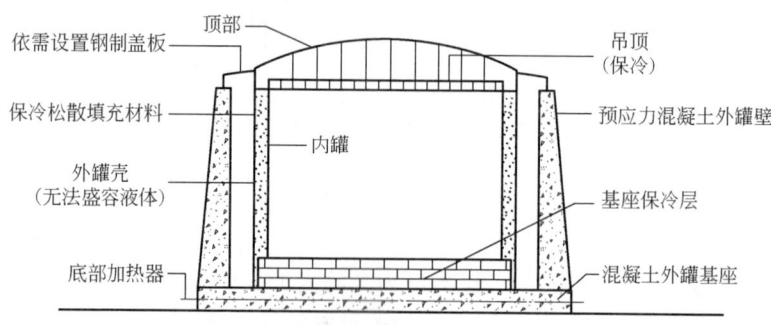

图 7-4　双容罐示意图

由于双容罐是由单容罐外加一个靠近的由低温钢或混凝土建造的高围堤组成，在内罐发生泄漏时，气体会发生外泄，但液体被高围堰盛装，不会外泄，增加了储存介质的安全性。同时，外界产生的危险载荷可以由其外侧的混凝土墙阻挡，起到一定的保护作用，其安全性较单容罐高。

双容罐将单容罐的围堰加高，从而有效减小了占地面积，节省了土地投资费用。根据相关标准要求，双容罐仍需要较大的安全防护距离。当事故发生时，LNG 罐中气体被释放，但装置运行仍在控制中。

与单容罐相同，双容罐的设计压力较低，也需要设置回气鼓风机。双容罐的投资略高于单容罐，其施工周期也较单容罐略长。

双容罐是在单容罐的基础上进行改进的，提高了其围堰的高度并与外罐壁之间的距离比较近，相比于单容罐，所需的安全间距将大幅减小，从而提高了安全性。但双容罐现在基本上已被全容罐所替代，全容罐虽然增加了建造成本，但提高了对罐体泄漏的防护措施。

双容罐实物图如图 7-5 所示。

第七章 设备设计

图 7-5 双容罐实物图

对于大型的双容罐,从合同签订时算起,标准的建造周期约为 20 个月(包括外围堰的施工),包括工程设计、现场准备、地质勘察、试桩、桩基础施工及检验,以及储罐外围的混凝土高围墙的后张拉等过程。

3. 全容罐

全容罐(图 7-6)由内罐和外罐组成。内罐为钢制自支撑式结构,用于储存低温易燃液体;外罐为独立的自支撑式带拱顶的闭式结构,用于承受气相压力和绝热材料,并可容纳内罐溢出的低温易燃液体,其材质一般为钢质或者预应力混凝土。

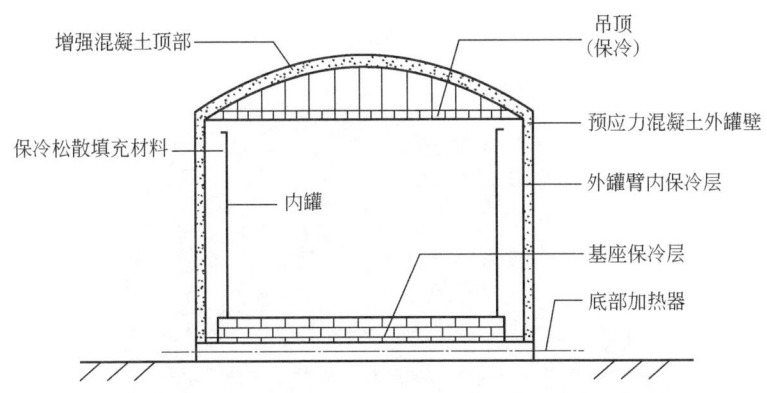

图 7-6 全容罐示意图

全容罐包括两种形式:全金属全容罐和预应力混凝全容罐(FCCR)。其内、外罐的设计都要考虑盛装低温介质。

全容罐的结构采用低温钢制内罐、低温钢板或混凝土外罐、顶板、底板等，可允许内罐里的 LNG 向外罐泄漏。预应力混凝土全容罐有厚重的预应力钢筋混凝土外壳，不仅为内罐介质泄漏时提供了保障，更提高了抵抗外部火灾、外部冲击载荷等的能力。全金属全容罐造价较低、占地面积较小、工期较短，但对外部危害，如火灾、爆炸、飞行物等的防护能力低。

预应力混凝全容罐的最大设计压力达 29 kPa，其允许的最大操作压力为 25kPa。由于有效提高了罐内介质的储存压力，在卸船操作时，可利用罐内气体自身压力将蒸发气返回 LNG 运输船货舱内，无须设置返回气风机加压，并减少了操作费用，为操作工况提供了更大的操作弹性。预应力混凝全容罐的最大操作压力比全金属全容罐高。

由于全容罐的外筒体可以承受内筒泄漏的 LNG，不会向外界泄漏，不需设置围堰，其安全防护距离也要小得多。一旦事故发生，装置不需立即停车，这种状况可持续几周，直至装置停车，为事故救援和按程序关停运行装置提供了缓冲时间，极大提高了装置的安全性。

目前国内外预应力混凝全容罐已得到广泛的应用，全金属全容罐相对应用实例较少。

目前，在国内已经投运最大容积的 LNG 全容罐为 $16.5\times10^4 m^3$，在建的 LNG 全容罐最大容积为 $20\times10^4 m^3$；在国外投运的最大的 LNG 全容罐容积为 $22\times10^4 m^3$，在建的最大的 LNG 全容罐容积达 $27\times10^4 m^3$。

预应力混凝全容罐实例图如图 7-7 所示。

图 7-7　预应力混凝全容罐

第七章　设备设计

1) 优势

全容罐的设计为 LNG 接收站大量的危险源提供了本质的安全结构。混凝土墙和顶可以消除物体撞击带来的损坏。储罐四周的安全距离可以最小化。

混凝土罐顶也很好地防止了 LNG 的溢出。罐顶的热冲击会引起罐顶外层的局部开裂，但是不会损坏储罐蒸发气密闭的完整性。如果罐顶平台上铺设敞开式格筛板，意味着少量的溢出和泄漏会被分散掉，不会形成明显的 LNG 积液，任何溢出的 LNG 在接触到混凝土罐顶后会快速汽化。但即使在达到地面前会汽化，还是要在地面上布置集液池。

当内罐发生轻微泄漏或 LNG 从内罐顶部溢出时，低温液体会汇集到内罐与外罐保冷层间的底部。为了防止此处的底板和罐壁内表面直接与低温液体接触产生很大的温度应力从而导致破坏，在这个区域内设置一道边角保护系统：在内罐与外罐的保冷层间底板顶面处铺设一道泡沫玻璃保冷块和9%Ni 钢板，并且一直延伸到外罐罐壁 5m 高处，从而提高了安全性。

全容罐的外墙和罐顶对于热辐射有抵御能力，热辐射通常是指相邻的 LNG 池和安全阀末端的火灾。这种设计对钢筋结构强度的弱化有明显的延迟作用，与金属罐顶相比，可以减少储罐喷淋系统的配置并降低消防系统的投资。

将混凝土罐顶建在内钢罐顶上与仅用单一的钢罐顶相比，其内部的可允许设计压力提高约 1 倍。较高的压力在卸船时可以承受来自于运输船储罐的饱和 LNG 压力并减少 BOG 的产生。这样可以大幅度地降低 BOG 处理系统中工艺管道和设备的成本。

2) 劣势

虽然混凝土外罐提供了许多本质的安全特点，例如，可承受更大的压力、属自支撑结构，但这是一个巨大的混凝土结构。以 $10 \times 10^4 m^3$ 的储罐为例，大约需要 $1 \times 10^4 m^3$ 的混凝土来建造罐壁、罐顶和底板，从而导致造价增加和施工工期增长。

3) 施工周期

对于大型预应力混凝全容罐，从合同签订时算起，标准的施工周期约为 32 个月，包括工程设计、现场准备、地质勘察、试桩、桩基础施工及检验等过程。

4. 膜式罐

膜式罐（图 7-8）是由金属薄膜内罐、绝热层及混凝土外罐共同形成的复合结构。金属薄膜内罐为非自支撑式结构，用于储存液化天然气，其液相荷载和其他施加在金属薄膜上的荷载通过可承受荷载的绝热层全部传递到混凝土外罐上,其气相压力由储罐的顶部承受。

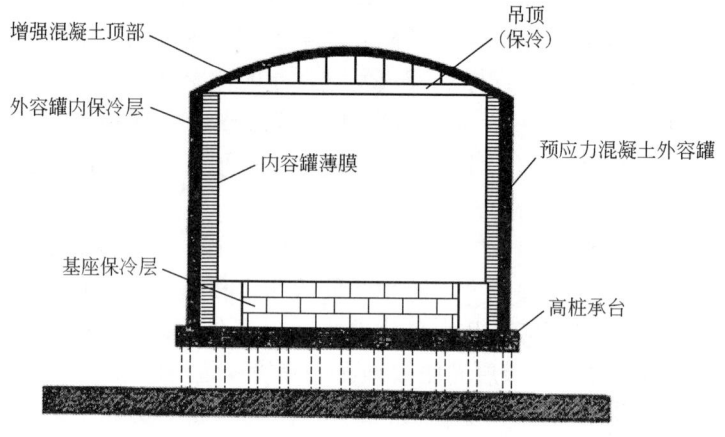

图7-8 膜式罐结构图

膜式罐是一种新型的LNG储罐,自20世纪70年代第一座膜式罐建成以来,技术日趋成熟,至今世界上已建成的膜式罐达20余座。

膜式罐的外罐及内罐顶结构与预应力混凝土全容罐相同,内罐采用了特殊结构的不锈钢膜板用于盛装LNG,不锈钢膜板与混凝土储罐外壁之间采用特殊设计的保冷层结构(硬质绝热材料)。因此,内罐介质的压力载荷通过保冷层传递到外罐的预应力混凝土结构,而保冷结构隔绝了冷量的传递。

膜式罐具有很多优点。首先,在相同的占地面积和外罐容积下,可以获得更大的有效储存容积;其次,膜式罐采用不锈钢膜板替代了9%Ni钢,大幅降低了材料的费用,从而降低了储罐的造价,再次,膜式罐的保冷结构以及内罐不锈钢膜板,通过优化零部件模数,最大限度地采用工厂预制、现场组装的方式,极大地减少了现场工作量,有效缩短了LNG储罐的建设周期。

膜式罐示意图如图7-9所示。

1)优势

由于膜式罐比相同容量的预应力混凝土全容罐干燥、置换和冷却的时间更短,加上两种储罐在底部和墙上采用同质的保冷系统,因而能降低建造成本和周期。薄膜层将密封液体和气体,经过气体密封实验的高质量的密封结构会密封气体。在全容罐中的碳钢密封板不能进行这种气体密封实验。

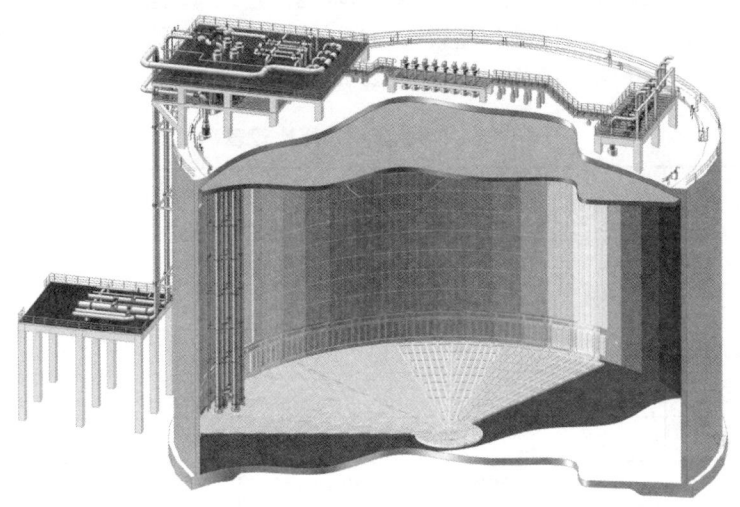

图 7-9 膜式罐示意图

2) 劣势

带有围堰的薄膜式储存概念已经成功使用多年,需要注意的是必须安装绝热空间监测系统并且连续监测。和地下罐一样,这个系统通过储罐运行时的气体分析来确保对保冷空间的永久控制。而且,到目前为止,在世界范围内还没有建造过不带围堰的膜式罐,不知道第三方包括相关政府机构是否接受这种类似全容罐的形式。最负面的影响在于这种形式只有一个自支撑结构,而不像 9%N_i 钢全容罐的内罐有两层自支撑结构,例如,9%N_i 钢内罐和预应力混凝土外墙。

3) 施工周期

建造地上大型的 LNG 膜式罐所需的建造周期约为 29 个月。

以上介绍的罐型均列入欧洲标准 BS EN 14620—2006 和国家标准 GB/T 26978—2011《现场组装立式圆筒平底钢质液化天燃气储罐的设计与建造》,其设计、建造、试验均按上述技术标准执行。

综上所述,自 20 世纪中叶开始,世界范围内建造了几百座地上式 LNG 储罐,其衍生的储罐的形式也很多,总体上讲,其主要形式分为双金属壁单容罐和预应力混凝土外罐包容金属内罐的全容式储罐。有资料统计,自 1990 年以来,世界上在建单罐容超过 $10 \times 10^4 m^3$ 的 LNG 储罐百余座,其中单容罐占 10%，膜式罐约占 25%，预应力混凝土全容罐占 60%，还有极少量双容式储罐。近年来，随着 LNG 接收站规模越来越大，LNG 储罐的单罐容量也不断加大，其安全、环境保护和建设费用越来越引起人们的关注。综合以上对各类罐型的分析介绍，汇总的 LNG 罐型选择比较表如表 7-4 所示。

表 7-4 LNG 罐型选择比较表

罐型	单容罐	双容罐	全金属全容罐	预应力混凝土全容罐	膜式罐（地上）
安全性	较低	中低	较高	高	高
占地	多	较多	较少	少	少
技术可靠性	高	高	较高	高	高
结构完整性	低	低	较高	高	高
其他设施费用	较高	较高	较高	低	低
工程造价	60%～70%	70%～75%	80%～85%	100%	90%
BOG 率	高	高	高	低	低
操作费用	中	中	中	低	低
现场预制	中	中	中	低	低
施工周期	14～16 月	18～20 月	16～19 月	27～30 月	26～29 月
施工难易程度	低	低	较低	中	高
应用实例	多	较少	少	多	较多

综合对比各种类型储罐的技术经济性及安全性，预应力混凝土全容罐的安全性能、技术经济性能及综合性能最优。在近年来新建的大型 LNG 接收站中，安全性高的预应力混凝土全容罐被普遍选用。

二、9%Ni 钢板及 9%Ni 钢焊接

全容罐通常由盛装深冷介质 LNG 的内罐和承受外部载荷及事故工况介质泄漏的预应力混凝土外罐组成，内、外罐间设有保冷材料。由于 LNG 储罐内罐盛装 LNG 介质，储存温度为-162℃的深冷温度，因此，对 LNG 储罐内罐材料提出了如下特殊要求：

（1）要求材料在-162℃的深冷温度下具有良好的低温韧度。

第七章 设备设计

（2）随着液化天然气储罐的大型化，要求材料在满足低温韧度的前提下，应具有较高的强度，以降低材料的消耗量，从而降低项目造价。

（3）材料具有良好的焊接性能。

9%Ni 钢在-196℃环境下有优异的韧度和良好的机械强度，焊接性能良好，焊接工艺成熟，同时，9%Ni 钢的生产和加工工艺性良好。因此，9%Ni 钢作为大型 LNG 储罐低温用钢的首选，被世界各国 LNG 储罐建造普遍采用。

1. 9%Ni 钢标准

9%Ni 钢是一种低碳马氏体型低温用钢，自 20 世纪 40 年代开发以来，由于强度高，低温韧度好，成本比 Ni-Cr 不锈钢低而逐渐被广泛应用。1956 年初列入 ASTM 标准，1977 年列入 JIS 标准。欧盟于 2009 年颁布 EN 10028-4—2009《低温镍基钢板》最新标准，我国于 2009 颁布 GB/T 24510—2009《压力容器用 9%Ni 钢板》标准。相应标准及材料牌号见表 7-5。

表 7-5 9%Ni 钢标准

规范名称	材料牌号
ASTM A553—2006《压力容器用 9%Ni 钢板》	A 553 Type I
JIS G 3127—2005《低温压力容器用镍钢板》	SL 9N 590
EN 10028-4—2009《低温镍基钢板》	1.5662 / X7Ni9
GB/T 24510—2009《压力容器用 9%Ni 钢板》	9Ni590

2. LNG 储罐用 9%Ni 钢国产化

我国于 2008 年实现了 9%Ni 钢的国产化应用，替代进口，填补了国内空白，打破了国外在高端材料制造方面的技术垄断和价格垄断，有效降低了 LNG 储罐的建造成本。

在交货期方面，国产 9%Ni 钢的交货期比进口交货期提前 3~4 个月，并且交货灵活，售后服务方便、及时，为 LNG 储罐的建设赢得了宝贵的工期。

实践证明，9%Ni 钢的国产化不仅具有良好的经济效益，更有巨大的社会效益。

3. 国产 LNG 储罐用 9%Ni 钢与国外同等材料的化学成分对比

9%Ni 钢的化学成分和热处理状态是保证 9%Ni 钢获得良好机械强度和低温韧度的基础。钢厂通过在标准控制范围内调整 C、Si、Mo 等元素的添加量，通过精炼工艺降低 P、S 含量，增加中间热处理工艺等获得 9%Ni 钢的良好机械强度和低温韧度。9%Ni 钢化学成分见表 7-6。

表 7-6　9%Ni 钢化学成分　　　　　　　　　单位：%

标准	牌号	C	Si	Mn	P	S	Ni	Mo	V
ASTM A553—2006	A-553type 1	<0.13	0.15~0.4	<0.90	<0.035	<0.035	8.5~9.5	—	—
JIS G 3127—2005	SL9N60	≤0.12	≤0.3	≤0.90	≤0.025	≤0.025	8.5~9.5	—	—
EN 10028-4—2009	X7Ni9	<0.10	≤0.35	0.30~0.80	≤0.015	≤0.005	8.50~10.0	≤0.1	≤0.01
GB/T 24510—2009	9Ni590	<0.10	≤0.35	0.30~0.80	≤0.010	≤0.005	8.50~10.0	≤0.1	≤0.01
《LNG 储罐用 9%Ni 钢板技术条件》	06Ni9	<0.06	≤0.35	0.30~0.80	≤0.005	≤0.002	8.50~10.0	≤0.1	≤0.01

4. 国产 LNG 储罐用 9%Ni 钢与国外同等材料的机械性能对比

9%Ni 钢的机械性能包括室温拉伸性能：屈服强度、抗拉强度、伸长率。屈服强度为上屈服点或规定非比例延伸强度。其机械性能对比见表 7-7。

表 7-7　9%Ni 钢机械性能对比

标准	牌号	热处理状态	厚度（mm）	拉伸试验（横向）		
				屈服强度（MPa）	抗拉强度（MPa）	伸长率（%）
ASTM A553—2006	A-553type 1	QT	—	≥585	690~825	≥20
JIS G 3127—2005	SL9N60	QT	6~100	≥590	690~830	≥21
EN 10028-4—2009	X7Ni9	QT	≤30	≥585	680~820	≥18
GB/T 24510—2009	9Ni590	QT	≤30	≥590	680~820	≥18
《LNG 储罐用 9%Ni 钢板技术条件》	06Ni9	QT	≤30	≥585	690~820	≥18

5. 国产 LNG 储罐用 9%Ni 钢与国外同等材料的低温韧度对比

衡量材料低温韧度的最重要指标为材料的低温冲击功。按照 LNG 储罐的设计标准，内罐材料的低温冲击温度为-196℃，为了获得相对准确的低温冲击功值，明确9%Ni钢的冲击试验的试验温度是（-196±2）℃，使用的冷却液要保持在要求的温度条件下，从冷却液取出后5s内进行检测。9%Ni钢低温韧度对比见表7-8。

表7-8 9%Ni钢低温韧度对比

标准	牌号	试样尺寸（mm）	试验温度（℃）	冲击试验（横向）		侧向膨胀（mm）
				吸收功的最小值（J）		
				三个试样的平均值（最小）	只允许一个试样的最低检测值	每个试样
ASTM A553—2006	A-553type 1	10×10	-196	27	20	0.38（最小）
JIS G 3127—2005	SL9N60	10×10		41	34	—
EN 10028-4—2009	X7Ni9	10×10		80	80	—
GB/T 24510—2009	9Ni590	10×10		80	56J	—
《LNG储罐用9%Ni钢板技术条件》	06Ni9	10×10		100	75	0.64（最小）

6. LNG储罐用9%Ni钢的焊接

1）焊接方式

LNG储罐用9%Ni钢的焊接方式包括手工电弧焊、埋弧自动焊。

2）焊材的选择

为了获得稳定的低温韧度和良好的抗裂纹性能，选用高镍合金作为焊接材料。由于母材与焊接材料为异种金属，如何保证焊接接头的机械性能，同时又保证焊接接头的良好低温韧度是一个难题。而高镍合金焊缝金属对热裂纹非常敏感，因此，高镍合金焊接的难点是如何防止热裂纹的产生。为此，焊接时要求控制母材的吸湿率。另外，试验表明，焊接电流大，焊接速度快，易发生裂纹。因此，在焊接工艺上应避免上述现象。

手工电弧焊（SMAW）采用ASME／AWS SFA A5.11M规定的ENiCrMo-6；埋弧自动焊（SAW）采用ASME／AWS SFA A5.14M规定的ER

NiCrMo-4，并采用相匹配的的焊剂。

三、LNG 储罐本体设计

全包容 LNG 储罐的结构采用 9%Ni 钢内罐，带钢衬层的预应力混凝土外罐和外顶盖，内、外罐罐底与罐壁间为保冷材料，内罐顶采用吊顶结构，吊顶也要采取保冷措施。

内、外罐间设有保冷材料。内、外罐各自有独立承受储存介质的能力。由于全容罐的外罐可以承受内罐泄漏的 LNG，不会向外泄漏，因此按规范要求不需设防火围堤，其安全防护距离也要小得多。LNG 储罐主要结构示意图见图 7-10。

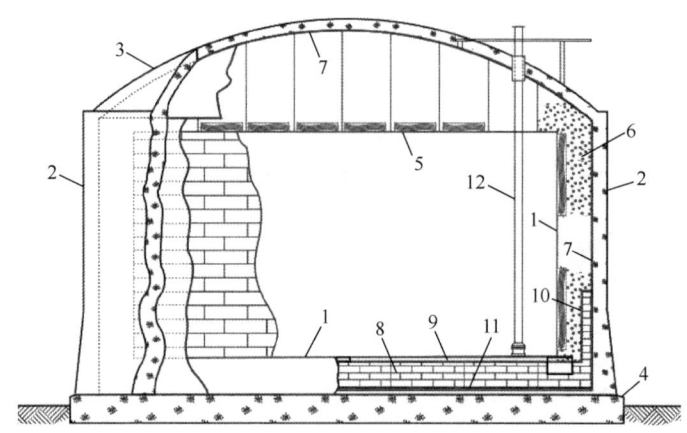

图 7-10 LNG 储罐主要结构示意图

1—内罐；2—混凝土外罐；3—混凝土拱顶；4—混凝土承台；5—吊顶及吊顶绝热；
6—环隙空间绝热；7—外罐壁及拱顶衬板；8—罐底绝热；9—二次底板；
10—热角保护；11—外罐底衬板；12—泵井

1. LNG 储罐外罐的设计

对于全包容式 LNG 储罐（FCCR），外罐采用预应力钢筋混凝土制成。预应力混凝土外罐由混凝土底板、罐壁和罐顶构成。

储罐底板宜采用预应力混凝土或钢筋混凝土，用来支撑混凝土外罐和钢内罐。

储罐罐壁为环形预应力混凝土结构，主要功能为保护内罐免遭外部的灾

第七章 设备设计

难事件的破坏,且在内罐破裂时也能提供安全保护,防止液体 LNG 泄漏出来。在罐壁底部有一层由包含 9%镍元素的低温钢板和保冷材料组成的保冷角。外罐的罐壁浇筑是混凝土工作量最大的部分,按照钢筋混凝土施工程序,在布置钢筋、安装预应力护套、预埋件和模板后,分层从下至上逐层浇筑、养护。

球形罐顶由钢结构壳(穹顶网壳)和现浇于其上的钢筋混凝土板壳组成。混凝土罐顶为工艺管道产生的荷载提供支撑并保护内罐免遭诸如飞行物冲击和外部火灾等外部灾难事件的破坏。混凝土穹顶内设有带碳钢钢板内衬的钢结构壳,浇筑混凝土时作为模板,仅承受施工阶段产生的荷载和使用阶段悬挂于其下的铝吊顶产生的荷载,防止气体泄漏。

2. LNG 储罐内罐的设计

对于全包容式 LNG 储罐(FCCR),内罐设计盛装冷冻介质 LNG,材料选择 9%Ni 钢。

LNG 储罐系统涉及复杂工况,内罐作为盛装 LNG 的最核心部分,必须保证在各种工况下的安全。这些工况主要包括正常操作工况,液压试验工况,操作基准地震(OBE)、安全停运地震(SSE)地震工况等。

LNG 储罐内罐的设计计算主要包括:内罐壁板在各种工况下的强度计算;内罐壁板在罐壁保冷层作用下的稳定性计算;吊顶的整体稳定性计算等。

考虑受外压的稳定性,内罐壁设置加强圈。

内罐壳体和罐底边缘板的焊接均采用全焊透焊接接头形式,壳体与边缘板的角焊缝采用双面角焊。内罐底板的拼接采用搭焊结构。

与内罐壳体和罐底相焊的结构附件要尽量少,与内罐 9%Ni 钢直接焊接的附件应采用 9%Ni 钢材料。

3. LNG 储罐护角(TCP)的设计

LNG 全容罐储罐护角由带边缘板的二次底板、垂直罐壁和通过预埋于预应力外罐壁上的预埋板焊接的盖板组成。用于护角的 9%Ni 钢板的要求与内罐用钢板的一致,并且一直延伸到外罐罐壁 5m 高处。

二次底板由 9%Ni 钢中幅板和边缘板组成。底板采用搭接焊接,边缘板采用对接焊接。

护角的设计要考虑由于正常操作和泄漏工况引起的二次底板和护角壁板的收缩和膨胀,以及环隙空间的 LNG 液位从最小渗漏情况(冷量影响+小的液体静压)到最大的渗漏情况,即外罐全部充满渗漏的 LNG(冷量影响+液体静压)。

4. LNG 储罐外罐罐底、罐壁衬板和罐顶的设计

对于预应力混凝土全容式储罐，混凝土外罐内表面设置低温碳钢衬板层，衬板层包括罐底、罐壁衬板和罐顶，罐壁衬层通过抗压环与罐顶板相连。低温碳钢材料应按标准进行-20℃下的冲击试验。

外罐壁衬板与外罐底板、抗压环、外罐顶板及护角的预埋板相连。

罐顶板与其上的混凝土罐顶通过锚栓连接形成一体。罐顶板可以作为混凝土罐顶浇铸时的模板。罐底板、罐壁衬板及其锚栓、罐顶板及其锚栓的设计温度为-20℃。

5. LNG 储罐吊顶的设计

吊顶板最低设计温度为-165℃。为了降低储罐罐顶的设计载荷，一般选用密度较低的铝合金作为吊顶的材料。

吊顶板的设计要承载以下工况：

（1）吊顶板及其保温层的静载荷。

（2）至少 $0.5kN/m^2$ 的活载荷或吊顶板任意处大小为 1.5kN 的集中活载荷。

（3）建造过程中可能出现的更高的载荷。

（4）地震载荷。

吊顶设有通气孔，允许内罐里的 LNG 气体与外罐空间连通，以保持内外罐间的压力平衡。

6. LNG 储罐主要内部构件的设计

LNG 储罐的主要内部构件包括物料的进口管道，用于 LNG 外输的泵井系统，温度、压力、液位等的指示接管，储罐置换及冷却管道，以及进入内罐底的梯子平台等。

设计上，一般要求所有接管自罐顶接入，穿过吊顶板上的管道不能对吊顶板施加载荷。位于内罐中的部件应尽量避免采用螺栓连接。如采用螺栓连接，所有螺栓连接都应防止因震动而发生松动。

在 LNG 内件设计部分，最主要的部分为 LNG 外输泵井的设计。应根据泵制造商的要求设计和制作泵井。

由于 LNG 外输泵通过泵井放置于 LNG 储液中，泵井作为 LNG 储罐外输管道，需要承载泵的外输压力，同时系统属于细长圆筒结构，设计时应防止低压泵转动与泵井之间产生共振。因此，需要对泵井系统进行整体分析计算。

四、LNG 储罐绝热设计

储罐的保冷系统设计使得储罐的最大蒸发率满足设计要求，同时满足外罐最低设计温度，避免外壁结露和基础土壤冻结。

一般来讲，全容罐的保冷系统包括罐底保冷系统、罐壁保冷系统、吊顶板保冷系统及内罐顶保冷系统。

罐底保冷系统包括支撑环梁部分和罐底保冷层部分，一般由找平层、泡沫玻璃绝热层以及沥青毡中间层组成。

罐底保冷层除满足储罐保冷要求外，还应满足操作、液压试验及地震或风载荷工况下的强度要求。

泡沫玻璃应至少提供表 7-9 所示的安全系数。

表 7-9 泡沫玻璃的安全系数

工况	最小安全系数（FS）
正常操作工况	3.0
液压试验工况	2.25
地震工况（OBE）	2.0
地震工况（SSE）	1.5

注：安全系数（FS）=公称抗压强度/计算压缩应力。

罐壁保冷系统包括了护角部分的保冷和内、外罐环隙的保冷。

护角部分的保冷材料采用泡沫玻璃。混凝土外罐壁和内罐壁之间的环形空间填充膨胀珍珠岩粉末，内罐壁外侧包裹弹性毡。

膨胀珍珠岩填充采用现场膨胀、自动充填珍珠岩的全密闭气流输送技术填充。对珍珠岩要进行振实处理，以保证所有的空间均振实填满。同时，内罐壁以上要保证至少环隙空间 5%的填充裕量，用于补偿由于内罐罐壁收缩和珍珠岩沉降。

吊顶板上的保冷系统由玻璃纤维毡构成。所选择的总厚度考虑了材料在其自身的重量下沉降的因素，以确保长期可以达到规定的厚度。这些毡的布置应具有交错的连接点。吊顶板内的所有开孔应进行保护，以防止保冷材料进入内罐中。

保温材料的特性参数如下：

(1) 泡沫玻璃。
① 密度。
型号 HLB800：120kg/m³。
型号 HLB1200：140kg/m³。
② 热传导系数。
泡沫玻璃的热传导系数见表7-10。

表7-10 泡沫玻璃的热传导系数

温度 (℃)	HLB800 [W/(m·K)]	HLB1200 [W/(m·K)]
20	0.0467	0.0499
10	0.0450	0.0482
0	0.0434	0.0466
-10	0.0419	0.0450
-20	0.0404	0.0436
-40	0.0377	0.0408
-60	0.0352	0.0384
-80	0.0330	0.0362
-100	0.0311	0.0342
-120	0.0294	0.0325
-140	0.0279	0.0311
-150	0.0272	0.0304
-160	0.0266	0.0298
-180	0.0256	0.0287

(2) 膨胀珍珠岩。
① 密度。
标准状态：48～66kg/m³。
在环向空间：60～65kg/m³（振捣）。
② 热传导系数。
膨胀珍珠岩的热传导系数见表7-11。

第七章 设备设计

表 7-11 膨胀珍珠岩的热传导系数

温度 （℃）	膨胀珍珠岩（48kg/m³） [W/(m·K)]	压缩珍珠岩（55 kg/m³） [W/(m·K)]
100	0.05838	0.06004
80	0.05575	0.05739
60	0.05311	0.05472
40	0.05043	0.05201
20	0.04774	0.04928
0	0.04501	0.04651
-20	0.04225	0.04371
-40	0.03945	0.04086
-60	0.03661	0.03796
-80	0.03373	0.03500
-100	0.03079	0.03199
-120	0.02779	0.02891
-140	0.02473	0.02575
-160	0.02160	0.02250
-180	0.01838	0.01916
-200	0.01507	0.01572

（3）弹性毯。

① 密度：16kg/m³（常态或非压缩状态）。

② 热传导系数。

弹性毯的热传导系数见表 7-12。

表 7-12 弹性毯的热传导系数

温度（℃）	热传导系数[W/(m·K)]
20	0.0704
0	0.0596
-20	0.0503
-40	0.0425
-60	0.0359
-80	0.0303

续表

温度（℃）	热传导系数 [W/(m·K)]
-100	0.0257
-120	0.0217
-140	0.0183
-160	0.0152
-180	0.0124

（4）玻璃纤维毯。

① 密度：$16 kg/m^3$。

② 热传导系数。

玻璃纤维毯的热传导系数见表7-13。

表7-13 玻璃纤维毯的热传导系数

温度（℃）	热传导系数 [W/(m·K)]
20	0.0568
10	0.0534
0	0.0502
-10	0.0472
-20	0.0443
-40	0.0392
-60	0.0346
-80	0.0305
-100	0.0268
-110	0.0250
-120	0.0233
-140	0.0201
-160	0.0169
-180	0.0137

五、LNG 储罐气升顶技术

1. 气升顶的基本原理

气升顶是使用微压空气浮升技术，通过大功率鼓风机向罐内送入一定压力的空气，由于 LNG 储罐直径大，很小的风压足可产生很大推力，让封闭罐顶下方的气量增加至容许的浮力，将罐内地面预制好的数百吨超重拱形钢质罐顶沿外罐内壁连续、安全、平稳地浮升至罐壁顶部与承压环接合的施工技术。

对于大型 LNG 储罐拱顶的制造安装，气升顶具有其他施工方法不可替代的优势。罐顶气顶升工艺的关键技术包括供气系统、平衡导向系统、配重系统、密封装置系统等多个环节。

2. 风压和风量的计算

气升顶前，需要进行升顶压力的核算，计算需要的风量和风压，配备符合能力的风机。首先要计算升顶总重重和载荷分布。

1）风压的计算

由于升顶过程中摩擦力的影响，升顶运行中存在一定的风压损失，主要包括密封材料与外罐壁的摩擦和送风设备及管道的风压损失等。

气顶需用的气体压力由下列公式计算：

$$p = p_1 + p_2 \quad (7-1)$$

式中　p_1——上浮静压力，$p_1 = W/S$，Pa；

　　　p_2——升顶过程的浮力损失，即气升时存在的摩擦力（密封件与壁板、钢丝绳与滑轮等产生摩擦力），p_2 值是经验数值，与气升结构有关，p_2 值与 p_1 值相比很小，一般取 p_1 值的 2%～4%，Pa；

　　　W——升顶的总重力，包含拱顶、吊顶及各类附属设施和材料的重力总和，N；

　　　S——拱顶的投影面积，m^2。

2）风量的计算

升顶所需风量，同样需要考虑正常体积风量和损失风量。

$$Q = Q_1 + Q_2 \quad (7-2)$$

式中　Q——升顶所需风量，m^3；

　　　Q_1——正常体积风量，$Q_1 = SVt$，m^3；

V——常规的的升顶速度，（V=0.15～0.2m/min），m/min；
S——拱顶的投影面积，m^2；
t——升顶的预计持续时间，min；
Q_2——升顶过程的损失风量，$Q_2=nQ_1$，m^3；
n——经验系数，取决于密封质量的状况，通常取 0.3～0.4。

顶升过程一般要求平均顶升速度控制在 250～350mm/min，因此可估算出顶升时间，进而根据上面总风量算得所需鼓风速度，从而指导鼓风机的选型。

3. 密封系统

密封质量的高低将决定升顶过程中密闭气体泄漏量的大小，直接影响成功升顶的质量和速度。

密封系统主要包括穹顶边缘与罐壁的密封、大小门洞的密封、穹顶平衡钢丝绳穿洞等小细节的密封。

最关键的密封位置是拱顶与罐壁间隙，通常采用加强型聚乙烯密封帘，其上部通过螺栓或强力胶带固定在拱顶板的附加钢板片上，中部通过强力胶带或钢压条压稳，下部呈自由端，升顶时会在内罐风压的作用下紧紧贴在罐壁上，保证良好的密封性。

4. 平衡系统

平衡系统可保证穹顶上升过程中的整体平衡、稳定，包括平衡导向系统和配重系统。

1）平衡导向系统

平衡导向系统总体来说充当穹顶上升过程中的轨道并起着限位、平衡的作用，其主要由顶部锚固件、底部锚固件、导向滑轮组及钢丝绳拉索等几部分组成。平衡钢丝绳组沿储罐圆周等分均布并给予一定拉力。平衡装置根据底部锚固方式不同，可分为罐底边缘对称锚固和罐底中心锚固两种。

罐底边缘对称锚固见图 7-11。

边缘对称锚固法又称平行线锚固法，相互对称的两组平衡钢丝绳共同作用，将罐顶钢结构的运动方向锁定在平衡钢丝绳向上平移的路径中，从而使罐顶处于水平状态而达到平衡效果。顶部锚固件为 T 形架，钢丝绳一端通过螺栓固定于承压环斜板上，之后绕过 T 形架，竖直穿过穹顶板，绕过该 T 形架正下方的导向轮，之后绕过对面的导向轮向下固定于底部锚固件上并将之张紧，给予一定初始拉力。

罐底中心锚固见图 7-12。

第七章 设备设计

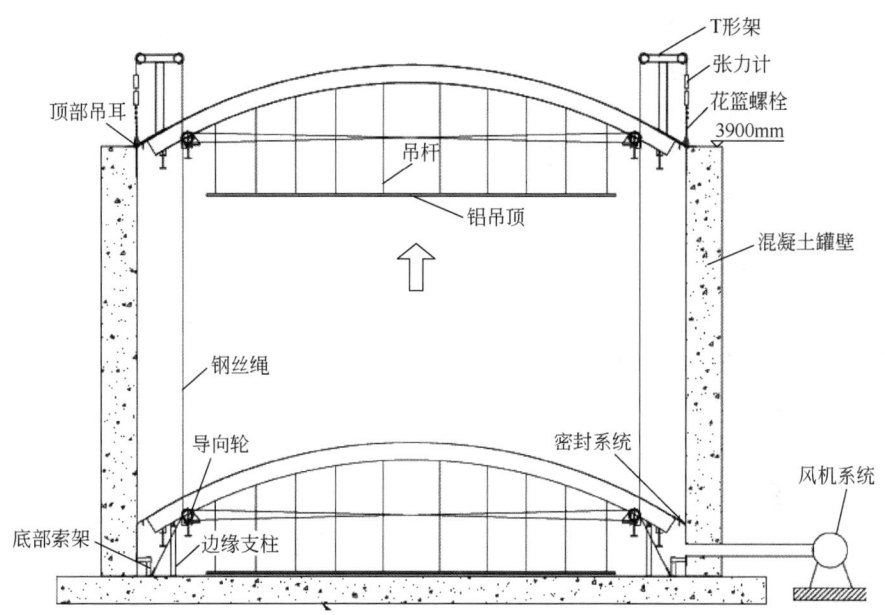

图 7-11 罐底边缘对称锚固

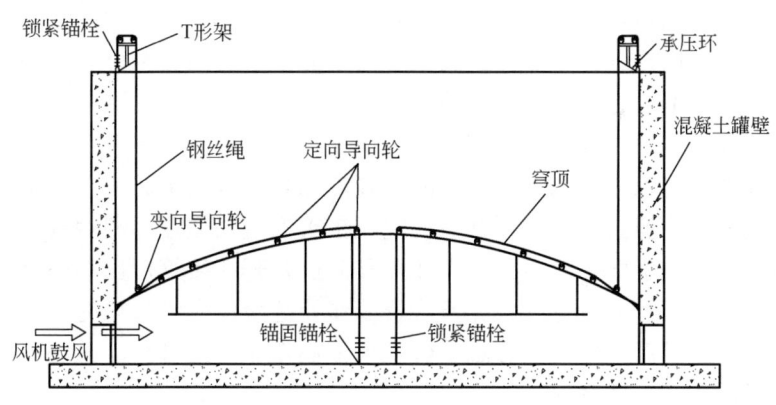

图 7-12 罐底中心锚固

与底部边缘对称锚固不同的是罐底中心锚固的每组平衡钢丝绳在绕过 T 形支架竖直向下后不是穿过罐顶板,而是经过固定在拱顶钢结构径向梁上的变向导向轮改变方向,沿着两组导向轮引向位于罐顶顶部的中心滑轮组,再次改变方向向下穿过罐顶板,引至并固定于底部中心锚固件上,锚固件预埋在承台中心。之后钢丝绳张紧,给予每根钢丝绳一定拉力。底部中心锚固平衡装置的每组平衡钢丝绳并不完全依赖对称方向的平衡钢丝绳共同作用。通过钢丝绳的张力和滑轮组锁定的行走方向，限制罐顶的运动路径，多组平衡钢丝绳的共同作用使罐顶被锁定在水平状态下平稳上升。

两种平衡导向系统均是通过预先张紧给予钢丝绳一定初始拉力，在顶升过程中穹顶出现偏斜或旋转时，通过钢丝绳变形产生的反作用力进行校正。两种方法在国内LNG储罐气顶升均有过成功实践。

2）配重系统

在顶升前需确保罐顶自身结构对称、质量均布，而储罐穹顶开孔及接管的布置是不均匀的，因此，根据穹顶的开孔和接管安装是在顶升前还是顶升后而分为如下两种情况区别对待：

（1）顶升前完成开孔和接管安装。

此时穹顶结构和质量已不再均匀分布，这导致穹顶重心发生偏移，因此需要附加配重以调整罐顶质量均匀分布。而具体的配重布置需通过详细计算得到。

（2）顶升后进行开孔和接管安装。

此种情况下，罐顶结构和质量基本为对称均布，不需要另外布置配重装置，只要保证铝吊顶上和轨道梁上的附着物均匀分布即可。但需注意的是，罐顶荷载的不均匀分布并非是罐顶发生倾斜的全部原因。摩擦力不均等、局部风量泄漏不一致、高处多变的风向等因素均可能造成罐顶发生倾斜。通过对顶升现场罐顶外部的配重调整，可使罐顶处于水平状态。

两种不同施工方法均有过成功的实践，两者各有利弊。前者需要计算、布置配重系统，但由于其在顶升前就完成接管安装，作业时相对较安全、方便且为后续工序争取了时间。后者在顶升后进行开孔接管，虽不需要进行配重布置，但在顶升后再进行开孔及接管的作业危险性变高，难度变大。而且开孔与接管的滞后会使得全容罐土建穹顶钢筋作业无法进行，无法顺利实现交叉施工，造成工期耽误。

5. 顶升参数监控系统

（1）压力监测：从大门洞封闭钢板上做两个引压口，安装两台U形管压力计，一台安装在指挥现场（罐顶），另一台安装在风机操作现场，便于指挥及风机组长观察压力。根据测量的压力数据可采取措施，适当调整风量。

（2）水平度监测：在罐顶0°、90°、180°、270°四个位置安排4名测量人员使用50m卷尺测量穹顶气顶升过程中的各方位顶升高度，报予数据记录人员来对比计算偏差。

第七章 设备设计

（3）钢丝绳拉力监测：通过安装在 0°、90°、180°、270°四处的拉力计监测钢丝绳拉力变化，确定其是否工作正常。

（4）标记参照线：提前在承压环顶板上表面划出 0°、90°、180°、270°基准线，并在穹顶蒙皮板上划出该基准线的竖直投影，作为后期检查穹顶顶升过程中穹顶偏移程度的指标（又称十字丝参照线）。

从鼓风机开始鼓风起，压力监测人员、卷尺测量人员、钢丝绳拉力监测人员开始密切关注相应参数变化，并通过对讲机每隔一段时间向数据记录人员报一次数据，记录人汇总、准确记录压力计示数和四点卷尺示数，以供指挥人参考确定整个系统运转状态，并据此做出相应指挥。

第三节 静设备

一、汽化器

汽化器是LNG接收站中的关键设备，选择合适的汽化器将对接收站的成本及性能有着重要的影响。

基本负荷型接收站的特点是使用率高、汽化量大，其汽化器的选择首先考虑的是设备运行成本，最好是使用价格廉价的低品位热源，如环境空气或自然界的海水、河水等，以降低运行费用。

调峰型或应急备用型接收站的特点是使用率低、启动快、负荷调节裕量大，其汽化器的选择要求启动速度快、汽化效率高、可靠性高、具有较大负荷调节裕量和紧急启动的功能。由于使用率相对较低，对运行费用则不大苛求。

目前应用最多的LNG汽化器有下列几种形式：开架式汽化器（ORV）、浸没燃烧式汽化器（SCV）、中间介质管汽化器（IFV）、空气加热型汽化器等。

从接收站的功能定位以，投资、运行费用及设备安全性能多方面考虑，国内LNG项目接收站工程多采用的汽化方案是开架式汽化器或中间介质管汽化器+浸没燃烧式汽化器。

夏季利用开架式汽化器或中间介质管汽化器，利用廉价的海水资源加热、汽化 LNG；在冬季海水温度过低时，启用高压浸没燃烧式汽化器，使 LNG 汽化成气态天然气，经调压、计量后送进输气管网。

1. 开架式海水汽化器

开架式汽化器是目前 LNG 接收站最常用的汽化器之一。开架式汽化器的换热管材质为铝合金，一般采用海水作为加热介质。海水从汽化器上部进入，依靠重力自上而下流经铝合金管的外表面，与自下而上流经铝合金管的内部的 LNG 换热，从而使得 LNG 被加热和汽化。

开架式汽化器通过海水管道上的流量调节阀来控制海水流量，满足 LNG 汽化热负荷要求。随着海水温度的降低，汽化能力相应下降。

开架式汽化器的工作原理见图 7-13。

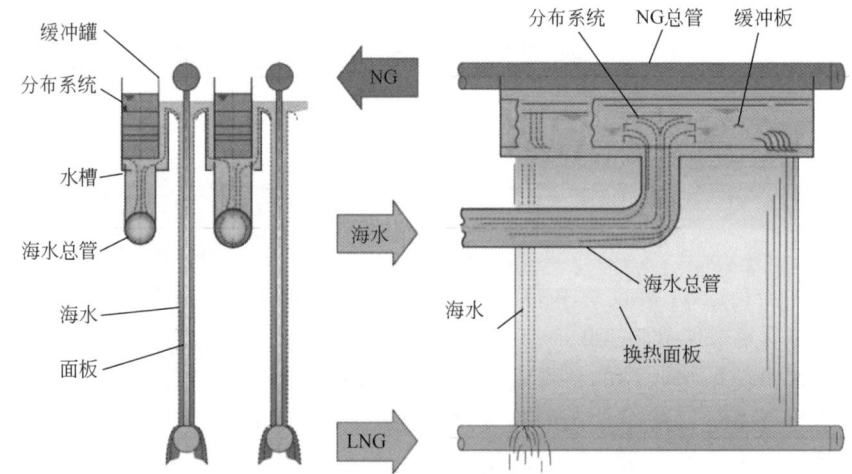

图 7-13　ORV 工作原理

开架式汽化器的基本单元是传热管，由若干传热管组成板状排列，两端与集气管或集液管焊接形成一个管束，再由若干个管束组成汽化器，见图 7-14。根据汽化能力要求不同，通过换热管束的组合进行调整，从而达到设计能力要求。

开架式汽化器的核心部件是换热管，其内部通过采用一些强化传热的结构来增加换热面积，同时改变流场分布，增加流动过程中的扰动，以达到增强换热的目的。另外，虽然海水不停流动，但 LNG 温度极低，在靠近集液管的 LNG 入口处的换热管部位极易结冰，从而使传热系数有所降低。因此，围绕强化换热管的换热效率，换热管的结构设计经历了不断的创新。

第七章 设备设计

图 7-14 ORV 管束

图 7-15 所示为国外某 ORV 制造商在换热管设计上的改进历程。

首次交货年份	换热管类型	
1977~	原始CPT-1(4m) 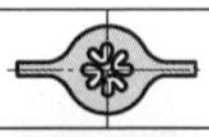	
1982~ 1986~	平行翅片CPT-2(4m) 平行翅片CPT-3(6m) 	
1995~	平行翅片HPT(6m) 	
1998~ 2002~	SUPEROR… (8m,6m)	汽化区  　加热区 

图 7-15 国外某 ORV 制造商在换热管设计上的改进历程

为了防止换热管表面结冰，采用双层结构换热管。LNG 从底部集液管先进入内管，然后进入内外管之间的夹套管。夹套管内的 LNG 直接被热媒加热并汽化，内管内流动的 LNG 通过夹套管中的 LNG 来加热。该方式可以提高换热管外表面的温度，抑制外表面结冰。

开架式汽化器的优势：开架式汽化器的能耗主要为供给大量海水的海水泵电耗。其优势在于设计简单、可靠性高、操作费用低、维修方便、运行中无废气产生。

开架式汽化器的不足：由于开架式汽化器（ORV）为敞开式，海水由顶

149

部经过分布器成薄膜瀑布状均匀沿管束外壁下降与换热管内的 LNG 换热，较高速流动的海水冲刷带防腐涂层的换热板表面，因此换热管表面的防腐涂层须定期检测和维护。由于开架式汽化器需要消耗大量的海水，返回大海的低温海水会对海洋的生态环境带来影响。为了使这种影响降至最低，一般要求控制进出汽化器的海水温差不超过 5℃。

图 7-16 所示为 ORV 结构示意图。图 7-17 所示为 ORV 结构外形图。

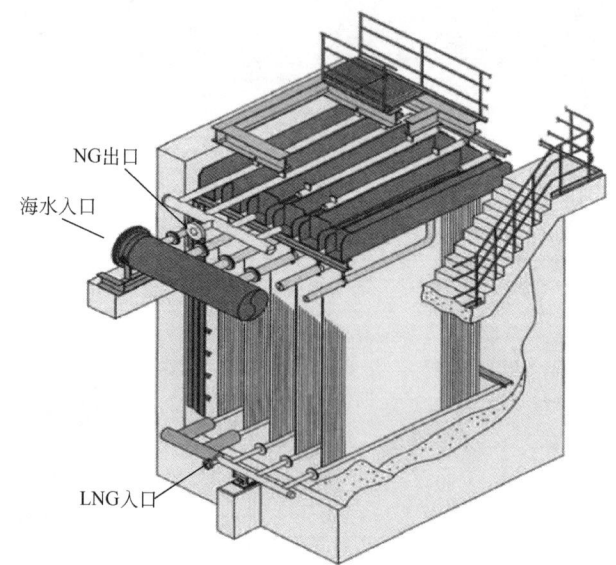

图 7-16　ORV 结构示意图

图 7-17　ORV 结构外形图

第七章 设备设计

2. 浸没燃烧式汽化器（SCV）

浸没燃烧式汽化器包括换热管、水浴、浸没式燃烧器、燃烧室、鼓风机及所有必需的仪表控制系统、内连管道等。

浸没燃烧式汽化器以天然气为燃料，利用燃料气在汽化器燃烧室内燃烧，热烟气通过烟道由喷嘴进入水中并使水产生湍动，高效将水加热，再通过热水加热并汽化换热管内的LNG。

相对于采用海水自然加热LNG的ORV，由于热水和LNG之间的温差大，浸没燃烧式汽化器的优点是结构紧凑，热效率可达95%以上。SCV的另一个特点是启动速度快，开、停车迅速方便且安全可靠。通过调节燃烧器的负荷，可以方便地调整LNG的汽化量，使得汽化能力在10%～100%的范围内进行调节，适合于负荷变化比较大的情况以及紧急情况或调峰时的快速启动要求。

SCV的缺点是由于运行需要消耗天然气，从而使SCV的运行成本较高，SCV燃烧产生的烟气排放会对环境造成一定影响。因此，要求控制排放废气中氮氧化物浓度，以满足当地的排放标准。同时水池不断吸收燃烧产物而呈酸性，需要加入碱液（碳酸钠溶液或碳酸氢钠溶液）以调整水的pH值。

SCV工作原理示意图、结构示意图、布置示意图分别见图7-18至图7-21。

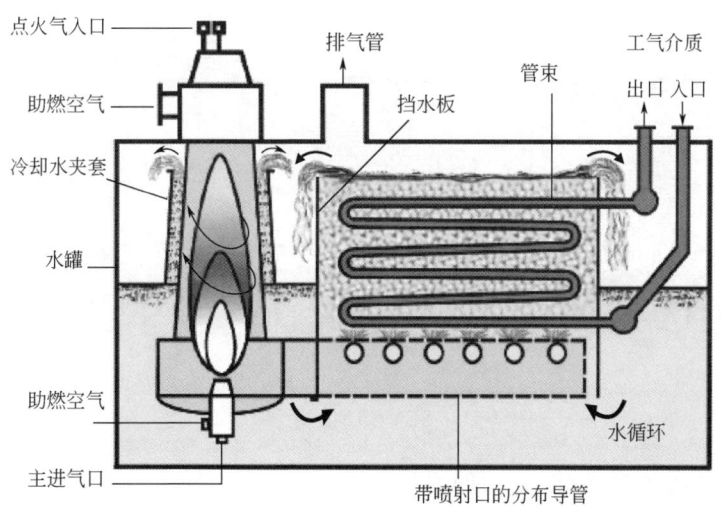

图7-18 SCV工作原理示意图

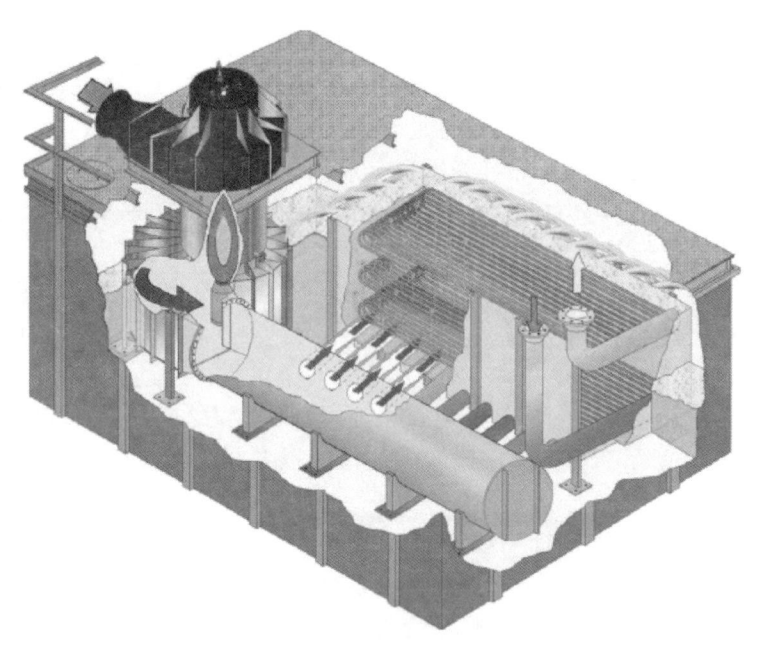

图 7-19 SCV 结构示意图（一）

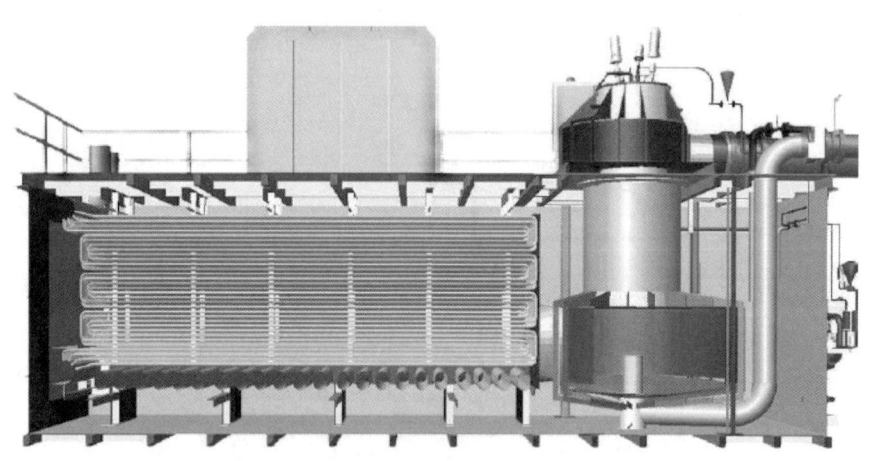

图 7-20 SCV 结构示意图（二）

3. 中间介质汽化器（IFV）

中间介质汽化器采用管壳式换热器的结构，为两级换热形式，可在一台

第七章 设备设计

设备内完成。如图 7-22 所示，左侧为第一级换热器，右侧为第二级换热器。第一级换热器的下半部分为热媒（管程）和液态中间介质（壳程）的换热空间；上半部分为气态中间介质（壳程）和 LNG（管程）的换热空间。

图 7-21　SCV 布置示意图

热媒的换热管浸没在液态中间介质里，由管程中的热媒放热给壳程里的中间介质，中间介质则吸热汽化。热媒在管程内为无相变的强迫对流换热，对应的中间介质在壳程为有相变的自然对流换热或沸腾换热。LNG 的换热管设在气态的中间介质内，壳程的中间介质冷凝放热，管程内的 LNG 被加热汽化。中间介质在壳程内不断被加热汽化和冷却凝结。中间介质一般为丙烷、异丁烷等。

中间介质汽化器的结构示意图、实例图见图 7-22 和图 7-23。

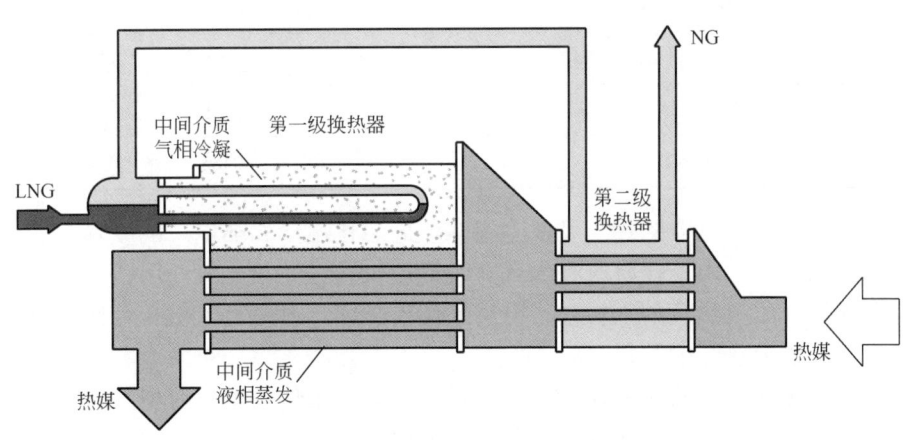

图 7-22　中间介质汽化器（IFV）结构示意图

153

图 7-23 中间介质汽化器（IFV）实例图

中间介质汽化器的主要材质见表 7-14。

表 7-14 IFV 主要材质

位置	材质
LNG 换热管束	304SS
热媒换热管束	304SS 或钛管（海水）
LNG 入口管箱	304SS
NG 出口管箱	304SS
热媒入口、中间和出口管箱	碳钢
一级换热器壳体	碳钢
二级换热器壳体	304SS

中间介质汽化器的热媒可以为海水或周边化工厂、热电厂的废热。若用海水作为热媒，由于钛材对海水具有良好的抗腐蚀性，一般使用钛管作为热媒和中间介质换热管的基材；若用热水作为热媒，则采用 304SS 管作为热媒和中间介质换热管的基材。

中间介质汽化器作为 LNG 汽化设备，既可用作基本负荷型汽化器，也可用作调峰补充型汽化器或应急备用型汽化器。

它的优点是设备系统结构紧凑、占地面积小、无污染物（废水、废气）

第七章 设备设计

排出。缺点是初期投资大,受热源的制约比较大。

另外,还有一种管壳式汽化器(STV),一般比中间介质汽化器、开架式汽化器和浸没燃烧式汽化器在体积和成本上更具竞争力。在管壳式汽化器中,热量通过闭式循环经由合适的热介质传导给LNG(例如,蒸汽、被加热的乙二醇水溶液),这种汽化器主要用在有合适热源的情况下。管壳式汽化器必须在稳定 LNG 流量的情况下工作,以避免冻结现象的出现。汽化器中的最小热介质流量也将受到限制,从而避免由于热介质流量过小而导致的结冰现象的出现。

4. 空气汽化器(AAV)

空气汽化器的工作原理类似于空冷器原理,但不是利用空气来冷却介质,而是利用环境空气作为热源加热中间介质与 LNG 换热,空气汽化器的轴流风机出风方向和空冷器相反。当环境温度不足以加热汽化 LNG 时,可以并联或串联 SCV 补充热量,使LNG 达到汽化温度汽化外输。

空汽净化器流程图见图 7-24。印度某 LNG 接收站利用空气汽化器的实例图见图 7-25。美国某 LNG 接收站利用空气汽化器的实例图见图 7-26。

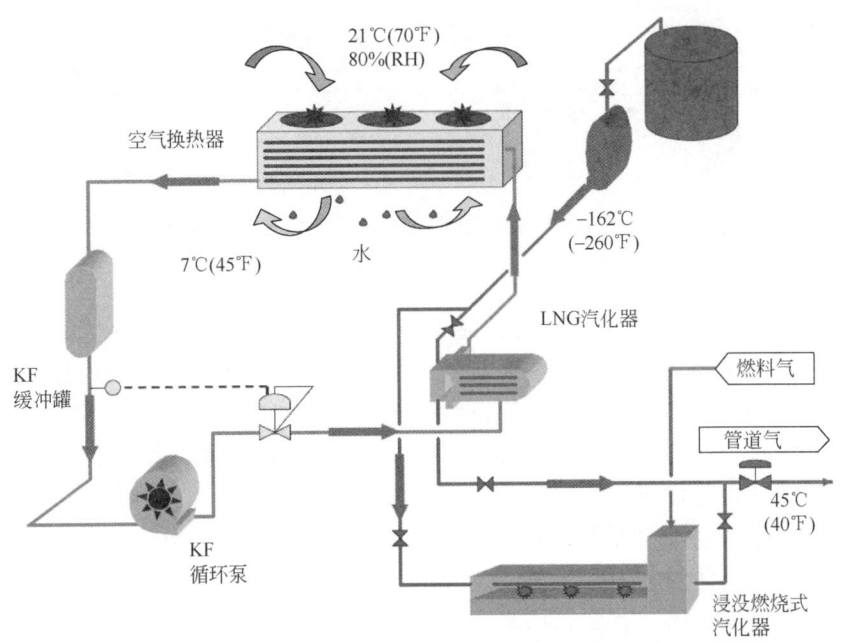

图 7-24 AAV 流程图

图 7-25　印度某 LNG 接收站利用空气汽化器的实例图

图 7-26　美国某 LNG 接收站利用空气汽化器的实例图

5. 空气加热塔

LNG 接收站大量的冷排水对海域生态环境的影响较大，同时因海水取水管路系统为防止和清除海生物通常采用加氯法，海水中的氯化物增加可能导致海洋生物死亡。为避免海水取排水影响海洋生物正常繁殖和生长，不允许利用海水作为汽化器的加热热源。若所建 LNG 接收站处于环境温度及湿度较高的地区，可设置独特的 LNG 再汽化系统，即闭式循环水空气加热塔。空气加热塔的原理类似于循环水冷却塔原理，不过不是利用环境空气来冷却闭式循环水，而是利用环境空气作为热源，加热循环水作为 ORV 或 IFV 的热媒。空气加热塔与普通循环水冷却塔顶的轴流风机布置位置不同，改为布置在塔的侧面。由于闭式循环水量较大，往往利用储存淡水的消防水池作为循环水池。当环境温度不足以利用加热塔加热汽化 LNG 时,可以并联或串联燃气换热器补充热量,使 LNG 达到汽化温度汽化外输。

美国某 LNG 接收站利用空气加热塔的实例图见图 7-27。

图 7-27　美国某 LNG 接收站利用空气加热塔的实例图

二、再冷凝器

再冷凝器主要有两个功能,一是冷凝 LNG 蒸发;二是作为 LNG 高压输送泵的入口缓冲容器。因此,再冷凝器的功能设计包括上部冷却段和下部缓冲段。

再冷凝器的外壳材料为不锈钢,其上部冷却段为不锈钢鲍尔环填充床。再冷凝器设有比例控制系统,根据蒸发气的流量控制进入再冷凝器的 LNG 流量,以确保进入高压输送泵的 LNG 处于过冷态。

再冷凝器示意图见图 7-28 和图 7-29。

图 7-28　再冷凝器示意图（一）

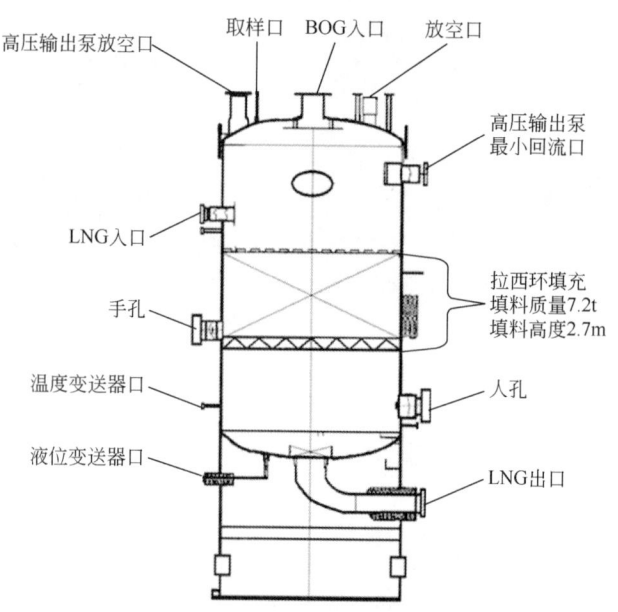

图 7-29　再冷凝器示意图（二）

三、火炬及火炬分液罐

在 LNG 接收站，火炬系统是一项重要的安全环保设施，用于处理在开停车、事故或紧急状态下排放的可燃性气体，以保护设备及人员的安全。

第七章 设备设计

火炬系统用于收集 BOG 总管的超压放空气体。另外，界区内天然气外输总管维修时的泄压气体也可考虑直接进入火炬系统。

在火炬管道靠近火炬低点位置设有火炬分液罐和火炬分液罐加热器。火炬分液罐的作用是使排放到火炬分液罐的蒸发气将可能携带的液体充分分离；火炬分液罐加热器的作用是使其中的 LNG 汽化。

为防止空气进入火炬系统，在火炬总管尾端以及分支总管端部连续通以低流量氮气，以维持火炬系统微正压。对于高架火炬，火炬分液罐至火炬塔架下部入口端段可能会出现负压工况，一定要保持火炬头下部气体密封设施的氮气密封可靠性。

在正常操作情况下，很少维修火炬筒和火炬分液罐，但根据相关规范应定期进行检查。选择储罐压力较低的时候检修火炬，在检查维护期间，火炬筒和火炬分液罐间应隔离，以确保接收站的安全。

火炬系统包括火炬总管/火炬管廊、火炬分液罐、火炬头（包括燃烧器、消音器、蒸汽消烟系统、航标灯等）、气体密封、火炬筒体、塔架、长明灯系统、点火系统及火炬 PLC 控制盘等。火炬一般设两套独立的点火系统，分别为高能点火装置和地面内传焰点火装置，可确保火炬点火的可靠性。火炬头设 3 支高效、节能型长明灯。长明灯保持常燃。

排放至火炬的物料主要是 LNG 储罐发生火灾之后的泄放气体以及 LNG 储罐顶部排放的蒸发气（LNG 储罐顶部的气相空间引出的蒸发气总管与火炬系统相连，并通过压力控制阀控制。在正常运行期间，该控制阀是关闭的。当 LNG 储罐内的压力增加到设定值时，控制阀打开，蒸发气排放到火炬，以维持 LNG 储罐压力稳定）。火炬在正常情况下无连续排放，仅在事故工况下会有火炬气排放。

以下几种情况泄放气不排入气体排放收集系统：

（1）海水开架式汽化器和浸没燃烧式汽化器安全阀就地放空。

（2）码头液体管道上热膨胀安全阀就地放空。

（3）LNG 储罐上压力安全阀放空直接排到大气中，排放点应位于安全处。为防止空气进入火炬及蒸发气总管，应连续向火炬头通入低流量燃料气或氮气，以维持系统微正压。

LNG 接收站火炬通常采用高架火炬。接收站总图平面布置场地不足，难以满足高架火炬平面布置安全距离要求时，可采用地面火炬。

火炬实例图见图 7-30 和图 7-31。

图 7-30　火炬实例图（一）　　　　图 7-31　火炬实例图（二）

第四节　动设备

一、BOG 压缩机

LNG 接收站 BOG 压缩机通常的形式为立式迷宫活塞式无油压缩机或卧式对称平衡式无油压缩机。立式迷宫活塞式无油压缩机的迷宫密封属于非接触密封，它利用活塞与气缸间迷宫槽的流阻来实现密封。由于气缸与活塞不直接接触，压缩机可以选择在较高的速度下运行。卧式对称平衡式无油压缩机为活塞环式，气缸与活塞直接接触，为尽量减少磨损，压缩机一般在较低的运转速度下运行，但其动力平衡性能较好。

每台 BOG 压缩机通常的配置包括主机、附件、仪表、电控等，以保证设备的安全运行并满足性能要求。BOG 压缩机的详细配置如下：

第七章　设备设计

（1）往复式压缩机。
（2）一级进出口压力缓冲罐。
（3）二级进出口压力缓冲罐。
（4）主电动机。
（5）曲轴和电动机法兰间的飞轮、联轴器、联轴器罩。
（6）润滑系统，包括：
① 主轴驱动润滑油泵。
② 电驱动备用泵及电动机。
③ 一台管壳式油冷器。
④ 两套润滑油过滤器和转换阀。
⑤ 曲轴箱油加热器。
（7）一套调速系统。
（8）级间减压阀及排出口减压阀。
（9）级间气体管路。
（10）缸体冷却系统（如果需要）。
（11）闭式循环冷却系统。
（12）电动盘车装置。
（13）必要的管路及支架。
（14）排出口止回阀。
（15）电动机底座。
（16）钢结构，包括附件支架、管路支架、稳压罐支架及缸体支架等。
（17）电气附件。
（18）全部就地仪表及公用辅助设施。
（19）仪表接线盒及电缆密封盖。
（20）控制盘。
（21）接地装置。

BOG 压缩机因输送介质温度较低，因此，接触低温介质的部分材料为耐低温球墨铸铁或其他耐低温材料。

典型的 BOG 立式迷宫活塞式压缩机外形图如图 7-32 所示。

在 LNG 接收站也有采用其他形式的 BOG 压缩机，例如，BOG 齿轮增速离心式压缩机。该压缩机组一体化程度高，现场安装工作量小。

典型的 BOG 齿轮增速离心式压缩机外形图如图 7-33 所示。

图 7-32 典型的 BOG 立式迷宫活塞式压缩机外形图

图 7-33 典型的 BOG 齿轮增速离心式压缩机外形图

二、BOG 回气风机

LNG 接收站，当 LNG 储存采用单容罐时，由于罐允许的操作压力较低，与 LNG 运输船装载 LNG 舱内的压力相当，因此，在卸船操作时 LNG 进入储罐时将闪蒸产生大量的蒸发气，除需要 BOG 压缩机来处理闪蒸的蒸发气外，还必须设置回气风机把超过 BOG 压缩机处理能力外的大量蒸发气送回到 LNG 运输船。若采用全容式混凝土顶储罐（FCCR），其设计压力高于单容罐，在卸船时，储罐的操作压力高于 LNG 运输船上舱内的压力，则无需上述设备。除非卸船栈桥较长，储罐操作压力不足以使蒸发气返回 LNG 船时，需要设置回气风机。

第七章 设备设计

回气风机为低温离心式风机。该风机一体化程度高,现场安装工作量小。典型的回气风机外形图、现场实例图分别见图 7-34 和图 7-35。

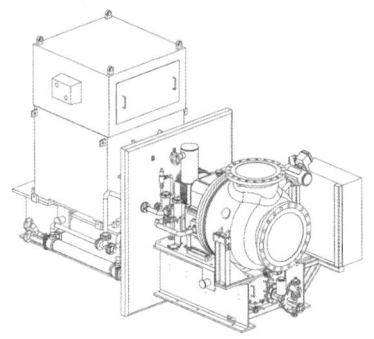

图 7-34　典型回气风机外形图

图 7-35　回气风机现场实例图

三、LNG 罐内泵

LNG 罐内泵属于立式潜液泵,安装在储罐的泵井中。按相关标准的要求设计、制造、试验和检验。泵安装在泵井内,底部设置泵的底阀。泵与电动机共轴,且无轴封。为改善泵的吸入性能,一般在泵的入口还装有诱导轮。对于 LNG 罐内泵的典型配置如下:

（1）泵和电动机（只能产生 6kV 及以下电压等级的电动机）。

（2）振动传感器、动力设备、接地装置、仪表连接电缆。

（3）顶板，包括相关的仪表、电源连接电缆和螺栓等紧固件及密封件、维修钢索、仪表接线盒、电气接线盒等。

因 LNG 罐内泵工作温度较低，材料通常为耐低温的铝合金或不锈钢。

典型的 LNG 罐内泵的外形实例图、示意图分别见图 7-36 和图 7-37。

 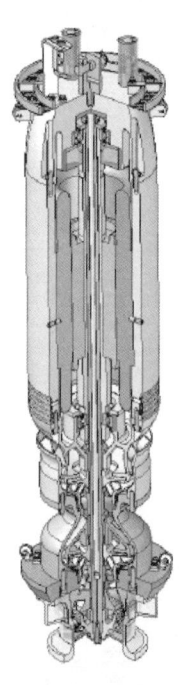

图 7-36　LNG 罐内泵的外形实例图　　图 7-37　LNG 罐内泵的外形示意图

LNG 罐内泵在检修前，需要使用专用起吊设施将泵体从罐底顺着泵井平稳提升到罐顶操作平台上。起吊设施与 LNG 罐内泵自带的钢丝绳相配合，利用泵自带的可分段拆卸的钢丝绳（泵自带起吊钢丝绳通常按 2.5m 长分段）来起吊提升。安装时，按图 7-38 至图 7-42 所示步骤一段一段提起钢丝绳，把泵体放入泵井中。检修时，按同样方式逆向操作，把泵体从泵井中提取出来。

LNG 罐内泵提升步骤如图 7-38 至图 7-42 所示。

第七章 设备设计

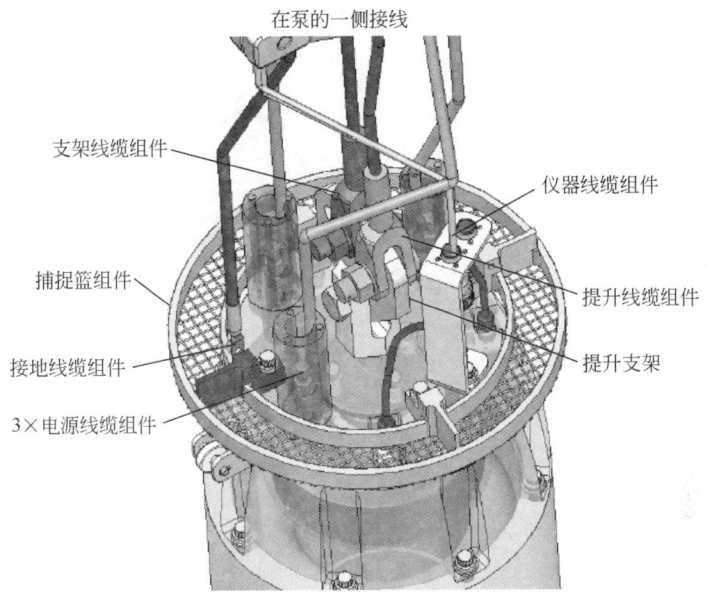

图 7-38 LNG 罐内泵提升步骤一

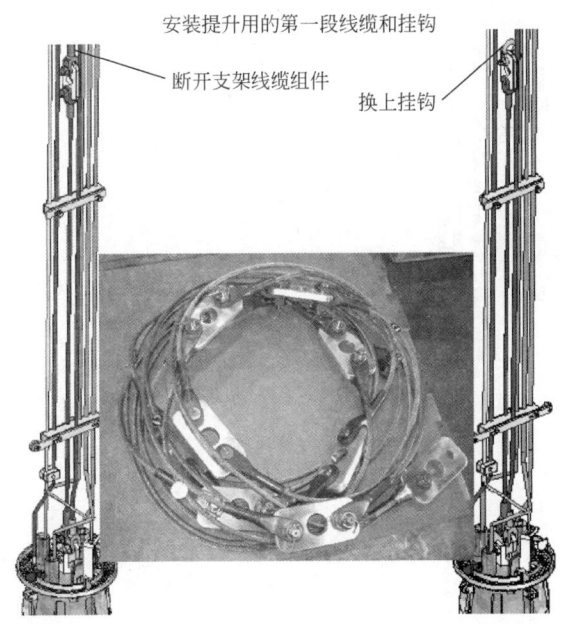

图 7-39 LNG 罐内泵提升步骤二

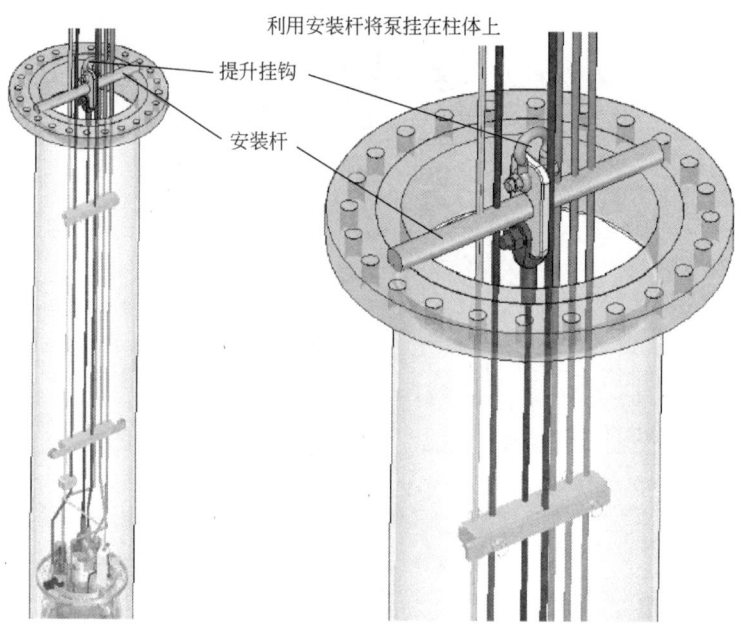

图 7-40　LNG 罐内泵提升步骤三

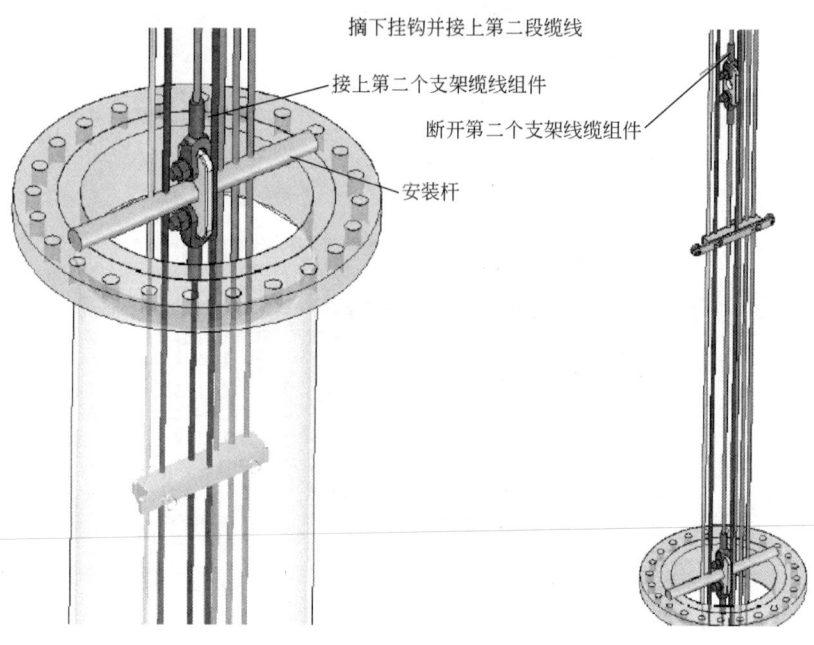

图 7-41　LNG 罐内泵提升步骤四

第七章 设备设计

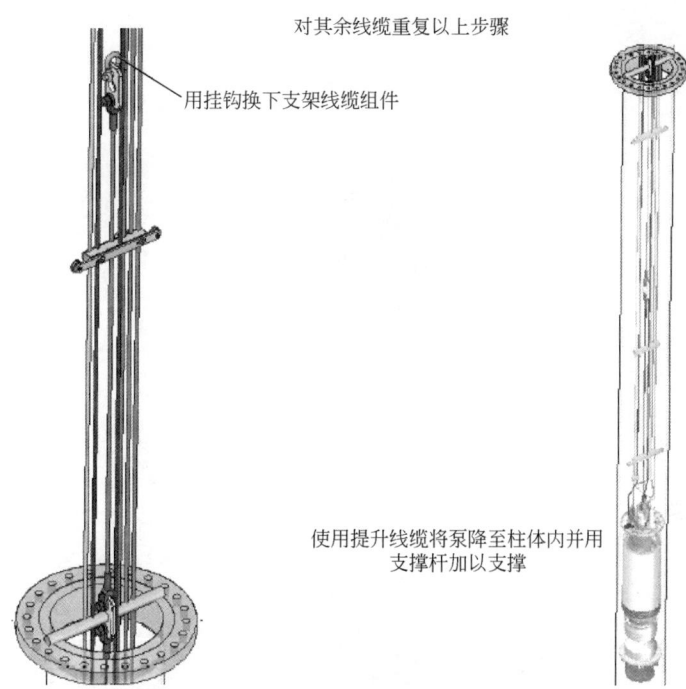

图 7-42 LNG 罐内泵提升步骤五

四、LNG 高压输送泵

LNG 高压输送泵属于立式潜液泵,安装在专用的立式泵罐内,按相关标准的要求设计、制造、试验和检验。泵与电动机共轴,且无轴封。

通常在 LNG 高压输送泵出口管上设有最小流量回流管道,以保护泵的安全运行。LNG 高压输送泵典型的配置如下:

(1) 泵和电动机(只能产生 6kV 及以下电压等级的电动机)。

(2) 泵罐顶板。

(3) 泵罐。

(4) 变送器。

(5) 测振仪表。

(6) 接线总成。

(7) 其他附件。

因 LNG 高压输送泵工作温度较低,材料通常为耐低温的铝合金或不锈钢。

典型的LNG高压输送泵外形图见图7-43。

图7-43　LNG高压输送泵外形图

第五节　成套设备

一、LNG装卸臂

1. LNG卸料臂

LNG卸料臂通常指海用LNG低温卸料臂，LNG船靠泊接收站码头后，用LNG卸料臂将船上与码头上的卸船管道连接，从而借助船上卸料泵将LNG

第七章 设备设计

送进接收站储罐内。LNG 卸料臂包括卸料臂本体、紧急脱离装置、电液控制系统。大型 LNG 接收站根据接卸的主力船型和卸船频率,并考虑码头兼顾 $(14.7\sim26.7)\times10^4m^3$ LNG 船的安全靠泊卸船,在码头通常设 3 台 16in 液体卸料臂和 1 台 16in 气相返回臂,或设 3 台 20in 液体卸料臂和 1 台 20in 气相返回臂。

对于中小型 LNG 接收站,码头接卸的 LNG 船型偏小,卸料臂的单台装卸能力也相应较小,一般所配的卸料臂的口径范围为 8~12in。目前,某些接收站具备依托码头中转 LNG 的功能,往往转运的 LNG 运输船容量较小,相应配套的卸料臂也采用较小的口径。

典型的 LNG 卸料臂实例图、外形图分别见图 7-44 和图 7-45。

图 7-44 典型的 LNG 卸料臂实例图

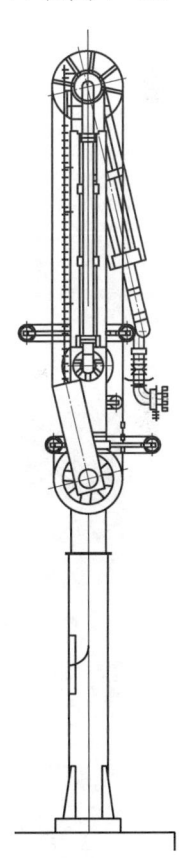
图 7-45 典型的 LNG 卸料臂外形图

2. LNG 装车臂及装车橇

陆用低温装车臂主要由气相和液相两个臂组成,两个独立的臂共同装在一个立柱上,分别接槽车的液相口和气相口,实现 LNG 的装车和回气。每个独立的臂分为内臂、外臂及与槽车连接的前部连接管,并装有 5 个旋转接头以保证整条装车臂的接口能在空间任意的角度自由转动。在装车臂的外臂上一般设立用于主管道关断的球阀及用于氮气置换的旁路球阀,外臂有一弹簧平衡系统,用来平衡外臂的重量,便于操作装车。

典型的 LNG 装车臂外形图、实例图分别见图 7-46 和图 7-47。

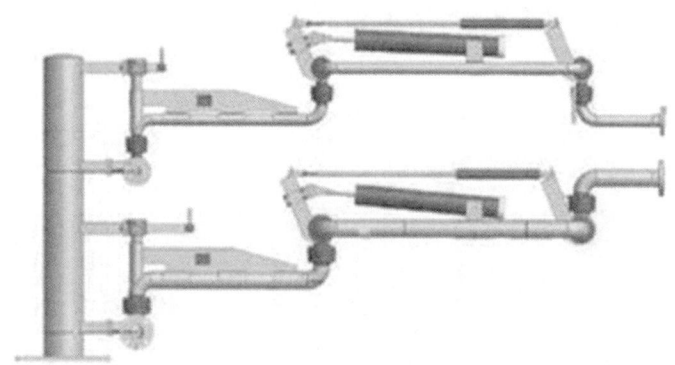

图 7-46　典型的 LNG 装车臂外形图

图 7-47　典型的 LNG 装车臂实物图

第七章 设备设计

LNG 装车橇是指将每一个 LNG 装车位范围内有关的工艺管段、设备、控制仪表和计算机及网络等有机地结合起来，集成在一个专用的框架结构内，一般在工厂实现橇装集成。

LNG 装车橇框架结构内的仪表和设备主要包括装车臂、流量计、静电报警控制器、压力变送器、装车流量控制阀、紧急切断阀、装车定量控制器等。装车橇在制造厂进行仪电及设备的安装与连接，完成承压系统强度和气密测试、橇装系统功能测试等，系统测试合格后方可出厂。装车橇到达现场后，经过简单的安装和调试就可直接投入使用。LNG 装车橇可缩短项目工期，同时提高装车控制系统品质。

典型的 LNG 装车橇实物图见图 7-48。

图 7-48　典型的 LNG 装车橇实物图

二、海水取水设备

接收站的 LNG 汽化需要通过与抽取的常温海水交换热量来实现，工艺海水系统主要由海水取水泵站、LNG 汽化器及相应的海水给水管道组成。海水从接收站岸边的取水口进入，由安装在取水口上部的立式海水泵抽取，通过管道送至 LNG 汽化器，使液态天然气加热汽化。

海水取水泵站主要设备包括海水给水泵、海水消防泵、阀门、海水拦污设备、过滤设施和电解海水制氯装置（电解海水制氯装置主要由电解槽组件、机械和配电设备及控制系统三部组成）等。

海水给水泵通常选择立式长轴泵，配套使用高压变频调节系统、海水自润滑系统、远程操作与监控系统等一系列装置。海水给水泵单台能力可满足单台开架式汽化器的需要。海水给水泵的单台能力选取应确保不因为海水给水泵的维修而影响汽化器的正常操作。海水给水泵同样应设置备用泵，以确保在海水温度许可的条件下尽可能地利用开架式汽化器。

典型的立式长轴海水给水泵外形图、实物图分别见图 7-49 和图 7-50。

图 7-49　典型的立式长轴海水给水泵外形图

图 7-50　典型的立式长轴海水给水泵实物图

三、电解加氯设备

LNG 接收站需要大量的海水与 ORV 或 IFV 换热,为了解决海水中微生物生长造成海水系统的构筑物和管道等的堵塞问题,需要配备杀菌灭藻系统,防止和清除海生物。清除海生物的方法包括加氯法、加碱法、机械刮除法、电极保护法等。LNG 接收站项目中常用的电解加氯设备为次氯酸钠发生器。

次氯酸钠发生器的典型配备为:投料泵、整流器、电解槽、储罐、排氢风机、产品泵、自控系统和管道系统等。

次氯酸钠发生器的工作原理如下:

在海水溶液中含有 Na^+、H^+ 等几种离子,按照电解理论,当插入电极时,在一定的电压下,电解质溶液由于离子的移动与电极反应,发生导电作用,这时 Cl^-、OH^- 等负离子向阳极移动,而 Na^+、H^+ 等正离子向阴极移动,并在相应的电极上发生放电,从而进行氧化还原反应,产生相应的物质。

海水溶液电解过程:

$$NaCl = Na^+ + Cl^-$$

阳极电解作用:

$$H_2O = H^+ + OH^-$$
$$2Cl^- - 2e^- \rightarrow Cl_2 \uparrow$$

阴极电解作用:

$$2H^+ + 2e^- \rightarrow H_2 \uparrow$$

在无隔膜电解装置中,电解质和电解生成物氢气从溶液里向外逸出,由于氢气在外逸过程中对溶液起到一定的搅拌作用,使两极间的电解生成物发生一系列的化学反应,反应方程式如下:

$$2NaCl + 2H_2O \rightarrow 2NaOH + H_2 \uparrow + Cl_2$$
$$2NaOH + Cl_2 \rightarrow NaClO + NaCl + H_2O$$

溶液的总方程式即为以上两个反应式相加:

$$NaCl + H_2O + 2F \rightarrow NaClO + H_2 \uparrow$$

其中,F 为法拉第电解常数,其值为 $26.8 A \cdot h$。

电解加氯设备实物图见图 7-51。

图 7-51　电解加氯设备实物图

四、罐顶起吊设施

　　LNG 储罐内的液化天然气是通过安装在储罐内泵井中的潜液泵向外输送的。在低温潜液泵检修前，需要使用专用起吊设施将泵体从罐底顺着泵井平稳提升到罐顶操作平台上，提升过程由一系列精密控制的连贯动作组合而成。起吊设备除了要满足低温泵的吊装需求外，还需要满足罐顶平台上阀门、控制机构等的检修需求。

　　通常情况下，检修工作是在罐内储有 LNG 的情况下进行的，工作环境可能存在天然气爆炸的危险，因此相关的机械设备均需要具备良好的防爆特性。为此罐顶起吊设施应符合相关防爆标准的要求。

　　另外，罐顶起吊设施还需要针对具体用途进行一些特殊设计，例如，钢丝绳卷筒的加工需要与低温泵自带的钢丝绳相匹配；为了能够方便地替换钢丝绳，需要在卷筒上设置钢丝绳尾卡卡槽。

　　目前，罐顶起吊设施通常采用两种形式，一为防爆电动葫芦，见图 7-52；二为防爆立柱式悬臂起重机，见图 7-53。电动葫芦的特点是设备本身成本较低，便于安装。但需要增设相关的钢结构，费用较高，且由于电动葫芦只能沿固定轨道运动，操作的的灵活性不如悬臂起重机。与

第七章　设备设计

电动葫芦相比，立柱式悬臂起重机的优点显而易见，但成本较高，对吊车的基础要求也较为苛刻。

图 7-52　防爆电动葫芦

图 7-53　防爆立柱式悬臂起重机

第八章 管道设计

第一节 设计说明

一、设计范围及分区情况

1. 概述

设计范围应包括 LNG 接收站内的所有地上工艺装置、公用工程及管道等相关设施的布置，建筑物内水管道除外。

2. 分区情况

LNG 接收站由工艺单元、辅助生产单元和公用工程单元组成，通常由十二个分区组成，见表 8-1。具体可根据项目情况增减。

表 8-1　LNG 接收站分区

序号	分区名称	包含内容
1	码头卸料区	码头、栈桥、卸船系统
2	LNG 储存区	LNG 储罐
3	BOG 处理区	BOG 压缩机
4	高压泵输送区	再冷凝器、高压输送泵
5	装车区	装车棚、装车臂、地衡
6	汽化区	ORV、SCV 或 IFV
7	火炬区	火炬分液罐、火炬
8	公用工程及辅助生产区	空气压缩机及氮气站、化验室、中控楼、变电所、消防系统、给排水系统、计量站等
9	海水取水泵房区	海水过滤设施、海水泵、电解制氯装置

第八章 管道设计

续表

序号	分区名称	包含内容
10	污水处理区	含油污水处理装置、生活污水处理设施
11	厂前区	综合办公楼、职工宿舍、食堂
12	预留区域	

二、设备布置图

（1）LNG 接收站设备布置图需要按照项目总图分区绘制。

（2）需要对设备安装要求给出说明。

设备布置的原则：在布置设备时，首先应考虑操作运行人员的健康和安全；其次考虑工艺要求，操作、维修、施工要求及扩建预留要求等。具体要求详见本章第五节设备及管道布置。

三、管道布置图

1. 管道布置分区索引图

在设备布置分区的基础上绘制管道分区索引图。

2. 管道布置图

根据管道分区索引图绘制管道布置图。具体绘制要求如下：

（1）图面表示。

图中管道号应与管道仪表流程图（P&ID）相同，图纸中所标注的尺寸一般以毫米为单位。管架、管道布置图中主要定位尺寸均为相对尺寸。界区边界标注坐标，坐标值同总图坐标。

（2）比例：一般为 1∶50，管廊为 1∶100，以每张配管图标题栏内所给出的比例为准。

（3）对于管道系统的袋形部位，水压试验用高点应设放空，低点应设排净。放空排净设计要求需要详细给出。

管道布置的原则和具体要求详见本章第五节设备及管道布置。

3. 管道轴测图

管道轴测图用于管道的预制与施工，图纸深度需要满足施工要求。

四、管道材料

管道材料的规格和要求遵循管道材料等级相关规定，详见本章第二节管道材料。

五、管道的预制及安装

（1）管道预制以轴测图为准，要核对配管图及现场实测尺寸后进行。
（2）需要核对管道安装的其他设计要求。
（3）管架安装应特别注意设计图纸与要求。

六、隔热

管道隔热要求遵循隔热工程相关规定，详见本章第七节绝热设计。

七、防腐涂漆

管道涂漆要求遵循涂漆工程相关规定，详见本章第六节防腐涂漆设计。

八、管道防静电

LNG 接收站中，介质为天然气（NG）、液化天然气（LNG）、燃料气（FG）、火炬气（FL）、BOG（NG）的物料管道均应设置静电接地板，具体静电接地的方法按照 SH 3097—2000《石油化工静电接地设计规范》的要求设计及安装。

九、管道伴热

LNG 接收站管道伴热形式通常采用电伴热。

第八章 管道设计

十、施工及试压

（1）根据管道表及工艺管道所示的参数，并参照 GB 50235—2010《工业金属管道工程施工规范》、GB 50236—2011《现场设备、工业管道焊接工程施工规范》以及 SH 3501—2011《石油化工有毒、可燃介质钢制管道工程施工及验收规范》的规定进行施工、试压及验收。

（2）设备机泵安装试车遵照供货厂商及国内有关规定执行。

十一、管道设计所采用的规范和标准

管道设计所采用的规范和标准见表 8-2。

表 8-2 管道设计所采用的规范和标准

规范类别	规范名称	规范代号
中国国家标准和规范	《压力管道规范 工业管道》	GB/T 20801.1～6—2006
	《工业金属管道工程施工质量验收规范》	GB 50184—2011
	《现场设备、工业管道焊接工程施工质量验收规范》	GB 50683—2011
	《液化天然气（LNG）生产、储存和装运》	GB/T 20368—2012
	《风机、压缩机、泵安装工程施工及验收规范》	GB 50275—2010
	《建筑设计防火规范》	GB 50016—2014
	《石油天然气工程设计防火规范》	GB 50183—2015
	《输气管道工程设计规范》	GB 50251—2015
	《石油化工静电接地设计规范》	SH 3097—2000
	《石油化工金属管道布置设计规范》	SH 3012—2011
	《压力管道安全技术监察规程—工业管道》	TSG D 0001—2009
	《爆炸危险环境电力装置设计规范》	GB 50058—2014
	《工业企业总平面设计规范》	GB 50187—2012
	《厂矿道路设计规范》	GBJ 22—1987
	《石油化工企业总体布置设计规范》	SH/T 3032—2002
API（美国石油协会标准）	《石油、重型化工和气体工业用离心泵》	API 610—2010

续表

规范类别	规范名称	规范代号
API（美国石油协会标准）	《石油、化工和气体工业用的往复式压缩机》	API 618—2007
ASME（美国工程师协会标准）	《工艺管道》	ASME B31.3—2014
国际标准和规范	《液化天然气（LNG）生产、储存和装运》	NFPA 59A—2009

第二节　管道材料

一、管道材料选用原则

（1）LNG 接收站管道材料的选用应依据管道的使用条件（设计压力、设计温度、介质特性、介质腐蚀性）、经济性、耐蚀性、材料的焊接及加工等性能确定，同时应满足使用条件下材料韧度的要求。

（2）低温冲击试验。用于 LNG 接收站的低温材料，按照制造加工特点，参照 ASME B31.3—2012 的要求进行低温冲击试验。

（3）LNG 管道连接推荐采用对焊连接。应尽可能地少用法兰接口和螺纹接口，且只用在必要的地方，例如，管材改变或接仪表处，以及由于维护需要采用这样的接口。采用螺纹连接时，应采用焊接或其他经验证有效的方式来密封。

（4）管子。

① 管子尺寸符合 ASME B36.10M—2004《焊接和无缝轧制钢管》和 ASME B36.19M—2004《不锈钢钢管》的规定。

② 管子的公差遵循相关标准规范的要求。

③ 大口径管子（NPS24in 及以上）最小壁厚为 6mm。

④ 用于非 D 类流体的管道，优先选用无缝管道；当选用电熔焊（EFW）的管道时，需要进行 100%射线探伤，保证焊缝接头系数达到 1.0。

⑤ 若无特别规定，所有管子的材料应符合相关标准的要求。

第八章 管道设计

⑥ 焊接管子应为直缝焊接。

（5）管件。

① 对焊管件遵循 ASME B16.9—2007《工厂制造的气段轧对焊管配件》的规定；承插和螺纹管件应遵循 ASME B16.11—2009《锻制配件、承插焊接配件和螺纹》。

② 由焊接管道制成的管件，要求焊接接头系数达到 1.0，需要用射线探伤来保证。

③ 活套法兰不能用于烃类介质或循环工况。

④ 应采用分体式盲板与环垫。

（6）法兰。法兰应符合表 8-3 的要求。

表 8-3 法兰标准

管材直径（in）	规范代号
NPS24 及以下	ASME B.16.5—2013《管法兰和法兰管件 NPS1/2 至 NPS24》
NPS26～NPS60	ASME B16.47 Series B—2011《大直径管钢制法兰 NPS26～NPS60》

（7）垫片。推荐采用带内外环的石墨缠绕垫，内外环材料均用不锈钢。

（8）螺栓/螺母。

① 螺栓采用全螺纹螺栓。

② 螺母采用重型六角头螺母。

（9）阀门。

① 低温阀门应符合相应规范或标准要求，应能适用于液化天然气介质，禁止使用分体阀门。低温阀门即使在有冰的情况下也应能够操作。

② 低温阀门应采用加长阀杆，能在线检修，连接宜采用焊接。

③ 低温阀门应选用防火结构。有中腔泄压需要的阀门，需考虑泄压结构。

④ 低温阀门应能安装在阀杆处于竖向位置或竖向 45°的地方。应确保不存在泄漏或滞塞的危险。

二、管道材料等级选择

管道材料等级选择要求见表 8-4。

表 8-4 管道材料等级选择要求

工况	介质	基础材料	材料磅级
工艺管道（深冷工况）	液化天然气/天然气/蒸发气/液氮	奥氏体不锈钢 304/304L	CLASS 150 CLASS 300 CLASS 900 CLASS 1500
工艺管道（环境温度）	天然气/燃料气	低温碳钢	CLASS 150 CLASS 300 CLASS 900 CLASS 1500
海水	消防海水/工艺海水	铜镍合金/玻璃纤维增强环氧树脂（GRV）/玻璃纤维增强乙烯基酯树脂（GRE）/碳钢涂塑	CLASS 150 CLASS 300
公用工程	工厂空气/氮气/循环水/排放水	碳钢	CLASS 150

第三节 管道应力分析设计

一、管道应力分析的设计条件

1. 管道的荷载

管道连接于各类设备之间，贯穿整个装置区，被视为"工厂的血管"。管道的安全运营受到众多外界条件的影响，如压力、温度、设备端点位移等。液化天然气接收站工程多为临海岸布置，管道通常从码头穿越栈桥到达装置区，并连接一系列设备后到达外输系统。因此，管道设计时通常需要考虑以下荷载：

（1）内压、外压或最大压差（设计压力应与对应的设计温度一起作为荷载条件）。

（2）重力荷载。

① 管道组成件、隔热材料以及由管道支撑的其他重力荷载。

② 流体质量荷载（包括液压试验的介质荷载）以及寒冷地区的冰雪等荷载。

(3) 附加荷载。
① 风荷载。
② 地震荷载。
③ 流体流动导致的冲击、压力波动等荷载，如水锤荷载。
④ 由机械、风或流体流动引起的振动荷载，如往复式压缩机振动荷载。
⑤ 流体排放反力，如安全阀泄放荷载。
(4) 温差荷载。
① 温度变化时因管道约束产生的荷载。
② 因温度剧变或分布不均匀产生的温差应力，如厚壁管或流体分层流动可能导致的温差应力。
③ 温度变化时因膨胀系数不同所产生的荷载，如双金属管、夹套管、非金属衬里管等。
(5) 端点位移引起的荷载。
管道支吊架或管道连接设备发生位移时引起的荷载，包括设备或支架基础沉降、管道端点附加位移、栈桥水平位移等。

2. 管道设计条件的确定
1) 计算压力
管道计算压力应根据管道的设计压力确定。
管道计算压力应不低于正常操作中预计的最高压力或在最苛刻温度下同时发生的内压或外压，取其最危险工况。对工艺有特殊要求的工况（指温度与压力的耦合）也应予以考虑。

2) 计算温度
(1) 管道计算温度应根据管道的设计温度确定。
(2) 管道计算温度应不低于正常操作中预计的最高温度或在其他工况下的最苛刻温度，取其最高值，或二者均应考虑计算。对工艺有特殊要求的工况（指温度与压力的耦合）也应予以考虑。
(3) 对于安全阀泄放管道，应取泄放时可能出现的最高或最低温度作为计算温度。同时，还应考虑正常操作时，泄放管道处于常温下的工况。
(4) 操作温度不仅要考虑正常操作条件下的温度，还要考虑短时超温工况（如开车、停车、除焦、再生、蒸汽吹扫等）。对于在生产中经常发生转换工况的管道，应考虑许用应力范围降低系数 f。
(5) 当管道的操作工况复杂，难以确定计算工况时，可选多种工况进行分析比较。

（6）管道计算温度需考虑管壁上温度发生急剧变化，或由于温度分布不均匀而产生的管壁温差，如弓形弯曲现象。

（7）对于存在开备工况的离心泵，应考虑开备工况。

3）摩擦系数

管道应力分析设计中摩擦系数应按 SH/T 3041—2016《石油化工管道柔性设计规范》的规定选取。

4）腐蚀裕量

管道应力分析设计中腐蚀裕量应依据管道对应的材料等级确定。

5）附加位移

在管道柔性设计中，应考虑以下位移对管道系统的影响：

（1）静设备热胀冷缩时对连接管道施加的附加位移。

（2）转动机器热胀冷缩在连接管口处产生的附加位移。

（3）储罐等设备基础沉降在连接管口处产生的附加位移。

（4）不与主管一起分析的支管，应将分支点处主管的位移作为支管端点的附加位移。

（5）风力、海浪等外力荷载引起的端点位移。

6）压力试验

（1）应保证管道应力和支吊架强度能满足压力试验的荷载要求。

（2）压力试验工况不与其他荷载组合考虑。

7）附加荷载

（1）风荷载。

风荷载的设计计算可遵循 GB/T 20801—2006《压力管道规范 工业管道》的规定。

（2）地震荷载。

地震荷载的抗震验算可遵循 SH/T 3039—2003《石油化工非埋地管道设计通则》的规定；地震加速度需根据工程所在区域的设计基本地震加速度计算；储罐所在区域的基本地震加速度按安全停运地震（SSE）考虑。

（3）安全阀泄放载荷。

安全阀泄放荷载的设计计算可依据 API RP520-1—2000《炼油厂压力泄放装置的尺寸确定和选择》或 GB/T 20801—2006 的规定。

（4）液体锤。

① 对于可能存在液体锤的管道，应保证管道及管道元件能承受短时压力升高后的系统压力，同时，应保证管道具有足够的强度以抵御非平衡力的

第八章 管道设计

作用。

② 管道布置和管支架设置时,应适当考虑液体锤冲击时可能引起的振动。

③ 非平衡力的计算可依据 GB/T 20801—2006 的规定。

(5) 两相流。

① 对于存在两相流介质的管道系统,如火炬排放系统,需考虑两相流的冲击荷载。

② 对于存在两相流的管道,在保证管道系统的柔性要求时,走向上宜避免有过多的弯头。同时,应适当增加限制性支架以降低位移应力范围,避免疲劳破坏。

3. 应力分析常用标准

管道应力分析常用标准见表 8-5。

表 8-5 管道应力分析常用标准

序号	标准名称	规范代号
1	《压力容器》	GB 150—2011
2	《化工装置管道机械设计规定》	HG/T 20645—1998
3	《工业金属管道设计规范》	GB 50316—2008
4	《工业金属管道工程施工规范》	GB 50235—2010
5	《现场设备、工业管道焊接工程施工规范》	GB 50236—2011
6	《工艺管道》	ASME B31.3—2014
7	《石油、重型化工和气体工业用离心泵》	API 610—2010
8	《轴流和离心式压缩机及膨胀压缩机》	API 617—2014
9	《机械驱动用汽轮机》	NEMA SM23—2002
10	《Local Stresses in Spherical and Cylindrical Shells due to External Loadings》	WRC 107—2002
11	《Local Stresses calculating in Cylindrical Shells due to External Loadings》	WRC 297—1984
12	《Pipe Flanges and Flanged Fittings》	ANSI B16.5—2013
13	《Large Diameter Carbon Steel Flanges(Series B)》	ANSI B16.47—2011
14	《Welded Steel Tanks for Oil Storage Inquiries》	API 650—2013
15	《Sizing,Selection,and Installation of Pressure Relieving Devices in Refineries》	API 520—2014
16	《Standard for the Production,Storage,and Handling of Liquefied Natural Gas(LNG)》	NFPA 59A—2013

二、管道应力分析的评定

管道应力分析的目的是保证所有管道系统在所有荷载作用下,具有足够的强度和适当的柔性,以避免出现如下情况:

(1)因应力超限或金属疲劳原因引起管道或支吊架失效。

(2)管道连接部位产生泄漏。

(3)因推力和/或力矩过大,导致管道元件或与管道相连接的设备产生过大的应力或荷载超限,影响设备正常运行。

(4)因推力和/或力矩过大,导致管道支吊架被破坏。

1. 管道应力的评定

依据 GB/T 20801—2006 的规定,管道应力的评定内容如下:

(1)持续应力。

由压力、重力与其他外力荷载作用下所产生的应力称为持续应力。它的特点是没有自限性,即它是平衡外力荷载所需的应力,随外力荷载的增加而增加,直至管道发生塑性变形从而破坏失效。

由压力、重力和其他持续荷载共同作用时,管道和管道元件的轴向应力应不大于最高工作温度下的材料许用应力,即满足式(8-1)条件:

$$S_L = \frac{|p|D}{4T_e} + \frac{M_A}{Z} \leqslant S_h \tag{8-1}$$

式中 S_L——持续荷载作用时的轴向应力,MPa;

S_h——最高工作温度下的材料许用应力,MPa;

Z——管道或管道元件的抗弯截面模量,mm^3;

T_e——有效厚度,为厚度减去厚度附加量和材料厚度负偏差以后的厚度,mm;

p——设计压力,MPa;

D——管外径,mm;

M_A——所考虑荷载组合工况下产生的弯矩,N·mm。

$$M_A = \sqrt{(i_i M_{Ai})^2 + (i_0 + M_{Ao})^2} \tag{8-2}$$

式中 M_{Ai}——所考虑荷载组合工况下产生的平面内弯矩,N·mm;

M_{Ao}——所考虑荷载组合工况下产生的平面外弯矩,N·mm;

i_i——平面内应力增大系数;

第八章 管道设计

i_o——平面外应力增大系数；

（2）位移应力范围。

由于管道变形受到约束而产生的应力，如管道热胀冷缩、端点位移等由位移荷载作用引起的应力，称为位移应力范围。位移应力范围不是直接与外力相平衡，而是靠管道各部分变形来适应的。当管道局部屈服或者产生小量变形时，管道应力将重新分配，直至达到"自均衡"，因此位移应力范围具有自限性。对于塑性良好的材料，一次变形过程（加载—卸载）即使产生较大的变形也不会破坏。而塑性变形在多次交变的情况下，就可能引起管道的疲劳破坏。

管道系统中任何一处由位移引起的应力范围不应超出许用的位移应力范围。

许用的位移应力范围一般应按式（8-3）计算：

$$S_E \leqslant S_A = f(1.25S_c + 0.25S_h) \quad (8-3)$$

如果在式（8-3）规定的载荷组合工况下计算得到的管道轴向应力小于材料在最高工作温度下的许用应力 S_h，则许用的位移应力范围可按式（8-4）计算：

$$S_A = f[1.25(S_c + S_h) - S_L] \quad (8-4)$$

式中 S_E——在循环荷载作用时的最大应力范围，按 GB/T 20801—2006 的规定计算，MPa；

S_c——管道元件或管道材料在最低工作温度下的许用应力，MPa；

S_A——许用的位移应力范围，MPa；

f——许用位移应力范围折减系数，按 GB/T 20801—2006 的规定取值，见表 8-6。

表 8-6 管道位移应力范围折减系数 f

当量循环次数 N	系数 f
$N \leqslant 7000$	1.0
$7000 < N \leqslant 14000$	0.9
$14000 < N \leqslant 22000$	0.8
$22000 < N \leqslant 45000$	0.7
$45000 < N \leqslant 100000$	0.6

续表

当量循环次数 N	系数 f
$100000 < N \leqslant 200000$	0.5
$200000 < N \leqslant 700000$	0.4
$7000000 < N \leqslant 2000000$	0.3
$N > 2000000$	0.15

（3）持续荷载与偶然荷载组合工况的应力。

管道在工作状态下，受到的压力、重力、其他持续荷载和偶然荷载所产生的轴向应力之和，应满足式（8-5）的规定：

$$S_{\mathrm{L2}} = \frac{|p|D}{4T_{\mathrm{e}}} + \frac{M_{\mathrm{A}}}{Z} \leqslant 1.33 S_{\mathrm{h}} \tag{8-5}$$

式中　S_{L2}——持续荷载和偶然荷载所产生的轴向应力之和，MPa；

风载和地震载荷无须同时与其他临时性荷载构成组合工况；考虑阀门关闭引起的压力短时升高时，应将压力升高值计入压力 p 中；考虑安全阀打开时的冲击反力，应将其产生的力矩计入 M_{A}；阀门开关、安全阀泄放产生的荷载无须同时与其他临时性荷载构成组合工况。

2. 设备管口荷载的评定

1）离心泵

离心泵口径尺寸不大于 16in 时，泵口承受载荷应满足制造商或 API 610—2010 关于管口的许用载荷要求。离心泵口径大于 16in 时，管口许用载荷应由制造商提供。

2）往复式压缩机

静力分析作用在往复式压缩机管口的力和力矩满足 NEMA SM23—2002 和/或制造商的要求。对于连接往复式压缩机（泵）等设备的管道，应进行动力分析。

3）离心式压缩机

作用在离心式压缩机管口的力和力矩满足 NEMA SM23—2002 和/或制造商的要求。

4）蒸汽透平和汽轮机

蒸汽透平和汽轮机管口所承受的载荷应满足 NEMA SM23—2002 和/或制造商的要求。

5)容器

作用于静设备管口的荷载不应超过设备制造商或专业规定的允许值,否则应与设备制造商或设备专业人员协商。

6)储罐

作用于储罐管口的荷载不应超过由设备制造商与设计单位协商确定的允许值。若设备制造商没有提出限制性要求,宜符合相关标准的规定。

3. 管道系统位移

管道系统的布置和支吊架设计应考虑管道位移的影响,以满足工艺、操作、检修等要求为宜。

4. 法兰核算

当管法兰承受外加轴向力或外加弯矩时,法兰可依据 GB/T 20801.3—2006《压力管道规范 工业管道 第 3 部分:设计和计算》中 6.4b 核算。

三、管道应力分析的方法和内容

1. 管道应力分析的方法

管道的应力分析应根据管道的类别(温度、压力、口径、壁厚、所连接的设备的荷载要求等)确定应力分析的方法和详细程度。通常可用以下方法对管道进行分类分析。

1)I 类管道

对于与运行良好的管道柔性相同或相似的管道,或与已分析管道相比具有足够柔性的管道,可以采用目测检验法。此类管道由应力分析工程师确定。

2)II 类管道

此类管道要求进行简单的分析,可采用公认的图表法或公式法等分析方法。可根据式(8-6)、式(8-7)对此类管道进行柔性检查,公式的适用条件如下:

(1)管段为同一直径,同一壁厚。

(2)管段仅在两固定端之间。

(3)管段无中间约束,无支管。

(4)仅用于地上管道。

(5)用于非极度危害或非高度危害介质的管道。

$$\frac{DY}{(L-U)^2} \leqslant 208.3 \tag{8-6}$$

式中 　D——管道外径，mm；

　　　　Y——管段总变形量，mm；

　　　　L——管段在两固定点间的展开长度，m；

　　　　U——管段两固定点间的直线距离，m。

$$Y = \sqrt{\Delta X^2 + \Delta Y^2 + \Delta Z^2} \tag{8-7}$$

式中 　$\Delta X, \Delta Y, \Delta Z$——管段在 X、Y、Z 轴方向的变形量，mm。

公式不适用于以下情况：

（1）管道的约束多于两个。

（2）需准确知道约束反力的管道。

（3）夹套管。

（4）管道的工作循环次数大于 7000 次。

（5）两固定点间的管径或壁厚有改变。

（6）非金属管道。

（7）大直径薄壁管。

（8）端点附加位移量占总位移量大部分的管道。

（9）$L/U>2.5$ 的不等腿 U 形管道或近似直线的锯齿状管道。

3）Ⅲ 类管道。

此类管道应严格进行计算机辅助计算分析。

下列管道宜采用计算机分析方法：

（1）操作温度大于 350℃ 或小于 46℃ 的管道。

（2）与载荷敏感的转动机械相连的工艺管道，如离心泵、鼓风机、离心式压缩机、往复式压缩机、透平等。

（3）与冷箱相连的工艺管道。

（4）大口径管道（DN≥1200mm）。

（5）非金属管道。

（6）其他的用图表法或公式法分析后，柔性不能满足要求的管道。

2. 管道应力分析的内容

管道应力分析分为静力分析和动力分析。

静力分析主要包括以下内容：

第八章　管道设计

（1）压力、重力等荷载作用下管道持续应力的核算，以防止管道塑性变形而破坏。

（2）热胀冷缩以及端点附加位移等位移荷载作用下管道位移应力范围的核算，以防止管道发生疲劳破坏。

（3）管道对机器、设备作用力的计算，以防止作用力过大，保证机器、设备的正常运转。

（4）管道支吊架的受力计算，为支吊架的设计提供依据。

（5）管道法兰的受力计算，以防止法兰泄漏。

（6）管系位移的计算，以防止管道之间碰撞或支吊点位移过大。

动力分析通常包括以下内容：

（1）往复压缩机（泵）管道气（液）柱固有频率分析，以防止发生气（液）柱共振。

（2）往复压缩机（泵）管道压力脉动分析，以控制压力脉动值。

（3）管道固有频率分析，以防止管系发生共振。

（4）管道强迫振动响应分析，以控制管道的应力及振动。

（5）冲击荷载作用下的管道应力分析，以避免管道振动和应力过大。

（6）管道地震分析，以防止管道地震应力过大。

管道应力分析结果应能满足以下要求：

（1）管道上各点的持续应力应满足标准规范的要求。

（2）管道上各点的位移应力范围应满足标准规范的要求。

（3）管道对机器、设备管口的推力和力矩应在许用的范围之内。

（4）管道对支吊架和土建结构的作用力应在允许的范围之内。

（5）往复压缩机（泵）管道的固有频率应避开共振区。

（6）管道的位移量应能满足管道布置的要求。

（7）输油、输气管道的刚度和稳定性应满足标准规范的要求。

在分析结果满足上述要求后，应编制相应的计算书，并向相关专业提交应力分析计算报告，其主要内容如下：

（1）主要输入数据。

（2）管道持续应力和位移应力范围校核结果。

（3）管道各约束点、支撑点的受力。

（4）各节点各类工况下的位移量。

（5）弹簧支吊架、膨胀节、拉杆等特殊支架的相关信息。

（6）敏感设备管口荷载的校核结果。

（7）管道的最终走向示意图或轴测图，包括各支撑点的位置、类型、节点号、特殊说明等相关信息。

随着计算机的发展和普及，管道的应力分析能力快速提升。目前，国内外通用的应力分析软件有 CAESAR Ⅱ、AUTOPIPE、ANSYS 等，每个程序都有其侧重点。

四、液化天然气接收站工程管道应力分析特点

随着国内 LNG 需求量日益增多，LNG 接收站工程的规模越来越大，管道口径也越来越大，外输压力也越来越高，因而设计难度随之加大。同时，LNG 本身易燃易爆，危险性高，这就使得管道应力分析工作更加重要和关键。与化工装置相比，LNG 管道布置有其自身的特点，且应力分析工作也有其侧重点，具体如下：

（1）特别关注各种设备的条件。

与以往的石化项目相比，LNG 项目中所采用的设备都比较独特和少见，如卸料臂、LNG 全包容式储罐、BOG 压缩机、LNG 高低压泵、ORV、SCV、IFV、计量器、海水泵等。在与各设备供应商谈判或咨询时，一定要多关注它的设备形式、工作特点，并关注设备管口的初始位移和许用荷载条件，以便项目中的管道布置和设计计算能更好地满足各项设计要求。

（2）栈桥位移。

接收站工程通常从码头接收 LNG，卸料管道经过栈桥跨越海墙运送至罐区。栈桥从海面升起，在海浪漂浮和冲击作用下，相邻桥墩间会产生较大的相对位移。设计中应充分考虑此位移对管道的影响。

（3）回气风机管道的设计。

如果栈桥很长，可能需要增加回气风机设备以增加 BOG 的压力，使其能返回卸料船舱。回气风机可以近似认为是离心式压缩机，管口荷载要求很苛刻。管道布置和管架设计时需要精心核算，以满足设备厂商要求。

（4）液相管道尽量减少高袋或低袋。

考虑到液相物料在开、停车等工况易产生振动，且在紧急停泵或阀门切断时易产生水锤，管道布置时需尽量减少高袋或低袋，在 π 形补偿器处宜采用水平布置的方案，见图 8-1。因此，设备布置时应为 π 形补偿器设置预留空间。

第八章 管道设计

图 8-1 管道布置图

（5）LNG/NG 管道宜使用自然补偿。

（6）LNG 管道介质多为液相，且输送管径较大，在紧急停泵或阀门切断时因压力骤然降低易产生水锤现象，对管道产生很大的水锤冲击，易造成管道冲击破坏。因此，在管道设计中，应考虑此荷载对管道的影响。

（7）弓形弯曲计算。

当管道中刚刚通入冷态介质时，管道的底部和顶部之间存在温度差。通常当管径不小于 6in 时，考虑该温度差引起的弓形弯曲现象。

第四节　管架设计

一、管架类型

管道支吊架是用以承受管道荷载，限制管道位移，控制和抑制管道振动，并最终将荷载传递至承载结构或地面基础上的各类支、托、吊、拉组件组合的支撑结构及控制装置。

管道支吊架是由一个或几个零部件构成的组件，这些部件通常分为附管部件、生根部件和中间连接件三部分。用于管道系统的支吊架按其作用通常分为以下几类。

1. 固定支吊架

（1）限制管道线位移及角位移。

（2）防止因热胀冷缩或机械位移、盲板力等使设备或机械管口及管道其他薄弱部位承载过大推力和弯矩。

2. 导向支吊架

导向支吊架可控制管系径向位移。

3. 限位支吊架

限位支吊架可约束管道轴向位移。

4. 刚性支吊架

刚性支吊架用来承受管道及其组件、介质及保温层等的重量。

5. 弹簧支吊架（可变/恒力弹簧）

弹簧支吊架是有竖直位移的管道支撑。

6. 防振支架（阻尼器）

防振支架用来约束管道系统可能发生的振动。

二、管架的设计原则

1. 管道支吊架基本设计原则

（1）管道系统的设计应确保所有的管道支吊架具有足够的强度和合适的刚度。

（2）管道支吊架的材料应选用钢材，并符合 GB/T 17116.1—1997《管道支吊架 第 1 部分：技术规范》的规定。

（3）对于水平管道，支吊架与相临设备或与相临支吊架之间的最大间距应符合 GB/T 17116.1～17116.3—1997《管道支吊架》等相关标准的规定。

（4）管道支吊架的设计应保证其与管道连接处不会产生过大的局部弯曲应力，且不会使管子压扁。有循环荷载的场合，应尽量减小连接处的应力集中。

第八章 管道设计

2. 确定管道支吊架位置的要点

（1）承重架距离应不大于支架的最大间距。

（2）尽量利用已有的土建结构的构件支撑，及在管廊的梁柱上支撑。

（3）在垂直管段弯头附近，或在垂直段重心以上做承重架，垂直段长时，可在下部增设导向架（当载荷大时，可采用弹簧架分载荷）。

（4）在集中荷载大的管道组成件附近设承重架。

（5）尽量使设备接管的受力减小。如支架靠近接管，对接管不会产生较大的热胀弯矩。

（6）考虑维修方便，使拆卸管段时最好不需做临时支架。

（7）支架的位置及类型应尽量减小作用力对被生根部件的不良影响。

（8）管道支吊架应设在弯管和大直径三通式分支管附近。

（9）对于需要作详细应力计算的管道，应根据应力计算结果设计管架。

（10）在敏感的设备（泵、压缩机）附近，应设置弹簧支架，以防止设备承受过大的管道荷载。

（11）往复式压缩机的吸入或排出管道以及其他有强烈振动的管道，宜单独设置有独立基础的支架（支架生根于地面的管墩或管架上），以避免将振动传递到建筑物上。

（12）除振动管道外，应尽可能利用建筑物、构筑物的梁柱作为支架的生根点，且应考虑生根点所能承受的荷载，生根点的构造应能满足生根件的要求。

（13）管道支吊架应设在不妨碍管道与设备连接和检修的部位。

3. 管道布置过程中对支吊架位置的考虑

（1）管道走向首先要满足安全生产、工艺要求，保证操作方便、安装维修方便。

（2）管道尽量集中布置，如成排布置，便于做联合支架，尽量减少分散独立设置的柱式架，保证整齐美观。

（3）管道布置应靠近可能做支架的点。

（4）管道成组布置时，各管道的被支撑面应取齐，即水平管管托底面和不保温管的管底应取齐，竖直管管托底面和不保温管的管底应侧齐，以便设计支架。

（5）采用弹簧支座或吊架时，管道与生根构件之间应有足够的空间。

4. 管道支吊架选用的原则

(1) 在选用管道支吊架时,应按照支撑点所承受的荷载大小和方向、管道的位移情况、工作温度、是否保温或保冷、管道的材质等条件选用适合的支吊架;对于冷管,在管架设计时,应该有防止冷桥产生的措施。

(2) 设计管道支吊架时,应尽可能选用标准管卡、管托和管吊。

(3) 下列情况,不得采用焊接型的管托和管吊:

① 管内介质温度不小于400℃的碳素钢材质的管道。

② 低温管道。

③ 合金钢材质的管道。

④ 生产中需要经常拆卸检修的管道。

⑤ 架空敷设且不易施工焊接的管道。

⑥ 非金属衬里管道。

⑦ 需热处理的管道(消除应力)。

(4) 为防止管道过大的横向位移和可能承受的冲击荷载,以下情况宜设置导向管托,以保证管道只沿着轴向位移:

① 可能产生振动的两相流管道。

② 横向位移过大,可能影响邻近管道时。

③ 固定支架之间的距离过长,可能产生横向不稳定时(柱失稳)。

④ 为防止法兰和活接头泄漏要求管道不宜有过大的横向位移时。

(5) 当架空敷设的管道热胀量较大时,应选用加长管托,以免管托滑到管架梁下。

(6) 凡支架生根在设备上时,应向设备专业提出所需预焊件的条件。

(7) 对于荷载较大的支架位置要事先与相关专业联系,并提出支架位置、标高和载荷等情况。

(8) 当需要限制管道轴向位移时,应考虑设置限位架。

(9) 安全阀出口管道的支架要高度重视,其刚度及强度应足以抵抗安全阀泄放时冲击荷载的作用。

5. 管道固定点的设置

(1) 对于复杂管道可用固定点将其划分成几个形状较为简单的管段,如L形管段、U形管段、Z形管段等,以便进行分析计算。

(2) 确定管道固定点位置时,使其有利于两固定点间管段的自然补偿。

(3) 选用π形补偿器时,宜将其设置在两固定点的中部。

(4) 固定点宜靠近需要限制分支管位移的地方。

第八章　管道设计

（5）固定点应设置在需要承受管道振动、冲击荷载或需要限制管道多方向位移的地方。

（6）进出装置的工艺管道和非常温的公用工程管道，宜在装置分界处设固定点。

6. 管架的防腐

管道支吊架应依据项目的涂漆工程规定进行必要的防腐处理。

7. 低温管道管架的设计

1）低温管道管架的设计原则

低温管道的管架应能承受所有情况下的荷载，包括泡沫与管道之间不同收缩量导致的温差应力，沿保冷厚度方向产生的温度梯度变化导致的温差应力、管夹力，管道在管架上的机械荷载。HDPIR（或与其相当的材料）的保冷层的设计根据操作条件进行，包括HDPIR（或与其相当的材料）保冷层与管道间的不同膨胀和收缩量。

2）低温管道管架的类型

（1）承重架和导向架。

① 承重架和导向架的保冷层依据保冷厚度的不同分单层结构和多层结构，并且每一层由两个半管状无缝HDPIR（或与其相当的材料）组成。各层总层厚与管道的保冷厚度相同，且每条接封的位置要错开布置。

② 装配管架时，要有一层比金属管夹长的防潮层，并再覆盖一层金属薄片。各层HDPIR（或与其相当的材料）、防潮层和金属片的长度都应超出管夹的长度。

（2）固定架和限位架。

① 固定架和限位架的设计要考虑能承受较大的荷载，它们要由供应商专门设计。

② 这两类管架宜在制造厂预先装配，并整体由供货商提供。

③ 与管子连接的用于补强的筋板的材料应与主管相同或相当。

④ 外部管夹和钢板选用镀锌碳钢。

⑤ 在管子与管夹之间是高密度PIR（或与其相当的材料）。其密度根据管架所承受的荷载决定。

⑥ 所有暴露在外面的发泡PIR（或与其相当的材料）切割面在预制期间，应有防潮措施。

第五节　设备及管道布置

一、设备布置

1. 设备布置的原则

1）一般原则

在满足工艺流程要求的前提下,设备尽量按物流走向顺序布置,考虑设备安装、检修、操作和各种规定、规范等要求。设备布置的确定,通常是先确定出一个初步的设备布置方案,然后进行管道走向研究,同时依据管道应力分析工程规定和临界管道表进行初步的应力分析,确定出最终的设备布置方案。所得到的最终设备布置方案,满足工艺操作、设备安装、维修及工艺管道配置整齐、美观等多方面的要求。

接收站的设备布置,应综合考虑到以下各个方面:

(1) 现场条件。

(2) 地质条件。

(3) 风向。

(4) 环境条件。

(5) 公用工程。

(6) 气候条件。

(7) 今后的需要。

2）安全原则

(1) 对设备尽可能地考虑事故因素,并按其分组,在可行时与其他区分开布置。

(2) 控制室、实验室等建筑物应布置在非防爆区。

(3) 道路布置应考虑消防车易通行并避免死端。

3）操作原则

(1) 对于要求操作人员频繁接近的设备,应考虑离控制室最近或直线走向。

(2) 控制室和配电室应靠近马路并容易通行,方便紧急事故时人员疏散。

第八章 管道设计

4）维修原则

（1）对于设备内芯更换、催化剂的添加、频繁的内部清理等要求，应考虑布置维修工作区。

（2）当设备的维修需要移动式吊车时，应考虑吊车通道。

（3）高架设备的外壳或内芯需频繁降低时，应在高架设备通道侧地面提供备用空地。

5）施工原则

（1）对要吊装的大设备或塔，工厂应设计足够的吊车通道。

（2）应考虑未来改扩建时的施工便利。

6）物流原则

设备应按物流逻辑顺序布置，以便满足经济、安全的要求，方便操作和维修。

7）经济原则

各单元装置的设备应布置紧凑和完整。

8）美观原则

（1）建筑物、钢结构和设备群组应有整齐的外形、对称的布置。

（2）管路应有序地布置在工厂的管墩和管廊上。

2. 设备布置的要求

LNG接收站现场大致可按马路或防护要求分区，见表8-7。

表8-7 装置区划分

装置区	装置名称
工艺装置区	主要工艺装置
	LNG储罐
辅助装置区	公用工程系统设施
	污水处理设施
	装车装置（产品）
	其他

1）工艺装置区的布置

（1）现场装置和设备的布置首先要保证安全和满足工艺要求，同时考虑便于操作和维修。

（2）装置和设备的布置应紧凑和集中，同时在事故发生时也易于识别并与其隔离。

（3）工艺装置应布置成长方形。

（4）当工艺装置由几个工段组成时，应考虑经济因素，尽量按物流逻辑顺序布置。

（5）要考虑特殊毒害物或可燃性气体泄漏对现场区或界区外的人影响最小，理想的布置应考虑地形因素及季风因素。

2）LNG 储罐的布置

（1）LNG 储罐间距或储罐与其他设备或建筑物间距应遵循 GB 50183—2015 的要求。所有储罐应集中按顺序布置，要排列整齐。

（2）所有连接储罐的管道都从罐顶连接。

3）管廊的布置

（1）总则。

接收站管道一般架空敷设在管廊上，管廊应处于易于与主要设备联系的位置，LNG 接收站管廊一般采用双层结构，储罐区管道可敷设在管墩上。

（2）高度。

管廊的最低层高度应按下列条件定：

① 为了移动、维修设备（泵、热交换器的管箱），需保持一定的架空净距。

② 安装在管廊下的热交换器和容器需要配管空间。

③ 管廊下需要为维修车（如叉车）保持通行空间。

④ 马路上的汽车需要通行空间。

（3）预留空间。

① 接收站所有的管廊/管墩应提供至少管廊宽度的 10%的安装预留空间。对于多层管廊，百分比是指所有层宽度而不是每一层的宽度。

② 接收站内应考虑远期规划所需的管廊/管墩的空间。

4）火炬系统的布置

火炬系统距周围的设备要有足够的安全距离。

5）码头和栈桥的布置

（1）码头上布置 LNG 卸船臂和蒸发气回流臂。

（2）在卸船臂周围需要足够空间以便在任何情况下都可以操作。

（3）LNG 卸船臂和蒸发气回流臂的布置顺序应满足卸船需要。

（4）栈桥连接码头和装卸站。栈桥由管廊（或管墩）和通道构成。管廊（或管墩）支撑低温卸料管道及其他管道，通道用于机动吊车或消防车辆

第八章 管道设计

（5）控制室设置在码头或栈桥上。

6）BOG 压缩和处理系统的布置

蒸发气处理系统主要包括蒸发气压缩机组、蒸发气缓冲罐、蒸发气回流鼓风机、再冷凝器等主要设备。压缩机房需满足检维修要求。

7）浸没燃烧式汽化器的布置

浸没燃烧式汽化器与其他设备保持最少 15m 净距。

3. 安全距离及通道设计要求

（1）除非另有规定，在工厂内设备或设施到公共建筑物、马路等之间的安全距离一般应按所选用的规范确定。相邻设施之间的安全距离也应按所选用的规范确定。

（2）应设计卡车、可移动吊车及事故运输工具等通过的道路。

（3）主要道路应不在危险区内。

（4）所有的道路应尽量取直路。

（5）为便于装置的操作和维修，应设梯子、平台、台阶或临时设施，以便操作人员接近。

（6）要考虑消防人员进出，以及紧急情况下人员逃离的通道。

（7）当通道要求通过管墩时，应提供带栏杆的跨桥。

（8）在钢结构和建筑物内主要操作和使用层的通道和出口处设置扶梯。

（9）对于下述平台，也应设置扶梯：

① 钢结构平台面积不小于 $50m^2$，位置在不小于 9.0m 高处。

② 平台上设备或仪表在紧急时需要操作。

③ 离地或离开其他平台 1.5m 以上，平台的设备需要频繁操作。

（10）直爬梯的斜度应不超过垂直方向 15°。

二、管道布置

1. 管道的一般布置及设计原则

（1）管道布置设计应符合 GB 50316—2000《工业金属管道设计规范（2008版）》和 SH 3012—2011《石油化工金属管道布置设计规范》相关规定，压力管道类别、级别的划分应符合 TSG R1001—2008《压力容器压力管道设计许可规则》附件 B3 条的相关规定。

（2）设计必须符合管道仪表流程图（PID）的设计要求，并保证安全、可靠、经济合理。

（3）满足施工、操作、维修的前提下力求美观。应使管道系统具有必要的柔性。在保证管道的柔性及管道对设备、机泵管口的作用力矩不超过允许值的情况下，应使管道最短、管件最少。

（4）除了排液、排污和其他特殊用途的管道之外，界区内所有管道一般应在地上布置。不能设在管廊上的管道也可以布置在管墩上。如确有需要，埋地或地沟敷设。应采取防止可燃气体、液体及液化烃在沟内积蓄的措施。

（5）架空支撑或管墩上的管道在走向改变时，宜改变标高。特殊管道（如塔顶管道、带坡度管道、气流输送管道、重力流管道等）宜用最少的弯头布置。

（6）管道布置不应妨碍设备、机泵及其内部构件的安装、检修和消防车辆通行，并且要考虑管道和设备的组装及拆卸。

（7）管道系统应有正确和可靠的支撑，避免发生管道同它的支撑件脱离、扭曲、下垂或立管不垂直等现象。

（8）所有的管道布置中应避免"袋形"。否则，应根据操作、检修要求设置放空、放净。对于管道及仪表流程图（PID）标明"无袋形"的管道，配管布置不应有"袋形"。此外，管道布置应减少"盲肠"。

（9）气液两相流的管道由一路分为两路或多路时，其管道布置应考虑对称性或满足管道及仪表流程图（PID）的要求。

（10）除特殊需要或管道等级规定外，管道的连接应采用焊接连接。

（11）布置腐蚀介质或有毒介质的管道时，应避免由于法兰、螺纹和填料密封等泄漏而造成对人身和设备的危害。

（12）在易产生振动的管道（往复式压缩机出口管道），分支管宜顺介质流向斜接。

（13）对于跨越、穿越厂区内铁路和公路的管道，其跨越段或穿越段上不得安装阀门、金属波纹管补偿器和法兰、螺纹接头等管道组成件。

（14）可燃气体、液化烃（即可燃液体）的管道，不得穿越与其无关的装置及建筑物。

2. 低温管道布置注意事项

（1）通常用于低温管道的奥氏体不锈钢的线性膨胀系数比碳钢大，则奥氏体不锈钢的位移量也大，且多数不锈钢管的壁厚小、强度低，配管设计应进行应力分析并综合考虑设置合理的管道支架。具体要求详见本章第三节管道应力分析设计和第四节管架设计。

（2）考虑管道的移动，管道与相邻管道、设备及与梁之间应留有足够的

第八章　管道设计

间隙。法兰和阀门处的保冷厚度大，配管时应留有足够的间隙。当保冷管道贯穿楼板时，应加大预留孔，配管时应避开梁，注意管道与梁之间的距离。

（3）低温管道上靠近弯头或三通处，不应直接焊接法兰，为拆卸法兰不破坏管道上的保冷层，需加一段管子后再焊接法兰。

（4）低温液体管道：阀门不得安装在立管上，水平管道上阀门的阀杆应垂直向上或在向上45°的范围内。

（5）低温气体管道：阀门的阀杆方向不得低于水平面如下。

（6）有泄压孔的低温球阀或闸阀，应注意按照工艺流程的要求来确定安装方向。

第六节　防腐涂漆设计

一、LNG接收站防腐涂漆设计要求

在储存、施工、制造、试验和使用过程中，应保护管道系统（含奥氏体不锈钢），使腐蚀性大气和工业品引起的腐蚀和点蚀减到最小。不应使用对管道或管道组件有腐蚀性的包装材料。奥氏体不锈钢在做隔热前应该涂漆，且绝热材料的氯离子含量不超过标准要求。防腐涂漆的设计，应该能够有效减缓操作条件及环境条件（考虑海洋环境）对管道系统的腐蚀，选择经济合理的涂漆系统。管道防腐涂漆具体参考标准见表8-8。

表8-8　管道防腐涂漆参考标准

规范名称	规范代号
《工业管道的基本识别色、识别符号和安全标识》	GB 7231—2003
《涂覆漆料前钢材表面处理　表面清洁度的目视评定　第1部分：未涂覆过的钢材表面和全面清除原有涂层后的钢材表面的锈蚀等级和处理等级》	GB/T 8923.1—2011
《化工设备、管道外防腐设计规范》	HG/T 20679—2014
《石油化工设备和管道涂料防腐蚀设计规范》	SH/T 3022—2011
《油气田地面管线和设备涂色规范》	SY/T 0043—2006

二、防腐涂漆应用场所及工程规定

1. 涂漆的场所
1）涂漆的范围
（1）静设备和现场预制的容器及球罐的成型板的外表面。
（2）所有钢结构（包括钢结构的预制件和管架的型钢）。
（3）碳钢的管子、法兰和管件外表面。
（4）接收站所应用的不锈钢材料均须涂漆。
（5）下列设备在制造厂车间内将完成全部底漆和中间漆的涂覆：
① 在制造厂的车间完全焊接的压力容器和塔（包括分成两部分的塔）。
② 在制造厂的车间完全焊接的换热器。
（6）下列设备在制造厂车间内将完成全部底漆和面漆的涂装：
① 阀门。
② 完全在制造厂车间组装的泵、鼓风机和压缩机及其附件。
③ 电动机、电气设备和仪表、仪表盘。
④ 在制造厂的车间完全焊接的小尺寸常压罐。
⑤ 制造厂标准设备。
⑥ 现场组装的大尺寸泵和鼓风机。
2）不需要涂装的范围
（1）非铁基材料制成的管道及配件的外表面。
（2）由不锈钢、铝、黄铜、塑料、镀锌件、玻璃钢材料制造的所有设备、管子、管件和其他部件。
（3）铭牌和标记号。
（4）机器的精加工部件（如阀杆、调节阀门的填料部件、控制弹簧杆、旋转轴或其他滑动装置，透平机、发动机和电动机的表面罩等）。
（5）不需涂漆的保温外表面（如铝皮、镀锌铁皮等）。
（6）工艺或非工艺设备已与外界环境隔绝的内表面。
（7）已精加工的表面。

2. 涂漆工程规定
1）现场涂漆
（1）现场车间涂漆。
管子、管件、阀门、钢结构、小型设备以及其他可在现场车间完成涂漆

第八章 管道设计

工作的零部件,应在现场车间进行全部的表面处理及涂漆,当作为临时保护措施的底漆与现有涂装用涂料不配套时,应将旧漆膜完全清除。

(2)现场涂漆和补漆。

① 已在车间涂完底漆的部件,应在现场完成涂漆。

② 对在制造厂车间已涂面漆部件的被损坏的涂漆区域应再进行修补涂漆。

③ 任何没有涂漆的部件在现场需要涂漆的,在进行涂漆前表面处理后,再涂装底漆、中漆和面漆。

2)表面处理

(1)金属表面预处理。

① 去除金属表面的油脂、蜡、污点及其他表面异物。

② 喷砂前用机械方法去除毛刺、突起及氧化皮,将尖端导圆。

③ 喷砂前后,应仔细检查焊缝有无焊瘤、飞溅物、毛刺、异物、尖锐突起、焊渣、氧化皮等缺陷。瑕疵应被机械移除,焊接气孔缺陷修补后重新喷砂。施工期间,开口的容器、管道和其他附件应有适当的保护,避免磨料进入。

(2)碳钢表面的喷砂处理。

① 检查表面粗糙度,满足标准中每种涂漆系统的表面粗糙度要求。

② 磨粒无污染且符合当地及国家的健康标准。

③ 磨料应干燥、清洁、无污物。磨料的类型、大小满足相应表面的要求。

④ 喷砂作业区远离喷漆作业区以及油漆未干的区域。

⑤ 喷砂操作应远离旋转设备、机械以及仪表的机械控制机构。

⑥ 金属表面温度低于露点温度以上3℃或空气湿度大于85%,或天气有风、有雨时,应禁止喷砂操作。

⑦ 喷砂用的压缩空气应该无油、无水。

⑧ 喷砂操作仅在白天及日落前对要喷涂底漆的表面进行(不适用于封闭的车间)。

⑨ 喷砂操作前,法兰密封面应采取措施加以保护。

⑩ 喷砂后涂漆前,酸洗、溶剂清洗、抑制剂等防锈措施不适用。

⑪ 如果喷砂处理不切实际或对邻近设备有损害时,可使用手工或机械清理代替。在这种情况下,污物、锈蚀、疏松的氧化皮可通过手工的铲、刮、刷、磨或手动电动工具(电动钢刷等)等方法去除,使表面呈现金属光泽。

(3) 不锈钢表面的喷砂处理。
① 金属表面预处理和碳钢表面的喷砂处理同样适用于不锈钢表面。
② 磨料应不含铁素体微粒,氯离子含量低。
③ 喷砂操作应在隔离的空间内执行,避免铁污染。

3) 施工要求
(1) 应按照涂漆生产商的要求进行涂装。
(2) 涂装应保证涂层表面光滑、厚度均匀。不允许涂层深浅不一、存在有害刷痕。应保证拐角和缝隙都能涂刷到。油漆干燥前,应抹平流痕或下垂点。
(3) 在涂装前(不包括无机硅酸锌底漆),应对外角、边缘、焊缝、螺栓、螺母、缝隙等部位(不包括镀锌表面)事先涂刷,以保证这些部位满足最小的干膜厚度要求,从而保证涂层均匀一致。
(4) 在喷砂处理后,应遮盖涂漆后还需要焊接的部位。涂漆完成后,应去除遮盖物。
(5) 在以下工况时不应进行涂装操作:
① 当表面温度没有比露点温度高 3℃ 以上时。
② 对于环氧漆,当空气的相对湿度大于 85% 时;对于硅酸锌漆,当空气的相对湿度大于 90% 时(应按照制造商的推荐)。如果在涂漆后的 2h 内天气会发生变化,且该变化能导致温度低于规定值(10～49℃ 或制造商推荐的温度范围)或导致湿气在表面形成雨滴或凝露时。
(6) 在喷砂处理前,应遮盖保护好铭牌,以免接触到磨砂和涂漆。
(7) 目测固化后的涂层,应该无针孔、空隙、气泡、夹土裂纹和其他漏涂点。
(8) 在最后组装之前,应先涂刷按照正常的涂刷方法不能涂刷到的表面,检查按照正常的检查方法不能检查到的表面。特别注意,法兰和螺栓孔在最后安装前应先涂漆。
(9) 在涂刷下一道油漆前,已涂刷的涂层应在现场环境下干燥,干燥时间不应小于涂漆制造商指定的最小时间,同时也不能大于最大时间。除非推荐使用湿型油漆,在前一道涂层没有彻底干燥前,不能进行下一道涂层的施工。
(10) 在室外进行的表面处理和涂装工作应在白天进行(封闭车间不适用)。
(11) 不需要涂漆的表面应采取适当的保护措施,以防受到喷砂和涂漆的

第八章 管道设计

影响。如果其表面溅上涂漆，则应仔细清除。

第七节 绝热设计

一、LNG 接收站绝热设计原则

1. 管道隔热设计原则

LNG 接收站项目中隔热分为两大类：保冷和保温。

在工程图、P&ID 流程图和管道表中隔热的分类和符号见表 8-9。

表 8-9 隔热类别及符号

种类	符号	类别说明	隔热材料
保冷	IC	LNG、NG 保冷	PIR+泡沫玻璃
	PP	保冷人身防护	PIR 或铁丝网
	IW	防结露	泡沫玻璃
保温	IH	常规保温	矿物棉
	E	电伴热	矿物棉
	HP	保温人身防护	矿物棉

1) 保冷相关概念

（1）保冷。

保冷是指为减少周围环境中的热量传入低温设备和管道内部，防止低温设备和管道外壁表面凝露，在其外表面采取的包覆措施，在流程图和管道表中表示为"IC"。

（2）保冷人身防护。

保冷人身防护是指为确保低温条件下的操作安全，操作温度在 0℃以下但不考虑冷量损失的低温管道应进行人身防护，在流程图和管道表中表示为"PP"。

（3）防结露保冷。

防结露保冷是指为了防止低温管道外表面结露，在低温设备和管道可能出现结露的位置应进行防结露保冷,在流程图和管道表中表示为"IW"。

(4) 保冷厚度。

保冷厚度由计算得出。

2) 保温相关概念

(1) 保温:为减少设备、管道及其附件向周围环境散热,在其外表面采取的包覆措施,在流程图和管道表中表示为"IH"。

(2) 电伴热保温:为防止工厂水系统在 0℃以下凝结,采用的电伴热方法以确保其温度在5℃左右,在流程图和管道表中表示为"E"。

(3) 保温人身防护:为确保操作安全,操作温度在60℃以上但不考虑热量损失的管道应进行保温人身防护,在流程图和管道表中表示为"HP"。

3) 相关标准

表8-10 中标准和规范须按照被认可的最新版本执行。

表8-10 绝热设计标准

规范类型	规范名称	规范代号
中国标准	《工业设备及管道绝热工程设计规范》	GB 50264—2013
	《设备及管道绝热设计导则》	GB/T 8175—2008
	《石油化工设备和管道绝热工程设计规范》	SH/T 3010—2013
ASTM标准	《不锈钢和耐热Cr-Ni钢板 薄钢板及带材标准规范》	ASTM A167—2009
	《热浸镀铝钢薄板标准规范》	ASTM A463—2015
	《测量绝热材料压缩性的试验方法》	ASTM C165—2012
	《稳态热通量和热传导性能的标准试验方法》	ASTM C177—2013
	《预制的块状隔热材料密度的试验方法》	ASTM C303—2010
	《用热流计法测定稳态热通量和热传递特性的试验方法》	ASTM C518—2010
	《蜂窝状玻璃隔热材料》	ASTM C552—2014
	《非表面加工用预制刚性蜂窝状聚氨基甲酸乙酯绝热材料》	ASTM C591—2013
	《用共振现象对玻璃和玻璃陶瓷材料的杨氏模量、剪切模量及泊松比的试验方法》	ASTM C623—2015
	《用于可浸出氯化物、氟化物、硅酸盐及钠离子的绝热材料的化学分析方法》	ASTM C871—2011
	《从-30~30℃的塑料线性热膨胀系数的试验方法》	ASTM D696—2008

第八章　管道设计

续表

规范类型	规范名称	规范代号
ASTM 标准	《硬泡沫塑料抗压性能的试验方法》	ASTM D1621—2010
	《硬泡沫塑料表观密度的测定方法》	ASTM D1622—2014
	《硬泡沫塑料拉伸性能的测定方法》	ASTM D1623—2009
	《建筑材料表面特性的标准测试方法》	ASTM E84—2015
	《材料水蒸气传输的标准测试方法》	ASTM E96—2014
	《用动态相对湿度测量测定薄片材料的水蒸气透过率的测试方法》	ASTM E398—2013
Britis 标准	《建筑材料和构件的燃烧试验 第 7 部分：测定制品火焰表面蔓延分类的试验方法》	BS 476—2009
	《线性膨胀系数》	BS 4370—1998

二、绝热设计的工程规定

1. 隔热工作前准备工作

隔热工程实施前，应该完成管道的焊接、水压试验和气压试验。隔热材料及辅助材料应保持干燥，远离污染物，正确存放。预制的 PIR（三聚酯）应注意防潮，避免紫外线的照射。要隔热的表面应无油脂、灰尘、蓬松表皮及其他异物。对于要隔热的涂漆表面，如果必要且在业主同意的情况下，可以用手工刷扫、手工去脂等办法达到要求的清洁度。施工前保持隔热表面的干燥。施工必须在干燥情况下进行且温度要大于露点温度。

2. 隔热设计（保冷设计）

1）水平管道的保冷

多层的保冷材料交错排列包裹管道形成保冷层。

（1）"IC" 型管子保冷设计。

保冷结构采用复合式设计，一层为 PIR（用在内层和中间层）材料和一层泡沫玻璃（用在外层），具体层数、厚度及材料需要经过保冷计算确定。

保冷结构应充分考虑隔热效果、防潮、防火、防腐等工艺要求。

（2）"PP" 型管子保冷设计。

一层或两层硬的、成型的 PIR（三聚酯）材料用于管道保冷人身防护，具体层数及厚度见保冷人身防护厚度表。"PP" 型保冷管道仅在 PIR 最外层进行隔潮，不再实施二次隔潮。"PP"型保冷安装原则等同于"IC"型保冷。镀铝铁皮为外保护层，铝皮和不锈钢板也可作为外保护层。

2）垂直管道的保冷

垂直管道的保冷设计同水平管道，但伸缩头的最大间距较水平管小。每个伸缩接头处，保冷材料都将用不锈钢圈支撑，不锈钢圈焊接在立管上。

3. 材料特性

1）保冷材料

（1）硬质三聚酯。

三聚酯（PIR）泡沫应当是闭孔型结构，性能符合 ASTM C591—2013 的要求。硬质 PIR 发泡应依照 CINI 2.7.01 或相等标准。PIR 应在工厂制造和进行硬质泡沫处理，成型并剪切成板层、坡口段或半管部件。主要特性如下：

① 密度：（42±2）kg/m^3。

② 应用温度：-200～120℃。

③ 用于现场施工的材料热传导率：≤0.021W/(m·K)（在20℃，时效180d）；≤0.022W/(m·K)（在-50℃，时效180d）；≤0.021W/(m·K)（在-100℃，时效180d）；≤0.019W/(m·K)（在-120℃，时效180d）；≤0.016W/(m·K)（在-160℃，时效180d）。

④ 送样测试的热传导率：≤0.019W/(m·K)（新鲜试样在室温～+20℃）。

⑤ 闭孔率：90%。

⑥ 不含 CFC（氯氟烃）。

⑦ 吸水质量百分比：≤0.5%。

⑧ 水蒸气渗透系数：≤0.8g/(m^2·h·Pa)在230℃和相对湿度为50%时）。

⑨ 抗压强度23℃时≥200kPa（各个方向）；-165℃时≥280kPa（各个方向）。

⑩ 线性膨胀系数 23℃时≤70×10^{-6} m/(m·K)；-165℃时≤570×10^{-6} m/(m·K)

⑪ CL^-含量：≤60mg/kg。

⑫ pH 值：在 6.0～7.0 之间。

⑬ 三聚脂（PIR）应该采取防护紫外线辐射的措施。

⑭ 可燃性：火焰蔓延指标＜25。

（2）泡沫玻璃。

泡沫玻璃（Cellular Glass）的性能符合 ASTM C552—2014 的要求。主要特性如下：

① 密度：（125±10%）kg/m^3。

② 应用温度：-200～400℃。
③ 渗水率：0。
④ 抗压强度：≥490kPa。
⑤ 线性膨胀系数：≤9×10^{-6}m（m·K）。
⑥ 防火性：不燃。火焰扩张指数＜5。
⑦ 导热系数：10℃时 0.040 W/（m·K）；0℃时 0.038W/（m·K）。

（3）聚氨酯泡沫。

阀门、法兰保冷用的聚氨酯泡沫（Polyurethane foam）的特性如下：

① 注入密度：44kg/m³，0/+10kg/m³。
② 不含 CFC。

（4）辅材包括密封剂、一次隔潮层、二次隔潮层、胶带、不锈钢带、伸缩接头处用玻璃纤维毯、丁基橡胶及附件、隔汽胶、外保护层、外保护层附件、玻璃纤维毯。辅材的选择应满足主体材料的匹配要求及相关标准规范的要求。

2）保温材料

矿物棉的主要特性如下：

（1）密度：≤200kg/m³。
（2）应用温度：≤250℃。
（3）导热系数：≤0.044W/（m·K）。

第九章 自动控制系统设计

第一节 设计说明

一、设计要求

1. 总则

仪表及自动控制系统按照以下原则进行设计:

(1) 严格遵守国家的法律法规,执行国家及行业最新版本或国际上公认的、最新版本的标准及规范。

(2) 仪表与自动控制系统将监视和控制卸船码头和接收站的运行,保证人身、环境、设备安全。

(3) 自动控制系统必须具有高可靠性、稳定性和灵活性,以保证生产安全可靠、连续运行。

(4) 在保证安全的前提下,确保为下游管道用户连续供气。

(5) 充分利用接收站资源,使其以最低的运行成本、最优的工况正常运行。

(6) 符合 HSE 的要求。

(7) 成套供货设备的控制系统,通过以太网或串行数据通信与 DCS 连接,用于紧急联锁的输入和输出信号采用硬线连接。

(8) SIS 安全仪表系统应为故障安全型。SIS 系统中与电气连接的控制信号采用硬线。

LNG 接收站采用的自动控制设备、系统及材料应是技术先进、性能价格比高、能满足所处环境和工艺条件、在工业应用中被证明是成熟的产品。

第九章 自动控制系统设计

2. 设备及材料选型原则
1）仪表选择
应用于本工程的所有仪表设备或系统应是技术先进、性能可靠、适用于本工程且是制造业已成熟的产品，应为近年来在国内外液化天然气行业应用广泛且被证明是可信赖的产品或系统。

2）油漆
除非另有说明，控制室和仪表间的所有仪表设备的颜色允许按厂家标准执行。所有仪表盘、机柜的颜色优先选用 RAL 7035 浅灰色。
除非另有说明，现场仪表通常使用环氧漆。

3）信号传输系统
（1）应用电信号传输过程变量，电动仪表的输出信号应为 4~20mA DC 信号或者数字信号，并尽可能使用二线制。
（2）应避免使用气动控制回路。
（3）每台气动仪表应有自己的空气过滤调节器。
（4）不允许将工艺流体引入控制室或仪表间。
（5）电动变送器应是智能型的，支持 HART 协议，并应能在现场通过相应的手操器（便携式通信器）进行相关的操作。随变送器应配有整体式就地指示器。

4）外壳和材质
所有的仪表应适应环境条件。暴露在潮湿、含盐及有微生物侵害的空气中的仪表外壳及部件，应进行适当防腐处理；材质至少选用 316 不锈钢。
就地仪表外壳应不低于 IP 65，并应符合电气危险场所分类的要求。
所有与工艺流体接触的仪表部件，应该有适当的抗腐蚀能力。与 LNG 直接接触的材料必须能适用于 LNG 特有的低温环境，直接接触 LNG 的金属材料其耐低温性能不低于 316 不锈钢。

5）爆炸危险场所的电动仪表
所有现场电动仪表及电气设备，都应符合工程"危险区域划分"中所规定的防爆等级。处于爆炸危险性场所 1 区的电气设备应选用本安型，其防爆等级不应低于 ExibIIBT3；处于防爆 2 区的电气设备，应优先选用本安型，其防爆等级不应低于 ExibIIBT3；当选用隔爆型设备时，其防爆等级不应低于 ExdIIBT3。

6）抗无线电频率干扰性
所有仪表和控制系统应不受任何无线电频率干扰。按照 IEC 60801《工

业过程测量和控制设备的电磁兼容性》定义的内容,这些干扰有可能出现在接收站内。

7) 供电

应为仪表设备提供下列电源:

(1) 220 VAC、50Hz 的 UPS 电源,用于需要单独电源的控制和监视系统外围设备以及分析仪、单回路控制器、仪表等。

(2) 24V 直流电源。在中央控制室(CCR)、码头控制室(JCR)等内部应提供由 220VAC 转换的 24VDC 电源。

(3) 应采用不间断电源系统(UPS)为各控制系统及检测仪表供电。在外电源断电的情况下,UPS 应能保证 DCS、SIS 及现场检测仪表和控制设备 30min 的正常工作。对于火灾报警系统,其主电源采用 UPS,单相交流 220VAC、50Hz,备用电源采用火警系统专用蓄电池(系统配套),可持续供电 24h。

8) 仪表防雷系统

在雷雨多发地区的工程,为保证仪表设备安全和系统的可靠,根据 SH/T 3164—2012《石油化工仪表系统防雷设计规范》,DCS/SIS/GDS/FAS 系统的所有 I/O 点、数据通信接口、供电接口等有可能将雷电感应所引起的过电流与过电压引入仪表或系统的关键部位,均应安装防浪涌保护器,以避免雷电感应的高压窜入,造成设备损坏。主要的现场检测仪表也应具有防雷电保护的功能。

用于防雷击的浪涌保护器应采用可靠性高、可在线更换的设备。所选择的浪涌保护器必须能承受预期通过的雷电流,并有能力熄灭在雷电流通过后产生的工频续流。

3. 自动控制系统设置

LNG 项目自动控制系统可以连续监视并控制站内生产过程,在接收站启动、正常运行、减量运行、工艺失效以及紧急停车期间均对整个站场进行控制及保护。自动控制系统主要包括:

(1) 生产过程控制系统(PCS)——为站场提供主要的数据采集、监视、连续控制、顺序控制、与非安全相关的联锁和逻辑功能。该系统将采用分散控制系统(Distributed Control System,DCS)。

(2) 安全仪表系统(SIS)——提供将所有设施置于安全状态的检测和控制功能(即传统意义上的紧急停车,ESD)。SIS 用于人员、环境和设备的保护,SIS 必须经 SIL 分析及确定其安全仪表功能,SIS 控制系统应为 SIL3 或

第九章　自动控制系统设计

更高的等级。

（3）火灾报警系统（FAS）——提供建筑物内的火灾检测、火灾报警。FAS 负责向就地和控制室内的人员报警，向公共消防站提供报警信息，以便相关人员处理检测到的事件。

（4）可燃气检测报警系统（GDS）——负责可燃气的探测、报警，包括现场可燃气探头和控制室的控制系统。一般此系统可在 DCS 系统里实现，并采用独立的控制器接收可燃气信号。

（5）成套供货设备控制系统——随各设备成套提供，采用 PLC（可编程逻辑控制器），完成对各自设备的运行数据采集、控制和操作任务。成套设备控制系统将作为 DCS 的子系统，通过数据通信系统与 DCS 交换信息，并由 DCS 统一进行监视与管理。

（6）LNG 储罐采用罐表系统（TGS）。它包括伺服液位计、多点温度计、三参数（液位、温度、密度）检测仪和液位开关。LNG 罐各测量信号直接送至 TGS 系统。TGS 计算机通过接口与 DCS 通信。

（7）接收站自动控制系统中还设置有以下专用的监测、分析及管理系统：

① 储罐管理系统——采用专用的软件，主要对 LNG 储罐内的液位、压力、温度、密度等信息进行实时监视、分析与管理，防止储罐内发生超压、负压、翻滚等危险情况。

② 机械状态监测及分析系统——采用专用的软件对接收站内的旋转机械设备（如：BOG 压缩机、低压输出泵、外输增压泵、海水泵等），进行机械振动监测及分析，防止这些设备在非正常状态下运行并造成损坏。

③ 现场仪表管理系统（Field Instrument Management System，FIMS）——采用专用的软件（如 AMS）监视 PCS、SIS 中的智能型现场仪表的运行状态，及时调整仪表参数，并提供维护信息。

④ 生产信息管理系统（Production Information Management System，PIMS）——主要功能是从生产过程控制系统（PCS）获得、收集和储存必要的实时数据和信息，用于生产管理及决策指导。

⑤ 操作员培训系统（Operator Training System，OTS）——采用仿真设备和软件模拟接收站所有的控制和保护系统，对操作人员进行系统动态模拟培训。OTS 独立于 DCS/SIS 系统设置。

二、适用标准规范

自动控制系统所遵循的标准、规范见表 9-1。如果国内的或当地的规范比所列规范、标准要严格时,应按照要求严格的规范、标准执行。

表 9-1 设计标准

序号	规范名称	规范代号
1	《过程检测和控制流程图用图形符号和文字代号》	GB/T 2625—1981
2	《爆炸性环境 第 1 部分:设备通用要求》	GB 3836.1—2010
3	《爆炸性环境 第 2 部分:由隔爆外壳"d"保护的设备》	GB 3836.2—2010
4	《爆炸性环境 第 3 部分:由增安型"e"保护的设备》	GB 3836.3—2010
5	《爆炸性环境 第 4 部分:由本质安全型"i"保护的设备》	GB 3836.4—2010
6	《爆炸性环境 第 14 部分:场所分类 爆炸性气体环境》	GB 3836.14—2014
7	《爆炸性气体环境用电气设备 第 15 部分:危险场所电气安装(煤矿除外)》	GB 3836.15—2000
8	《工业自动化仪表 气源压力范围和质量》	GB/T 4830—2015
9	《爆炸危险环境电力装置设计规范》	GB 50058—2014
10	《自动喷水灭火系统设计规范(附条文说明[2005 年版])》	GB 50084—2001
11	《自动化仪表工程施工及质量验收规范》	GB 50093—2013
12	《火灾自动报警系统设计规范》	GB 50116—2013
13	《火灾自动报警系统施工及验收规范》	GB 50166—2007
14	《电子信息系统机房设计规范》	GB 50174—2008
15	《石油天然气工程设计防火规范》	GB 50183—2015
16	《输气管道工程设计规范》	GB 50251—2015
17	《建筑电气工程施工质量验收规范》	GB 50303—2011
18	《用安装在圆形截面管道中的差压装置测量满管流体流量 第 1 部分:一般原理和要求》	GB/T 2624.1—2006
19	《用安装在圆形截面管道中的差压装置测量满管流体流量 第 2 部分:孔板》	GB/T 2624.2—2006
20	《用安装在圆形截面管道中的差压装置测量满管流体流量 第 3 部分:喷嘴和文丘里喷嘴》	GB/T 2624.3—2006

第九章 自动控制系统设计

续表

序号	规范名称	规范代号
21	《用安装在圆形截面管道中的差压装置测量满管流体流量 第4部分：文丘里管》	GB/T 2624.4—2006
22	《天然气取样导则》	GB/T 13609—2012
23	《天然气的组成分析 气相色谱法》	GB/T 13610—2014
24	《天然气计量系统技术要求》	GB/T 18603—2014
25	《用气体超声流量计测量天然气流量》	GB/T 18604—2014
26	《液化天然气（LNG）生产、储存和装运》	GB/T 20368—2012
27	《石油化工自动化仪表选型设计规范》	SH/T 3005—2016
28	《石油化工控制室设计规范》	SH/T 3006—2012
29	《石油化工可燃气体和有毒气体检测报警设计规范》	GB 50493—2009
30	《石油化工仪表工程施工技术规程》	SH/T 3521—2013
31	《仪表及管道伴热和绝热保温设计规范》	HG/T 20514—2014
32	《石油化工仪表管道线路设计规范》	SH/T 3019—2016
33	《石油化工仪表接地设计规范》	SH/T 3081—2003
34	《石油化工仪表供电设计规范》	SH/T 3082—2003
35	《石油化工分散控制系统设计规范》	SH/T 3092—2013
36	《石油化工仪表安装设计规范》	SH/T 3104—2013
37	《过程用二进制逻辑图》	SHB-Z03—1995
38	《石油天然气工程制图标准》	SY/T 0003—2012
39	《石油天然气工程可燃气体检测报警系统安全规范》	SY/T 6503—2016
40	《给水排水仪表自动化控制工程施工及验收规程（附条文说明）》	CECS 162—2004
41	《Instrumentation Symbols and Identification》	ISA-S5.1-19849（R1992）
42	《Graphic Symbols for Distributed Control/Shared Display Instrumentation，Logic and Computer Systems》	ISA-S5.3-19849（R1992）
43	《Instrument Loop Diagrams》	ISA-S5.4-19849（R1992）
44	《Graphic Symbols for Process Display》	ISA-S5.5-19849（R1992）
45	《Specification forms for Process Measurement and Control Instruments，Primary Elements and Control Valves》	ISA-S20-19849（R1992）
46	《Application of Safety Instrumented Systems for the Process Industries》	ISA-84.01—2004

续表

序号	规范名称	规范代号
47	《Enterprise – Control System Integration》	ISA-95.00.01—2010
48	《American National Standard for Control Valve Seat Leakage》	ANSI FCI 70.2—2006
49	《Machinery Protection Systems Fourth Edition》	ANSI/API 670—2000
50	《Pipe Flanges and Flanged Fittings》	ANSI/ASME B16.5—1996
51	《Combustible Gas Detectors》	ANSI/ISA12.13—2003
52	《Process Measurement Instrumentation》	API-RP551—1993
53	《Measurement of Fluid Flow in Pipes Using Orifice, Nozzle and Venturi》	ASME-MFC-3M—2007
54	《Measurement of Gas Flow by Means of Critical Flow Venturi Nozzles》	ASME-MFC-7M—2007
55	《Method for Establishing Installation Effects on Flowmeters》	ASME-MFC-10M—2007
56	《Measurement of Fluid Flow in Closed Conduits by Means of ctromagnetic Flowmeters》	ASME-MFC-16M—2007
57	《Degree of Protection Provided by Enclosure（IP Code）》	IEC-60529—2013
58	《Functional Safety of Electrical/Electronic/ Programmable Electronic Safety-Related Systems》	IEC 61508—2010
59	《Functional Safety – Safety Instrumented Systems for the Process Industry Sector》	IEC 61511—2003
60	《Analogue Signals for Process Control Systems》	IEC -60381—2004
61	《Industrial Control Valve-Noise Consideration》	IEC-60534-8—2011
62	《Industrial Platinum Resistance Thermometer Sensors》	IEC- 60751—2008
63	《Industrial Process Control – Safety of Analyser Houses》	IEC- 61285—2004
64	《Measurement of Fluid Flow by Means of Pressure Differential Devices》	ISO 5167/BS1042—2003
65	《Electronic Industries Association Recommend Standard-232C》	EIA-RS-232C
66	《Electrical Characteristics of Generators or Reciev》	EIA-RS-485
67	《Standard for the Production, Storage, and Handling of Liquefied Natural Gas（LNG）》	NFPA 59A—2013
68	《National Fire Alarm Code》	NFPA 72—2013
69	《Installation and Equipment for Liquefied Natural Gas-Design of Onshore Installations》	EN 1473—2007

续表

序号	规范名称	规范代号
70	《Installation and Equipment for Liquefied Natural Gas-Ship to Shore Interface》	EN 1532—1997
71	《Tests for Electric Cables Under Fire Conditions – Circuit Integrity》	IEC 60331—2009
72	《Tests on Electric and Optical Fibre Cables Under Fire Conditions》	IEC-60332—2009

第二节 集散型控制系统（DCS）

一、DCS 设计要求

DCS 将完成生产过程的数据采集和监控功能。DCS 系统作为接收站控制系统的核心，操作人员可以在中央控制室内通过 DCS 操作站对卸船码头及整个 LNG 接收站的操作过程进行监视和控制。为便于操作、控制和管理，在码头设置仪表间，并分别设置 DCS 监控设备，用于各区域工艺过程的监视和控制。

DCS 可以采集工艺过程变量和工艺/公用工程设备运行状态信息，完成计算、连续的过程控制、自动顺序功能、逻辑控制、工艺过程停车（非 ESD）、跳闸以及联锁功能。操作员可以在控制室进行控制回路的设置、参数调整、监控逻辑/顺序操作。

DCS 的优势如下：

（1）分散式结构将各部分故障的影响降低到最小程度。

（2）分散式结构可以降低电缆敷设的成本。

（3）DCS 采用的数字技术提高了系统的精确性和可重复性，并提高了数据采集和传输的功能，增强了系统的可靠性。

（4）DCS 采用模块化硬件、模块化软件、分布式数据库和分散的功能，易于实现系统的功能扩展，使系统操作更加灵活。

（5）智能化的诊断能力提高了控制系统的实用性。

(6) 人机界面的智能化提高了操作人员的效率并增强了安全性。

1. DCS 系统配置

DCS 系统采用的硬件、软件应是技术先进、性能可靠、经过工业生产实践考验的标准产品。DCS 主要由过程控制单元、计算机网络系统、操作员工作站、数据通信接口设备等构成。DCS 控制器应是基于微处理器的模块化设备，并且能够控制多个回路；作为人机界面的操作员工作站采用微型计算机；DCS 中的所有监控设备采用专用的内部网络连接。为保证系统的可靠性，处理器 CPU、重要的 I/O 模块、网络通信系统、电源等按照冗余热备配置。

DCS 的 I/O 卡具有强大的功能和高品质，能够接收模拟量、数字量及 HART 信号，并输出模拟量、数字量等控制信号。DCS 系统具有自诊断能力，可防止插拔 I/O 卡时引起信号扫描错误。

CPU 的 I/O 分配根据工艺区的划分来设计，即每一个工艺区的设备由相同的 CPU 来控制。在码头区设置独立的 DCS 设备，完成这一区域的数据采集和控制任务，并通过 DCS 专用网络与接收站中央控制室的 DCS 进行通信，由中央控制室的 DCS 完成集中监控和管理功能。

DCS 系统配置有模块化且功能强大的专用工业控制软件，可以进行逻辑运算、数学运算、字符串运算等，采用组态的方式即可完成对输入输出信号的配置，具有组态多个复杂控制系统的能力，并且具有多个 PID 运算模块和其他常用的功能块，能够完成 DCS 需要的所有功能。

2. DCS 通信

DCS 内部通信系统应基于开放的客户机/服务器网络结构，采用 TCP/IP 通信协议。通信系统网络为冗余型，为每个连接的设备提供双网络线和双系统接口。当主通信网或任何其他设备发生故障，系统将自动转换到备用网络或设备，此过程不应中断正常运行且不需要操作员的干预。

以保证安全为前提，DCS 和其他系统间的最主要的通信方式是开放的网络体系结构（IEEE8802-3 以太网 LAN，TCP/IP 协议）。如果上面的通信不可行，可以采用 MODBUS RTU 协议。若可行，需要提供 RS232C/RS485 接口。系统间的安全重要信号及控制信号，不应采用上述信号连接方式，也就是说，一旦失效能直接损害装置控制或安全的信号。重要信号应该通过硬线 I/O 连接进行信息交换。

应连续检查通信连接以确定通信系统的运行性能，一旦检测到错误和故障，应启动报警并停止数据通信。冗余连接可以使数据通信连续运行。

第九章　自动控制系统设计

对一些子系统的监控，要求与数据采集系统采用网络或串行连接的方式。

3. 一般技术要求

1）时间同步

各层的所有系统设备都应维持一个 1ms 分辨率的内部时钟。该时钟应能够从操作员工作站或组态工作站进行复位。所有的系统时钟都应该在 1ms 的时间内被同步。SIS 系统的时钟应通过通信系统与 DCS 中的时钟周期性地同步。DCS 系统时钟应该与国家标准计时系统（通过 GPS 或因特网的网络时间协议）同步。

2）安全性

DCS 应在各层为系统设置密码和/或钥匙保护，允许不同授权的人进行访问。授权至少应设管理员级、主管人员级、工程师级、维护人员级、操作员级和只供浏览级。

二、DCS 系统架构

1. 系统的总体布置要求

（1）DCS 系统安装在设置于非危险区域中的中央控制室（CCR）、码头控制室（JCR）、海水泵房机柜室、装车控制室。

（2）操作站布置在中央控制室及区域控制室内，用于生产过程操作和监控。

（3）控制设备和电子单元布置在机柜间。

（4）DCS 系统还应包含操作培训系统（OTS）、现场仪表管理系统（FIMS）。

现场仪表管理系统，将为生产运行管理提供现场仪表管理数据。FIMS 应能访问智能仪表和控制阀的位置变送器，其主要目的是监视智能型现场仪表的状态及维护参数，收集和储存这些仪表的数据，并且可以远程修改相应的组态。

操作培训系统是培训操作人员的辅助工具。OTS 是一个独立的计算机系统，具有对工艺过程进行动态模拟的软件，配有与 DCS 相同或类似的操作界面。例如，站场试车前的培训，可减少试车时间；开车后的培训，可提高操作人员掌握开停车操作和处理异常情况的能力。

2. DCS 主要功能

接收站 DCS 系统主要完成以下功能：

（1）对接收站和码头的连续生产过程进行实时监视和控制。

（2）对外输气体流量进行测量和计算。

（3）与音响报警系统连接，用干接点输出信号来启动音响报警系统。

（4）与 SIS、火灾及气体检测系统进行通信，采集各系统的运行信息。所有重要的信号，采用硬线方式连接。

（5）与 LNG 储罐管理系统通信，对 LNG 储罐工作状态进行实时监控。

（6）与机械状态监视及分析系统通信，对旋转机械设备的运行情况进行监视和分析。

（7）与其他成套设备的控制系统通信，例如，停泊监视系统、卸料臂位置监视系统、BOG 压缩机控制系统等，控制回路或启/停电动机的信号采用硬线连接。

（8）监视和显示电力系统信息。

（9）自动生成报告、报警记录和趋势。

（10）DCS 内部网络通信以及与其他系统通信管理和相关的协议转换。

（11）提供主时钟，并与所有其他的系统进行时钟同步。

（12）为管道 SCADA 系统以及生产管理系统预留通信接口。

3. DCS 系统通信

中央控制室和码头控制室、海水泵房、装车控制室之间的控制及监视信息通过冗余光缆进行传输。DCS 将通过合适的接口模块与所有子系统、第三方控制系统、管理计算机等进行通信，由 DCS 统一对接收站内其他系统进行集成和管理。

LNG 接收站 DCS 将与以下子系统或外部控制系统进行通信：

（1）SIS（ESD）。

（2）停泊监视系统。

（3）卸料臂位置监视系统。

（4）LNG 储罐管理系统。

（5）外输计量系统。

（6）BOG 压缩机的控制系统。

（7）机械状态监测及分析系统。

（8）输气干线的 SCADA 系统。

第三节 安全仪表系统（SIS）

一、SIS 设计要求

1. 系统的可靠性

SIS 系统应是冗余容错设计以弥补故障元件，并允许在持续一项指定任务没有过程停车时进行维修。所有用于安全功能的仪表，其平均维护时间（MTTR）应不大于 8h。

2. 系统的可用性

（1）系统的可用率应不低于 99.99%（SIL3）。

（2）系统的设计应是故障安全型的，系统内发生故障时，应能按照故障安全的方式停机。

（3）系统必须具有完善的硬件、软件故障诊断及自诊断功能，自动记录故障报警并能提示维护人员进行维护。

（4）冗余设备必须能在线自诊断、排错报警、无差错切换。

（5）系统的各种插卡应能在线插拔、更换。

（6）投标技术文件应对系统各部分的故障限制功能进行说明。

3. 冗余和容错

SIS 系统应采用故障安全型冗余容错结构，包括设备冗余和工作性能冗余，安全等级应达到 SIL3 级或 TUV6 级。设计标准参考：IEC 61508/61511。系统设计应考虑以下因素：

（1）系统应具有完备的冗余和容错技术，包括设备冗余和工作性能冗余。

（2）各级网络通信设备、部件和总线必须 1∶1 或三重冗余。

（3）控制站处理器等功能卡必须 1∶1 或三重冗余。

（4）所有电源设备和部件必须 1∶1 或三重冗余。

（5）对要求冗余配置的 I/O 卡必须 1∶1 或三重冗余。

（6）对冗余的设备，要求能在线进行故障诊断、报警、自动切换及维修提示。

4. 输入输出卡件配置

（1）为避免虚假的停车事故，双重化结构单点信号分别输入安装在两个相互隔离的卡笼或模块中的输入卡（其中任何一个输入卡导致的信号故障不会引起全厂紧急停车）。双重化结构数字量输出信号应来自分别安装在两个相互隔离的卡笼或模块中的输出卡，用于控制双结构电磁阀和电动机（其中任何一个输出卡故障或电磁阀故障不会引起全厂紧急停车）。

（2）如果联锁信号来自现场变送器，SIS 系统应配备模拟量输入卡。在多变送器输入时，模拟量输入卡采用与数字量输入卡一样的结构。

5. 系统各级负荷

（1）控制站 CPU 的负荷不应高于 50%。

（2）当控制站满负荷时，系统的电源、软件的负荷不应高于 50%。

（3）各级通信负荷不应高于 50%。

（4）其他各种负载应具有至少 40%以上的工作裕量。

（5）I/O 卡件插槽要求预留 20%的余量。

（6）投标技术文件中应有上述各类负荷计算。

6. 本质安全要求

SIS 系统机柜安装在安全区。位于危险区的现场仪表优先采用本安型，如 Ex-i 无法实现时，采用隔爆型 Ex-d。

隔离型安全栅用于本安回路的实现。SIS 系统 I/O 安全栅的供货、安装和接线包括在 SIS 供货商的工作范围内。

7. 扫描时间

SIS 系统的扫描时间最大不超过 100ms。

8. 防雷保护

所有输入/输出回路设置防止雷击和过压的防雷栅。SIS 系统 I/O 防雷栅的供货、安装和接线包括在 SIS 供货商的工作范围内。

9. SIS 系统与其他系统的关系

SIS 系统与 DCS 系统进行通信，通信接口可以选用冗余 MODBUS RS-232、RS-485 串行口、OPC、以太网或经公司认证的 DCS 供货商和 SIS 供货商的通信连接协议。

第九章 自动控制系统设计

FAS/GDS 系统与 SIS 系统间通过硬接线进行信号传送。

二、SIS 系统配置

SIS 硬件包括所有的机柜、仪表盘、控制设备、工作站、服务器、工程师站、打印机、操作站、操作台、输入/输出模块、处理器、网关、网桥、适配器、转换器、网络集线器、系统电源、电源分配、接线端子、连接电缆、接线柜、远程 I/O 接线箱、手动报警按钮、厂家建议的备件、耗材和任何其他要求用来操作和维护 SIS 的组件。

软件包括所有操作系统、研发工具、诊断程序、应用软件、组态工具以及与过程控制系统（DCS）的接口配置或与诸如机械保护系统、成套设备的 PLC 等其他系统的接口配置。

SIS 系统的人机接口采用 DCS 操作站和紧急停车/辅助操作台。

DCS 应用作安全和 SIS 设备的监视、报警记录和历史数据的人机界面。应在 DCS 上组态专用图形显示，供操作员、工程师和维修人员来监视安全系统设备的状态。在 DCS 上显示的所有 SIS 输入输出设备均是可用的。信息应通过冗余通信连接（即串行口 MODBUS、容错以太网、OPC 等）传输。

同时，SIS 系统还包括一套手动操作的硬线连接的紧急停车系统（ESD 系统）。它是由操作人员在控制室内手动操作紧急停车按钮，停车信号直接送到现场的 ESD 阀门和受控设备，而不经过其他系统，这是确保站场安全的最后手段。所有相关手动按钮、控制继电器、报警指示灯等均集成在一个操作台上，在中央控制室（CCR）和码头控制室分别设置一套这样的操作台，并与站场广播报警（PA/GA）系统相连。

第四节 操作人员培训系统（OTS）

一、OTS 设计要求

操作培训系统（OTS）是培训操作人员的辅助工具。OTS 是一个独立的计算机系统，具有对工艺过程进行动态模拟的软件，配有与 DCS 相同或类似的操作界面。

OTS 系统应提供全面、实时的、单位特定模拟培训，至少能够在 LNG 接收站的开车、停车、正常及故障操作方面培训操作员。其设计要求如下：

（1）能够就操作技能提供反复培训，以便在不中断设备的情况下充分掌握工厂操作的不同状态。

（2）能够在不影响工厂运行的情况下提供紧急停车操作培训。

（3）模拟实际的工厂故障。

（4）OTS 应使用与 DCS 相同类型的操作站（而不是模拟）从事实际工厂 DCS 操作。在 CCR 的模拟设备/培训室内应安装有用于操作员培训的仿真设备。仿真设备应能显示真实设备的图像，可以模拟接收站所有的控制和保护系统。

（5）为客户定制生产工艺、控制和逻辑系统的模型，此模型可包含特定的设备故障、过程扰动、用户功能及培训作业。

（6）设置规定的培训练习，触发事故或工艺扰动，监视仿真器运行，归档操作员培训绩效。

二、OTS 系统配置

OTS 系统与实际的 LNG 接收站是完全独立的，OTS 与 LNG 接收站之间不相互影响，也没有连接。

OTS 的硬件主要包括：与 DCS 相同的学员操作站（其中 1 台同时作为 DCS 服务器）；教师指导站，兼做 OTS 服务器；用于屏幕显示拷贝的彩色激光打印机。具体数量应根据实际项目而定。

模拟装置服务器每个 PC/工作站的硬盘容量至少为 100GB。计算机还应该包括用于备份的 CD-ROM 刻录设备。工作站应该包括一个 20in 的平板显示器、一个鼠标和一个键盘。

第九章 自动控制系统设计

第五节 火灾报警系统（FAS）及气体检测报警系统（GDS）

一、设计要求

1. 系统概况

全厂应设置一套火灾报警系统（FAS）及气体检测报警系统（GDS）。在主控室设置一套报警主控制器（中央火灾报警控制盘），码头控制室、装车控制室各设一台区域报警控制器。在附属生产设施部分，根据地理位置及人员管理情况，分别设置区域显示盘，如海水泵房机柜间、主变电所、主门卫等。

报警主控制器与区域控制器通过通信接口（RS485接口）以环路方式连接，控制器之间可以数据共享、信息共享。火警盘有联动控制功能。主控制器和区域控制器之间的通信速率应小于1s。

在主控室应设置启动消防系统的消防直启盘，包括泵的按钮和指示灯。

FAS系统和GDS系统组成如下：

（1）建筑物内的设备。

① 火灾报警控制器、区域火警盘、复显盘。

② 感烟探测器、感温探测器、缆式线型感温火灾探测器、手动报警按钮、声光报警器和监控模块。

③ 联动控制系统：包括火灾声光报警、泡沫灭火系统联动、自动喷水（雾）灭火系统联动、空调系统联锁停车、自动气体灭火系统启动。

（2）LNG装置区的设备。

① 火焰探测器。

② 点式红外可燃气体探测器和开路红外可燃气体探测器。

③ 防爆手动报警按钮。

④ 防爆声光报警器和防爆警笛。

⑤ LNG泄漏温度检测器（RTD）。

主控制器应具有与其他系统进行信息通信的接口和能力。

2. 火灾联动控制

LNG接收站工程采用的联动控制装置含于火警控制盘内，应合理设置系统内联动控制盘的数量，分别布置在相关的控制室内，可对其区域内各相关消防设备进行自动启动或经人工确认后远方启动进行灭火。在自动启动或远方启动消防设备灭火失败的情况下，应发出声光报警并由人亲临现场就地紧急手动灭火。联动控制应进行软件编制程序控制，并应显示各灭火设备启、停状态。工作内容如下：

（1）应能显示消防水泵的工作、故障状态。

（2）对管网气体灭火系统实施控制并接收其反馈信号，显示就地控制盘手动/自动状态，在报警、喷射各阶段，控制室应有相应的声、光报警信号，并能手动切除音响信号。联锁信号应由1个烟感器和1个温感器都检测出报警后产生。

（3）分别启动相应区域的声、光报警器发出火灾报警。

（4）分别控制相应区域的固定灭火装置中的报警控制阀、雨淋阀、电磁阀、电动阀等，并显示报警阀、闸阀及水流指示器的工作状态。

（5）停止有关部分的风机，关闭防火阀，并接收其反馈信号。

（6）控制有关部分的防烟、排烟风机（包括正压送风机），隧道的通风阀、排烟阀，并接收其反馈信号。

（7）分别控制相应区域的防火门、空调系统的防火阀、空气处理机组等，并接收其反馈信号。

（8）输出控制消防泵启动与停止信号并接收其反馈信号。

（9）输出相应报警区域内应急消防广播的控制信号。

（10）所有输入/输出信号均为无源干接点，接点容量为 220VAC、3A，24VDC、1A。

上述功能均可以通过手动或自动两种方式完成，能指示手动或自动操作方式的工作状态，在自动操作中，手动操作插入优先。具体信号及其数量应能满足买方要求。

二、布置安装要求

1. 系统设置说明

1）火灾探测器设置

缆式线型感温火灾探测器用于对主变电站、工艺变电站和码头变电站等

第九章 自动控制系统设计

场所内的电缆夹层、电缆沟、电缆桥架等处的电缆类火灾进行早期探测报警。

烟感探测器用于探测电气和纤维类火灾。布置烟感探测器的建筑有中央控制室行政类房间(办公室)、各建筑物内(行政楼)办公室、各建筑物内(行政楼)空调室、食堂、维修车间和仓库、门卫、建筑物走廊、消防站。

感温探测器用于需要 CO_2 灭火等房间的火灾检测。

火气探测器、LNG 泄漏温度检测器设置在可能发生 LNG 泄漏和火灾的地方。

2) 手动报警按钮及声光报警器设置

手动报警按钮布置在整个接收站区域行人或工作人员易于接近或经常走动的地方(包括道路两边、十字路口、操作平台上、行政区域内建筑物附近及建筑物内)。两个室外手动报警按钮的间距不大于 60m。建筑内设置普通编码型手动报警按钮。

声光报警装置布置在整个厂区,包括建筑物内。建筑物内设置普通声光报警器。

防爆警笛和防爆声光报警器设置在室外装置区和 LNG 罐区。装置区设置防爆型手动报警按钮。

2. 与其他系统的通信

FAS 系统和 GDS 系统应提供与其他系统的接口,接口如下:

(1) 火警盘与厂外消防站火警盘的通信接口。

(2) 与 DCS 系统的通信接口。

(3) 与大屏幕监视器(DLP)的数据接口。

(4) 与 CCTV 监视系统的联锁接口。

第十章 电气系统设计

第一节 设计说明

一、设计要求

电气系统应能满足 LNG 接收站的运行要求,并符合相关标准。

由于各 LNG 接收站建设情况各有不同,因此在这里主要论述各 LNG 接收站在电气系统方面普遍具有的特点。

二、适用标准规范

除特别说明之外,所有的设计及安装应遵循最新的中国国家标准、中国石油化工行业标准、中国电力行业标准,并应符合相应的国际标准,见表 10-1。

表 10-1 电气专业相关设计标准

规范类别	规范名称	规范代号
国家标准	《供配电系统设计规范》	GB 50052—2009
	《低压配电设计规范》	GB 50054—2011
	《35kV～110kV 变电站设计规范》	GB 50059—2011
	《3～110kV 高压配电装置设计规范》	GB 50060—2008
	《20kV 及以下变电所设计规范》	GB 50053—2013
	《电力装置的继电保护和自动装置设计规范》	GB/T 50062—2008

第十章 电气系统设计

续表

规范类别	规范名称	规范代号
国家标准	《电力装置电测量仪表装置设计规范》	GB/T 50063—2017
	《并联电容器装置设计规范》	GB 50227—2017
	《石油化工企业设计防火规范》	GB 50160—2008
	《石油天然气工程设计防火规范》	GB 50183—2015
	《火力发电厂与变电站设计防火规范》	GB 50229—2006
	《液化天然气（LNG）生产、储存和装运》	GB/T 20368—2012
	《爆炸危险环境电力装置设计规范》	GB 50058—2014
	《电力工程电缆设计规范》	GB 50217—2007
	《通用用电设备配电设计规范》	GB 50055—2011
	《建筑照明设计标准》	GB 50034—2013
	《建筑物防雷设计规范》	GB 50057—2010
	《石油化工装置防雷设计规范》	GB 50650—2011
	《中小型三相异步电动机能效限定值及能效等级》	GB 18613—2012
	《交流电气装置的接地设计规范》	GB/T 50065—2011
	《交流电气装置的过压保护和绝缘配合设计规范》	GB/T 50064—2014
	《三相交流系统短路电流计算 第1部分：电流计算》	GB/T 15544.1—2013
行业标准	《石油化工装置电力设计规范》	SH/T 3038—2017
	《石油化工企业照度设计标准》	SH/T 3027—2003
	《石油化工静电接地设计规范》	SH 3097—2000
	《炼油厂用电负荷设计计算方法》	SH/T 3116—2000
	《化工企业腐蚀环境电力设计规程（附条文说明）》	HG/T 20666—1999
	《交流电气装置的过电压保护和绝缘配合》	DL/T 620—1997
	《火力发电厂、变电站二次接线设计技术规程》	DL/T 5136—2012
	《电测量及电能计量装置设计技术规程》	DL/T 5137—2001
	《电力工程直流电源系统设计技术规程》	DL/T 5044—2014
国际标准	《Standard for the Production, Storage, and Handling of Liquefied Natural Gas（LNG）》	NFPA 59A—2013
	《Classification of Flammable Liquids, Gases, or Vapors and of Hazardous（Classified）Locations for Electrical Installations in Chemical Process Areas》	NFPA 497—2012
	《Installation and Equipment for Liquefied Natural Gas – Design of Onshore Installations》	BS EN 1473—2007

三、危险区域划分

LNG/NG 有很多特殊性，例如 LNG 在低温液化状态下挥发出的气体 NG 有可能重于空气，当 NG 接近于常温时会轻于空气。在设计过程中，应符合 GB 50058—2014 并参照专门针对 LNG 的国际标准 NFPA 59A—2013 的要求进行危险区划分。

关于危险区设备选型标准，应符合 GB 50058-2014 及相关国标的要求。

四、扩建裕量

由于 LNG 接收站一般分多期建设，因此设计中应为未来扩建部分留有裕量。

对于未来便于增加扩建的设备，均只设计目前需要的部分，为未来扩建预留位置。如电缆、开关柜数量、中压电容器组等。

对于未来不便于增加扩建的设备，则应综合考虑技术经济各方面因素，酌情设计满足未来扩建要求。如母线桥载流量、变压器容量、开关柜容量等，应满足未来扩建后的运行要求。

第二节　供配电系统设计

一、负荷分级

负荷分级应按 GB 50052—2009《供配电系统设计规范》以及 SH/T 3038—2017《石油化工装置电力设计规范》的有关规定划分。

二、正常电源要求

LNG 接收站宜由两路正常电源供电。这两路电源可以是来自当地电网，也可以是来自自备电站，或一路来自当地电网，另一路来自自备电站。

第十章　电气系统设计

每一路正常电源，其容量都应能满足满负荷运行的 LNG 接收站的供电需要，且应能在任何情况下，保障 LNG 接收站中最大电动机的直接启动，满足标准规范中对于启动电压降的要求。

如果两路正常电源均来自当地电网，两路电源宜分别引自两个当地变电站；如有困难，也可引自同一个变电站的两段不同的母线。

如果正常电源采用自备电站，应有足够的备用容量，以便在其中一台发电机停机的情况下，至少仍能保障接收站内一级负荷的供电。

三、应急负荷

应急负荷，即指特别重要的一级负荷，应根据 GB 50052—2009《供配电系统设计规范》以及 SH/T 3038—2017《石油化工装置电力设计规范》的要求，按照工艺条件划分。

在 BS EN 1473—2007 的 12.1.3 节，对 LNG 接收站应急负荷种类有以下描述，可供参考。

LNG 接收站应急负荷应至少包括以下几种：
（1）一台低压输送泵。
（2）确保 LNG 船能顺利装卸并离港的用电设备。
（3）所有有关安全的负荷，包括相关的仪表、火警及安全设备、电信、应急照明等。
（4）需要在应急状态下保证供电的消防设备。
（5）LNG 储罐基础如采用低承台需电伴热，也应作为应急负荷保证供电。
（6）如果仪表空气或氮气用于安全功能，其中一台压缩机也应作为应急负荷。

应急电源可以是应急发电机组、UPS、直流电源或者蓄电池等。

四、负荷运行特点

一般而言，LNG 接收站中，主要负荷为中压电动机，低压用电负荷相对较少。

在 LNG 接收站中，不同季节的负荷，往往有所不同。例如，在很多 LNG 接收站内，浸没燃烧式汽化器和电加热器主要在冬季运行，海水泵主要在夏季运行。设备选型时应按照最严重的情况考虑，计算用电量时应考虑不同季节的负荷变动。

五、变配电所分布原则

（1）与当地供电部门的界面划分，应清晰明确。
（2）接收站内所有中压负荷，如果短路电流水平许可，宜由一个变配电所内的一组中压开关柜供电。
（3）接收站内的各低压负荷，可根据距离远近与负荷大小，由多个变配电所供电。

六、主接线形式

主接线形式应根据各项目的情况以及负荷等级设计。以目前中国石油的几个LNG接收站为例，LNG接收站主接线分如下三个部分。

1. 电源进线部分

LNG接收站进线电源电压，一般是10kV以上电压等级，例如110kV、66kV、35kV。如果电源来自外部电网，电源进线部分的主接线形式需要和当地供电部门协商。一般而言，如果LNG接收站容量较小且不考虑扩建问题，可采用线路变压器组形式或桥式接线，不过大部分供电部门不接受桥式接线。如果LNG接收站远期扩建容量可能较大，现有中压配电系统可能无法满足要求，电源进线部分则应采用单母线分段形式。

2. 中压配电系统

中压配电系统一般为6kV，采用单母线分段形式。

3. 低压配电系统

低压配电系统为380V及以下电压，采用单母线分段形式。

第三节　设备选型

一、变配电设备

由于LNG接收站的负荷以中压电动机为主，因此中压母线上暂态短路电流会比较大。对于规模较大的 LNG 接收站，中压母线上的短路电流计算数值有可能过高，以至于超过大部分开关设备厂家的制造能力，从而导致成本过高或难以供货。

解决方法有以下几条：

（1）计算时排除不同时运行的负荷。一些设备由于运行季节不同，因此不会同时运行。

（2）限定中压电动机的启动电流倍数；

（3）提高给中压开关柜供电的主变压器的阻抗电压。

（4）如果上述方法均不能有效降低中压母线的短路电流水平，可考虑增加一组中压开关柜及相应的变压器和上级高压开关。这种情况一般发生在 LNG 接收站扩建或二期、远期时，因此应根据项目情况，预留相应的设备空间。

二、应急发电机组

应急发电机组一般选用柴油发电机组。

应急发电机组容量，既要满足所有应急负荷的供电，也应满足应急负荷中最大电动机对启动电压降的要求。一般来说，这个"最大电动机"，就是低压输送泵。应急发电机组应至少配备足够应急负荷运行 24h 的燃油。

三、工艺用电设备

由于 LNG 接收站的许多关键设备，如高低压泵等，国际上生产厂家有限，只生产 6kV 及以下电压等级的电动机，因此 LNG 接收站的中压电动机额定电压一般为 6kV。

如上所述，为了降低中压母线的短路电流水平，必须限定中压电动机的启动电流倍数，最多不宜超过 6.5 倍额定电流。

四、电气材料

由于 LNG 接收站一般建于沿海地带，因此室外的各种电气设备/材料，不仅应具备至少 IP55 的防护等级，也应有良好的防盐雾腐蚀能力。

根据实践经验，对于沿海 LNG 接收站，室外电缆桥架宜采用铝合金或

不锈钢（316L）材质。

第四节　电缆敷设和照明系统

一、电缆敷设

与一般的储罐不同，LNG 储罐顶部有很多中、低压用电设备，相当一部分电缆要通过桥架敷设至罐顶。因此，LNG 接收站的电缆敷设以桥架敷设为主。

二、照明系统

照明系统设计应符合相关国家标准和行业标准。室外照明应采用光控控制。对于沿海 LNG 接收站，室外照明灯具应具备良好的防盐雾腐蚀的特性。

第五节　LNG 储罐防雷接地

一、LNG 储罐防雷

LNG 主要的国际标准 NFPA 59A 以及 BS EN 1473，对 LNG 储罐的防雷并没有作出特殊要求，只是引用各自标准体系内相应的防雷标准。因此在国内的 LNG 储罐，其防雷系统设计也应按照国家标准的防雷标准设计，即 GB 50057—2010 和 GB 50650—2011 设计。

根据国内多个项目将近十年多个地域的实践，根据国家标准对 LNG 储罐进行的防雷设计，可以满足 LNG 储罐的防雷要求。

以常见的混凝土全包容 LNG 储罐为例，按照第二类防雷建构筑物设计,在罐顶设避雷针保护放空口区域,在混凝土罐顶设不小于 10m×10m 或 12m×8m 的避雷网格,在罐壁四周均匀明敷引下至少 2 根引下线,引下线间距沿周长计算不大于 18m。

二、LNG 储罐接地

从接地的角度而言,LNG 储罐主要分以下几个部分:
(1) 内罐壁,直接与低温 LNG 液体接触的部分。
(2) 外罐壁,在内罐壁外,在混凝土层内。
(3) 混凝土层,储罐最外部。
(4) 套管、泵井,穿越内罐壁、外罐壁、混凝土层,从 LNG 液体内延伸到罐顶外。

对于混凝土层,与一般建构筑物没有区别,即混凝土内钢筋彼此之间应绑扎或焊接连接,在罐顶和罐底留若干预埋钢板供引下线和全厂接地系统连接。

对于内罐壁、外罐壁、套管、泵井,应在储罐内部通过不锈钢带进行等电位连接,其长度应根据罐体在冷却状态下的收缩长度计算而定;由设备专业将钢带两端与相应的金属构件焊接连接,应符合设备专业的焊接规定。在套管、泵井引出罐顶部分设接地鼻,与接地防雷系统相连。

三、全厂接地防雷系统

由于 LNG 接收站一般位于沿海,地下腐蚀性较高,地下接地系统材料宜采用铜或铜包钢材质,地下接地材料的连接方式宜采用放热焊接方式。

第六节 其他系统

一、电伴热系统

LNG 接收站的电伴热系统主要用于水系统的防冻保温。在码头、栈桥区域有大量的消防水系统管道需要电伴热，该区域的电伴热容量可能较大。因此，码头变电所应配备足够的容量给此区域的电伴热系统供电。

二、阴极保护系统

一般而言，由于 LNG 接收站大部分主要管道位于地上，基本不需要进行阴极保护。但是在 LNG 储罐试压的过程中，为了节约成本，可能会采用海水试压。在这种情况下，需要对 LNG 储罐的罐壁采取临时阴极保护措施，阴极保护形式为牺牲阳极。

第十一章 电信系统设计

第一节 设计说明

一、设计要求

电信系统设计说明内容包括设计范围、设计基础条件及当地通信状况、设计标准及规范、电信系统的组成方案。

二、设计范围

电信系统设计范围包括：LNG 接收站工艺装置区、码头、公用工程及辅助生产设施等区域的通信系统设计。厂外与市政网络及长输管道通信系统所连接的通信线路一般不在本设计范围之内，当地电信部门负责将电话、Internet 光纤引至综合楼电信间内相关设备上。长输管道通信系统在 LNG 接收站内的终端设备，可在控制中心内考虑预留设备空间。

三、适用标准规范

除特别说明之外，所有的设计及安装应遵循最新的中国国家标准（GB）、行业标准，并应符合相应的国际电工委员会标准（IEC），见表 11-1。

表 11-1 电信专业相关设计标准

规范类型	规范名称	规范代号
国家标准	《爆炸危险环境电力装置设计规范》	GB 50058—2014

续表

规范类型	规范名称	规范代号
国家标准	《综合布线系统工程设计规范》	GB 50311—2016
	《综合布线系统工程验收规范》	GB/T 50312—2016
	《视频安防监控系统工程设计规范》	GB 50395—2007
	《石油化工企业设计防火规范》	GB 50160—2008
	《安全防范工程技术规范》	GB 50348—2004
	《石油化工装置电信设计规范》	SH/T 3028—2007
	《石油化工企业电信设计规范》	SH/T 3153—2007
	《城市住宅区和办公楼电话通信设施设计标准》	YD/T 2008—1993
国际标准	《Standard for the Production, Storage, and Handling of Liquefied Natural Gas（LNG）》	NFPA 59A—2004
	《Classification of Flammable Liquids, Gases, or Vapors and of Hazardous（Classified）Locations for Electrical Installations in Chemical Process Areas》	NFPA 497—2008
	《Installation and Equipment for Liquefied Natural Gas – Design of Onshore Installations》	BSEN 1473—2007

第二节　工业电视监控系统

一、设计要求

1. 系统使用范围和特点

（1）本系统用于全厂生产装置区的生产安全监控。

（2）系统防爆区域采用设备防爆等级达到 EEx d IIBT4（采用设备具有国家防爆检测中心颁发的证书）。

（3）系统室外区域采用设备防护等级达到 IP67（采用设备具有国家防爆检测中心颁发的证书）。

（4）系统能适应项目地区环境的要求。

（5）CCTV 系统采用彩色 PAL 制式系统。

（6）系统清晰度为540线。
（7）系统对视频信号和辅助设备具有控制能力。
（8）系统设备质量和性能满足长时间不间断连续工作的要求。
（9）系统现场设备的防护保证设备能在现场长期稳定工作。
（10）检索方式：按地图界面或日期、时间、摄像头编号、通道名称检索。
（11）与火灾报警系统集成、联动。

2. 系统功能

1）现场设备控制功能

通过微机矩阵控制器可对现场云台进行上/下/左/右控制、对镜头进行变焦及聚焦控制，以达到最理想的监视效果，控制雨刷器的启动和停止，并可控制现场摄像机的电源。

2）硬盘录像功能

系统采用数字硬盘录像监控系统，对监控画面进行24h录像，可实现多画面同时显示、同时录像、回放、切换、控制，发现问题可有多种回放方式。

3）画面切换功能

操作室通过视频矩阵切换器实现在单台显示器上编程顺序输出视频信号或选点观看，供操作人员巡检。通过微机矩阵控制器实现在一台监视器上两画面切换（切换时间可调）或单独显示一个画面。

4）可编程功能

制定摄像机、监视器的顺序，指定视像显示顺序，预定云台方位起始位置和仰俯角度，设定时间和日期。

5）报警功能

接收报警输入，报警响应切换摄像机到监视器，触发云台及摄像机到报警位置。

6）字符叠加功能

可将字符及时钟信号叠加到视频图像，用来指明摄像机号、监视器号。图像存储时间至少保持一个月。

二、布置安装要求

CCTV防爆摄像机布置在整个接收站生产装置区，包括汽化区、储罐区、高压泵区、码头区、海水取水区、装车区等。电视监控系统主控设备设置在

主控室内,码头控制室也设 1 个监视器和控制器,可操作码头摄像头。

第三节　电话系统

一、市话及内部电话系统(行政电话系统)

为了保证 LNG 接收站内及站外通信联系,在 LNG 接收站内设立市话及内部电话系统,直拨市话一般设立在接收站领导办公室、主控室、消防站等处,内部电话系统分机一般设立在办公室、主控室、门卫等房间,内部电话系统与当地运营商设备间通过中继接口实现连接。

二、热线电话系统(调度电话系统)

LNG 接收站内设立一套不与行政电话共机、独立的调度电话系统,此系统具有热线直拨功能。通过中继接口与行政电话系统连接。

调度电话一般设立在控制室、维修车间、变电所等与生产有关的房间或现场需要语音通话的场所。

系统供电电源采用 220V UPS。

第四节　无线对讲系统

一、设计要求

为了保证生产巡检及应急通信指挥的要求,接收站内设立一套无线对讲系统。

系统的技术方案应根据项目规模、投资、管理需要、无线频段资源等多方面因素综合考虑,以项目近期建设为依据,适当考虑项目远期扩建发展的

第十一章　电信系统设计

需要。

系统信号应覆盖整个接收站区域。系统供电电源采用220V UPS。

二、布置安装要求

系统基站或中继设备应设置在天线附近，满足馈线信号传输要求。天线安装在厂区较高建筑物顶或自建天线塔上，满足无线信号覆盖要求。

第五节　全厂广播系统

一、设计要求

为了保证日常语音广播及紧急语音广播的要求，接收站内设立一套广播系统，广播信号应该覆盖建筑物和操作区。

根据企业生产控制及管理需求，系统可以配置成一个或多个分区，主控话站能够对一个或多个分区广播。

广播系统应配备外部通信接口，可实现与有线电话系统、无线对讲等系统联网功能。

广播系统应能接收火灾及气体报警信号，并且应能根据气体泄漏或火灾的不同情况自动或手动发出不同声音。对可能发生紧急情况时需要广播的信息预先录制在相应设备里。在环境噪声高于85dB（A）区域，可考虑安装不小于10lux的声光报警器。

系统供电电源采用220V UPS。

二、布置安装要求

系统设备柜安装在主控楼内；主控话站安装在主控室内；室内扬声器安装在房间或走廊；室外扬声器安装在噪声级超过70dB（A）的场所、巡检通道、罐顶等区域。

主控室内吸顶扬声器不能与主控话站垂直布置；高噪声环境扬声器应布

置在噪声源附近，扬声器安装方向与噪声传输方向一致。

第六节 安防系统

一、门禁系统

门禁系统的主控设备安装在综合楼内电信设备间，门卫可以安装制卡设备及系统终端设备。门禁系统以计算机为基础，通过个人所持证件，自动控制和记录某些区域人员的进出，可以随时统计已经刷卡和未刷卡人数。

建筑物内的门禁设备主要包括门控制器、读卡器、带门磁的门锁、释放按钮、应急开关等。建筑物外主门卫、侧门卫、码头门卫、生产区门卫和装车站控制室处的门禁设备包括过人和过车通道。

大门处的过人和过车通道设备是用来控制步行者及司机的进入或离开，计算机能统计并保留至少1年的出入记录。过人和过车通道设备有紧急控制按钮，在紧急情况下，使行人或车辆顺利通行。另外在主门卫和装车站控制室处装设车辆快速通过装置。

系统供电电源采用220V UPS。

门控制器采用挂墙安装，安装高度为底边距地2m；读卡器、出门按钮、破门按钮安装高度为底边距地1.3m。

门禁系统施工、安装时，须与土建、水道、暖通、电气等专业配合。

二、周界防护系统

LNG接收站周界防护系统的种类有振动光缆/电缆、红外对射和微波报警，应根据接收站围墙的特点选择周界防护系统的种类。当接收站在海边时，不建议采用红外对射探测器防护厂区周界。

周界防护系统的主控设备安装在综合楼内电信设备间或门卫处，门卫及主控室应能接收到系统的报警信号。周界防护系统应能与周界摄像机实现联动，及时将周界报警处图像在门卫及主控室显示。

周界防护系统供电电源采用220V UPS。

第十一章 电信系统设计

第七节 计算机网络系统

一、设计要求

站内设置一套用于传输数据的计算机网络系统，采用核心层—汇聚层—接入层的三层网络架构，通过当地运营商的光纤与场外网络连接。系统由核心交换机、汇聚交换机、接入交换机、网关、服务器、路由器等组成。系统主干网传输速率为1000Mbit，建筑物内接入交换机至网络信息插口的传输速率为100Mbit。

系统主要设备设置在综合楼电信室，其他有网络插座的建筑物配置接入交换机。网络插座配线采用UTP电缆，各建筑与综合楼电信室局域网设备间的连接采用多芯铠装单模光缆。

二、布置安装要求

核心交换机、网关、服务器、路由器等安装在综合楼电信室的19in机柜内；汇聚交换机、接入交换机安装在主控室19in机柜内；接入交换机安装在其他有网络插座的建筑物内的19in机柜内。

电话、网络插座除中央控制室外设在操作台上；挂墙电话插座安装在1.4，以外，其余均暗设于墙内，中心距地均为0.3m。

19in机柜采用落地或挂墙安装。

第十二章 建筑设计

第一节 设计说明

　　LNG 接收站的主要用途是 LNG 原料的接收、储存、蒸发气处理、LNG 汽化及 LNG 输出等。结合项目周边配套设施的情况，站内一般将会设置包括主控楼、槽车装车站控制室、码头控制室、工艺变电所、海水泵房、BOG 压缩机厂房等生产性质的建筑物；办公、宿舍、食堂等辅助生活建筑物，用来完善接收站的使用功能。

一、LNG 接收站建筑设计原则

　　建筑设计应贯彻国家的方针和政策，遵守现行的国家规范、行业标准及有关规定。

　　根据 LNG 接收站的生产特点，建筑设计应充分满足工艺生产、操作条件、维护检修等要求，并重点处理好防火、防爆、防腐蚀、防噪声、防振动等问题。

　　根据当地自然、气象、水文、地质条件的特点，处理好建筑布局、自然通风、屋面防水、保温隔热等问题。

　　生产建筑及生产辅助建筑优先采用集中布置的方案，以减少占地、节约投资，创造良好的室内、外空间环境。

　　建筑的选材和结构的选型，要满足经济、耐久的要求，优先采用节能、环保的产品，尽量采用地方材料和地方构配件，在安全可靠的基础上推广采用新技术、新结构、新产品。

　　接收站项目多位于海边，并与码头连接，新建或改建的建筑物设计应有统一的风格，并注意与周围环境的协调。

第十二章 建筑设计

二、设计规范及标准

建筑物可以根据当地的经济发展水平和投资估算数额来设计和定位，表12-1所列国家建筑设计规范及标准应严格遵守。

表12-1 建筑设计规范及标准

序号	规范名称	规范代号
1	《建筑气候区划标准》	GB 50178—1993
2	《建筑设计防火规范》	GB 50016—2014
3	《石油化工企业设计防火规范》	GB 50160—2008
4	《石油天然气工程设计防火规范》	GB 50183—2015
5	《建筑内部装修设计防火规范》	GB 50222—1995
6	《建筑抗震设计规范（2016年版）》	GB 50011—2010
7	《建筑地面设计规范》	GB 50037—2013
8	《屋面工程技术规范》	GB 50345—2012
9	《建筑采光设计标准》	GB 50033—2013
10	《工业建筑防腐蚀设计规范》	GB 50046—2008
11	《压缩空气站设计规范》	GB 50029—2014
12	《民用建筑设计通则》	GB 50352—2005

第二节 LNG接收站主要建筑物设计

一、LNG接收站主要建筑物及其特征

LNG接收站主要建筑物及其特征举例见表12-2。

表 12-2　LNG 接收站主要建筑物及其特征举例

建筑物名称	火灾危险性分类	耐火等级	特征	
主控楼	—	二级	钢筋混凝土结构	宜采用抗爆结构
综合办公楼	—	二级	钢筋混凝土结构	可包含办公、化验、餐厅、住宿（也可单独建造）
槽车装车站控制室	—	二级	钢筋混凝土结构	宜采用抗爆结构
码头控制室	—	二级	钢筋混凝土结构	含码头控制室、变电所、码头泡沫站、雨淋阀室
总变电所	丙	二级	钢筋混凝土结构	内设电动葫芦
工艺变电所	丙	二级	钢筋混凝土结构	
柴油发电机房	丙	二级	钢筋混凝土结构	
公用工程机泵房	戊	二级	钢筋混凝土结构	内设电动单梁起重机
空压站	戊	二级	钢结构	内设电动单梁起重机
维修车间及仓库	戊	二级	钢结构	内设电动单梁起重机
碱库	戊	二级	钢结构	
海水泵房	戊	二级	钢结构	内设桥式吊车
NaClO 发生器间	丙	二级	钢筋混凝土结构	
门卫	—	二级	钢筋混凝土结构	
BOG 压缩机厂房	甲	二级	钢结构	内设桥式吊车，宜采用敞开式或半敞开式结构
LNG 储罐泡沫站	戊	二级	钢筋混凝土结构	
分区泡沫站	戊	二级	钢筋混凝土结构	

二、主要建筑物的功能及布置特点

（1）主门卫宜设有值班室、储藏间及独立的卫生间，并应设置直接对外的登记室，以实现门禁系统的身份确认及发卡等功能。

（2）LNG 接收站的主控制室需要设控制室、机柜室、工程师室、模拟训练室、PIMS（生产信息管理系统）管理中心等控制用房。控制室应与机柜室紧密联系，同时还应可直通工程师室和模拟训练室。一般控制室均有恒温恒湿要求，应在其附近布置专供控制室使用的空调机房。首站机柜室也可与控制室布置在相近位置，以方便管道集中出入。

第十二章 建筑设计

含有甲、乙类油品和可燃气体的仪表引线不宜直接引入室内。

控制室的地面因有较多管道,均应设置抗静电活动地板,方便管道检修。墙面饰以浅色涂料,顶棚采用不燃材料的吸音板吊顶。

控制室在其面向有爆炸危险的一侧,应设置钢筋混凝土抗爆墙,在爆炸后的一定时间内起到保护控制室内人员及设备安全的作用。抗爆墙上应采用抗爆门。

(3) 一般将为码头卸船平台服务的变电所、控制室及雨淋阀室合建为码头控制室,其位置靠近码头卸船平台。设于码头上的建筑物,在满足使用要求的前提下,应尽量减少占地面积,避免在海中建造过大的海上平台。冬季不结冰的地区,雨淋阀可不设在室内。

(4) 站场中的总变(配)电所、变(配)电间的室内地坪比室外地坪高0.6m。电缆沟应有防止可燃气体积聚及防止含可燃液体的污水进入沟内的措施。电缆沟通入变(配)电室、控制室的墙洞处,应有填实、密封措施。

(5) LNG 气体的 BOG 压缩机厂房为甲类厂房,建筑物一般为半开敞式。屋面和围护结构采用轻质板材以满足泄爆要求。为防止泄漏的可燃气体聚集,屋面应有通风设施。

(6) 维修车间及仓库应包括机修、电修、仪修用房,以及备品备件仓库。

三、LNG 接收站建筑物构造

1. 地面、楼面与踢脚

(1) 一般地面垫层下填土的质量和施工,应符合 GB 50201—2012《土方与爆破工程施工及验收规范》的有关规定。地面素土夯实地基的压实系数为 0.90。

(2) 地面的混凝土垫层,需按 GB 50037—2013《建筑地面设计规范》的要求分仓浇筑或设缝。在面积大于 100m^2 时,按 6m×6m 设置纵横方向的缩缝。纵向缩缝采用平头缝,横向缩缝采用假缝,假缝宽度为 10mm,高度为垫层厚度的 1/3,缝内填水泥砂浆。

(3) 设有地漏、水沟的房间,其楼面和地面设置排水坡坡向地漏或水沟,地漏或水沟周围 500mm 范围内应以 1%的坡坡向地漏或水沟。

(4) 一般地面工程应在设备与管道工程完工后进行。楼板孔洞在管道安装完工后,用 C20 细石混凝土封堵。

(5) 常用楼面、地面面层的选用。

① 控制室、仪表室、电气控制室等有较多电缆管道穿入室内地面的房间，通常使用抗静电活动地板，以方便管道与设备连接和检修，并防止静电对电仪设备的干扰。

② 建筑物的办公室、会议室、走廊等房间，可选用强度高、防滑性能好的一级品玻化通体砖地砖地面和楼面，规格除另有规定外，一般为600mm×600mm。办公楼的门厅、走廊等有较高装修要求的房间可采用石材地面和楼面。

③ 建筑物的卫生间、淋浴间等有水房间应采用防滑地砖地面和楼面。在地面找平层以上需设置防水层，以防止地面的积水渗入其他房间。

④ 实验室、配电室等地面要求平整及清洁的房间可以使用环氧涂层地面和楼面，配电室地面材料要求燃烧性能等级不低于B2。

⑤ 空调机房、储藏室等室内地面无特殊要求的辅助用房可设计为水泥砂浆地面和楼面，并配以水泥砂浆踢脚作为地面收边。

⑥ 站场中的普通库房、厂房、水泵房等大面积的地面可以采用细石混凝土地面。如果厂房内地面有摩擦无火花的要求，那么地面的混凝土可以选用不发火花地面，并配以不发火花的混凝土踢脚。

（6）散水、坡道、台阶的设计。

① 一般混凝土散水：宽度为800mm，有5%的排水坡度坡向室外地面。散水沿长度每隔6m设置伸缝，缝宽20mm；散水与外墙之间设通长缝，缝宽10mm，缝内填充沥青胶泥（在湿陷性黄土地区及膨胀土地区，应按照相关规范执行。在寒冷、严寒冻胀土地区，散水宜设防冻胀层）。

② 一般混凝土台阶：台阶完成面一般比室内标高低2mm。平台的宽度等于门洞口的宽度加600~1000mm（每边加300~500mm）。台阶面层可用石材或地砖等块材铺砌，适用于综合主控楼等主要建筑物；其他建筑物一般采用水泥砂浆抹面台阶（在寒冷、严寒冻胀土地区，室外台阶需考虑防冻胀措施）。

（7）散水、坡道、台阶的防冻胀措施。

季节性冰冻地区非采暖范围内为冻胀土或强冻胀土时，可采用中粗砂、砂卵石、炉渣或炉渣石灰土等非冻胀材料作为防冻胀层。

2. 墙体

（1）墙体应根据当地的气候特点及当地常用建材选用。一般采用框架结构填充砌块，可采用蒸压加气混凝土砌块、轻集料混凝土砌块或普通混凝土砌块等。

第十二章 建筑设计

① 蒸压加气混凝土砌块一般采用体积密度为 500~600kg/m³（即 05~06 级），强度等级为 3.5~5.0MPa（即 A3.5~A5.0）的砌块。应采用专用砌筑砂浆砌筑；为防止抹灰层的开裂，应在加气块与不同材料（如混凝土、砖等）相交的界面，采用专用砂浆增强玻纤网格布加强。

室内地坪上 200mm 至地下墙体采用不低于 MU10 的非黏土实心砖或普通空心混凝土砌块（孔内灌水泥砂浆），并使用不低于 M7.5 的砂浆砌筑。

外墙一般选用 250mm 厚的 B06 加气块；严寒地区一般选用 300mm 厚的 B05 加气块。

门窗洞口宽度不小于 1800mm 时，洞口两边应设混凝土构造柱加强，或与水平配筋带过梁一起做成混凝土抱框加强。

依附于墙上的管架、电缆桥架，如配电箱这种类型的小型设备，在墙面固定时，都应事先设置预埋件。

② 轻集料混凝土砌块依据 14J102-2-14G614《混凝土小型空心砌块填充墙建筑、结构构造》设计。一般为 240mm 厚，即可满足采暖房间的要求。如果另有保温节能要求，应另行采取措施。内墙一般可选用 190mm 厚墙体。防火墙采用 290mm 厚单排孔的砌块即可。

砌块的强度等级，外墙不应小于 MU5.0，内墙不应小于 MU3.5，但用于潮湿房间隔墙的砌块不应小于 MU5.0。砌筑砂浆及抹灰砂浆的强度等级应不低于 M5.0。

室内地坪上 200mm 至地下墙体采用不底于 MU10 的非黏土实心砖或普通空心混凝土砌块（孔内灌水泥砂浆），并使用不低于 M7.5 的砂浆砌筑。

门窗洞口不小于 1200mm 时，两边应设混凝土芯柱加强；洞口不小于 1800mm 时，应采用与墙厚等宽的混凝土抱框加强。

所有墙上预埋件和墙内管道都应预先设置。

（2）墙体防潮层设于室内地坪下 60mm 处，采用 20mm 厚的 1∶2.5 水泥砂浆（掺 3%防水剂）。墙身两侧的室内地坪有高差时，应分别在两个地坪以下 60mm 处设置水平防潮层，并在靠土一侧的墙上设置垂直防潮层（刷冷底子油一道，热沥青两道）。钢筋混凝土圈梁或基础梁处可不做防潮层。

（3）墙体孔洞在管道安装完工后，用 C20 细石混凝土封堵。

3. 外墙饰面及保温

（1）站场的大门（门卫）、围墙及建筑物的外墙饰面设计，应参照本章第三节内容。

（2）外墙面多采用外墙抹灰刷涂料饰面，面层为丙希酸合成树脂乳液涂料、外墙乳胶漆涂料等。外立面有较高装饰要求的建筑物（如办公楼、主控楼、主门卫）可根据立面造型铺贴面砖外墙、石材外墙等。根据特殊要求，场站的综合办公楼等建筑也可以采用玻璃幕墙，铝塑板、干挂石材幕墙等幕墙面。

（3）LNG 站场中的主要公共建筑应按照 GB 50189—2015《公共建筑节能设计标准》进行建筑节能设计。建筑物的布置宜利用冬季日照并避开冬季主导风向，利用夏季自然通风。建筑的主朝向宜选择本地区最佳朝向或接近最佳朝向。

根据建筑所处城市的环境气候不同，围护结构的热工性能应按照当地围护结构传热系数限值来确定。

4．内墙面

（1）内墙面涂料采用合成树脂乳液，适用于各类砌块墙体。

（2）处于潮湿环境的墙体可铺贴内墙面砖（如卫生间、淋浴间），铺至吊顶上 200mm。

5．顶棚

（1）顶棚材料的选择应使装饰效果和空间的使用功能相协调。

（2）顶棚设计应满足各专业设计要求。如顶棚材料的选用，主次龙骨布置，各类灯具、电扇、扬声器、火灾自动报警探测器、自动灭火系统喷洒头、空调风口位置等，在顶棚设计时应与各专业密切配合，协调统一，绘制顶棚综合平面图。

办公室、会议室、控制室、门厅、走廊可采用矿棉吸音板吊顶。

（3）潮湿房间的顶棚，如卫生间、盥洗间、淋浴间等房间，应采用耐水材料，如铝合金方形板吊顶。

（4）一般直接用钢筋混凝土屋面板或楼板面为顶棚面时，宜采用板底刮耐水腻子顶棚，面层再喷刷涂料饰面。此类顶棚用于无特殊要求的房间。

6．屋面

（1）耐火等级为一级和二级的建筑物，屋面承重结构均应为非燃烧体。其耐火极限应符合防火规范的有关规定。

（2）一般情况下，LNG 站场建筑物屋面宜采用有组织排水，每一个屋面或天沟一般不宜少于两个排水口。天沟、檐口纵向坡度不应小于 1%，两个雨水口的间距不大于 15m。

小面积雨篷可采用泄水管排水，泄水管伸出雨篷边应不小于 50mm，每个雨篷的泄水管不应少于两个。

（3）屋面构造一般情况下可分为保护层、防水层、找平层、保温层、找坡层、隔气层和结构基层等。

（4）屋面防水应按 GB 50207—2012《屋面工程质量验收规范》的要求，并根据项目性质和重要程度以及所在地区的具体降水条件确定屋面防水构造。一般主要建筑物（办公楼、化验楼、控制室等）屋面防水等级不低于Ⅰ级，次要建筑物防水等级不低于Ⅱ级。

（5）倒置式屋面在保温节能方面有较好的效果，常用于 LNG 接收站的建筑屋面。要求保温层必须有足够的强度和耐水性，因此应采用挤塑聚苯乙烯泡沫塑料板或泡沫玻璃块做保温层。保温层上设保护层，如卵石或铺块材等。倒置式屋面的防水等级不低于Ⅰ级。

（6）保温（隔热）层应按所在地区的节能标准或建筑热工要求确定其厚度，宜采用板（块）材做保温层。

（7）金属板坡屋用于 BOG 压缩机厂房、空压站、维修车间及仓库、碱库等跨度较大的建筑物。坡度一般应大于 10%。

因 LNG 接收站多地处海边，应考虑长期盐雾侵蚀。金属面板采用厚度可靠的彩色涂层镀锌钢板，漆膜涂层为高耐候自洁烤漆。

在强台风地区采用金属板材屋面时，设计者必须采取适当的防风措施，如减少搭接点，增加固定点，在屋脊、檐口、山墙转角处等围护系统外侧增设 30mm×4mm 通长固定压条等。对风荷载较大地区的敞开及半敞开建筑，为防止负压影响，屋面应采取加强连接的构造措施。

如采用夹芯板屋面，保温芯材的厚度应根据热工计算，一般不小于 80mm。雨水管的间距不大于 12m。

7. 楼梯

（1）楼梯设计应满足功能使用和安全疏散的双重要求，应根据楼层中人数最多层的人数来计算楼梯所需宽度。并按功能使用需要和疏散距离要求布置楼梯。

一幢建筑至少设两个楼梯，当设置一个楼梯时应满足 GB 50016—2014《建筑设计防火规范》中的相关规定。

室外楼梯可作辅助楼梯并可计入疏散总宽度内。其栏杆扶手的高度不应小于 1.1m，楼梯的净宽度不应小于 0.9m；倾斜角度不应大于 45°；楼梯段和平台均应采取不燃材料制作。平台的耐火极限不低于 1.0h，楼梯段的耐火极限不应低于 0.25h；通向楼梯的门为乙级防火门。在楼梯周围 2m 内的墙面上，除设疏散门外，不应开设其他门窗洞口。

(2)楼梯平台净宽不得小于梯段净宽。直跑梯平台不应小于1.1m。通行人的楼梯板或梁下净高不应低于2m。梯段净高不应低于2.2m，且包括梯段前后延伸的0.3m范围。

(3)室内楼梯栏杆扶手高度，自踏步前缘量起不应小于0.9m。靠梯井一侧水平扶手长度大于0.5m时，六层及六层以下建筑扶手高度应不小于1.05m，六层以上建筑为1.1～1.2m。

(4)踏步面层均应设防滑条。采用玻化砖、地砖等块材饰面时，应选带防滑设置的梯级砖饰面。其他建筑物的楼梯踏步面层，一般应与楼地面材料相同或匹配。

(5)斜钢梯一般用于操作梯（包括吊车检修梯）或室外的疏散梯。固定式钢斜梯与水平面的倾角应在30º～75º范围内，优选倾角为30º～35º。梯高不宜大于5m，大于5m宜设休息平台，分段设梯。单梯段的梯高不宜大于6m，梯级数不宜大于16。

(6)当室内无楼梯通达屋面时，应设上屋面的检修人孔及直梯。低于10m的建筑，可设外墙爬梯，并应有安全防护和防止攀爬的措施。

(7)所有钢梯均应涂刷防锈或防大气腐蚀的涂料。涂料的颜色应符合场区整体色彩的要求。

8. 门窗

(1)门窗材质有木、钢、彩色钢板、不锈钢、铝合金、塑料（含钢衬或铝衬）、玻璃钢以及复合材料（如铝镶木）等。

(2)设计中应尽量采用以3m为基本模数的标准洞口系列。在混凝土砌块建筑中，门窗洞口尺寸可以1m为基本模数并与砌块组合的尺寸相协调。

(3)项目设计应提出对所采用的门窗材料、框料颜色、玻璃品种和颜色及厚度等的要求。同时还应提出主要的物理性能指标，如强度、气密性、水密性等。

(4)厂房、库房外门，一般选用压型钢板及夹芯板大门。

(5)一般建筑外门，采用木门或彩板门；采暖地区应采用木制或钢/铝保温门。内门一般采用木门或彩板门。

(6)门的开启方式有平开、弹簧、推拉、旋转、上翻及卷帘等。所有出入口的外门均应外开或为双向弹簧门。位于疏散通道上的门应向疏散方向开启。

(7)窗的常用开启方式有平开（分内开和外开）、推拉、上悬、中悬以及内开下悬（既可内开又可下悬）等。多层建筑常采用外开或推拉。

第十二章 建筑设计

（8）一般建筑采用塑钢窗或彩板窗。塑钢窗宜用于办公楼等类建筑，彩板窗可用于厂房、仓库等。

（9）窗台高度应不低于 0.8m，如果低于 0.8m 时，应采取防护措施。

（10）非采暖建筑物的外窗，一般采用 5 厚浮法平板玻璃；单层玻璃面积不小于 $1.5m^2$ 时，采用同厚的安全玻璃。

（11）当单层玻璃不能达到节能标准的保温要求时，可采用双道密封的中空玻璃。中空玻璃的常用玻璃厚度为 3～6mm，空气层厚度一般为 6m、9m、12m 等。不同的空气层厚度及由不同品种、不同厚度玻璃所组成的中空玻璃的导热系数也不同，可按需要选择。

9. 金属构件的除锈及防腐

（1）室外钢结构、设备等金属材料的防腐涂装。场地环境的腐蚀性等级，应根据生产工艺条件（如介质的成分、含量、浓度、湿度等）确定；当工艺专业未能提出具体腐蚀条件时，可按中等腐蚀环境进行涂装设计。

（2）涂装设计使用年限。主要承重构件的涂层设计使用年限宜选用 5～10 年；难以维修的重要构件可选用 10～15 年；易于维修的次要构件（如一般楼梯、栏杆等）也可选用 2～5 年。

（3）一般选用高氯化聚乙烯、氯化橡胶、聚氯乙烯萤丹和聚氨酯四种涂料。在中等腐蚀环境下，涂层设计使用年限为 5～10 年时，可选用上述四种涂料；涂层设计使用年限为 10～15 年时，宜选用聚氯乙烯萤丹和聚氨酯涂料。在强腐蚀环境下，宜选用聚氯乙烯萤丹和聚氨酯涂料。

（4）金属表面的除锈应符合国家标准 GB 8923.1—2011《涂覆涂料前钢材表面处理 表面清洁度的目视评定 第 1 部分：未涂覆过的钢材表面和全面清除原有涂层后的钢材表面的锈蚀等级和处理等级》的规定。

10. 卫生间

（1）卫生间应特别注意保持良好的通风换气和采光。无自然通风的卫生间应采取有效的通风换气措施。卫生间应有良好的防水、防潮、防滑及隔声功能。其位置选择应注意使用方便、隐蔽，并注意避免对其他房间的影响和干扰（气味、潮气、噪声）。

（2）男女厕所宜相邻或靠近布置，便于寻找和上下水管道集中布置，但应避免视线相互干扰。

（3）厕所、浴室隔间平面尺寸应附合 GB 50352—2005《民用建筑设计通则》的规定。

（4）每一厕所小间配置门闩、成品手纸盒。前室宜配置梳妆镜、肥皂盒

（或洗手液盒）、烘手器等。

LNG接收站建筑物构造做法与一般地区的建筑做法基本一致，但湿陷性黄土、盐渍土/膨胀性盐渍土等特殊地区，应按有关规范设计。

第三节　建构筑物标识设计

一、站场建筑物标识

1. 站（场）区大门

LNG接收站场大门推荐在入场位置设计具有企业代表性的新建大型站场横式名称标识牌或突出标志性的立式名称标识牌。

站场大门横式名称标识示意图见图12-1。站场大门立式名称标识示意图见图12-2。

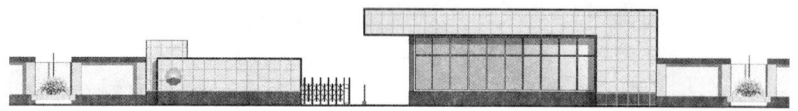

图12-1　站场大门横式名称标识示意图

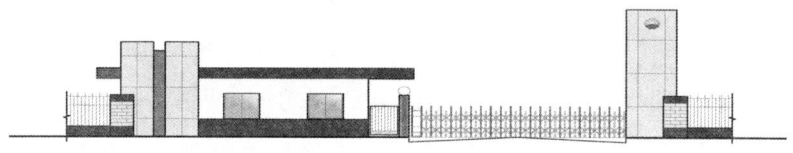

图12-2　站场大门立式名称标识示意图

站场围墙应以明快、鲜亮的色彩为主，形体宜简洁大方。围墙主体颜色应与站场内建筑物统一，勒脚及檐面部以同色系彩带装饰。

实体围墙外观示意图见图12-3。

图12-3　实体围墙外观示意图

第十二章 建筑设计

站场围墙也可选用局部铁艺围墙，围墙勒脚及立柱应为实体墙制做，勒脚及立柱檐面部分装饰色带同实体围墙。

铁艺围墙外观示意图见图12-4。

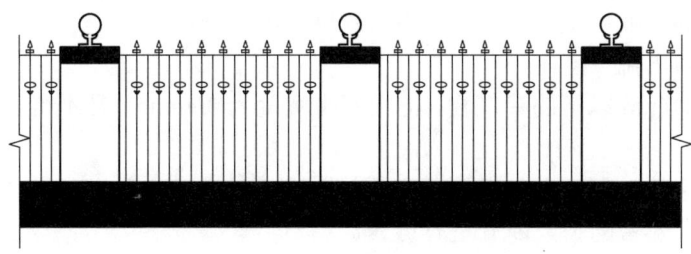

图12-4 铁艺围墙外观示意图

2. 建筑外墙

为使接收站内建筑物色彩整体统一，可以采取同一站场内建筑物外墙面颜色和风格一致的办法，设计站内建筑外观。主体部分宜采用浅色饰面，勒脚及檐面部分以同色系彩带装饰。

建筑物主色调推荐采用白色、乳白色、海灰色等明快色。

建筑外观示意图见图12-5。

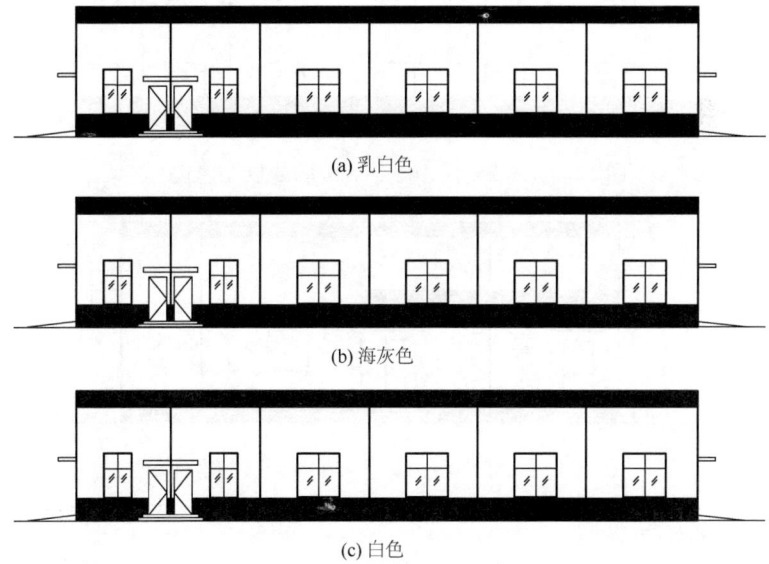

图12-5 建筑外观示意图

厂前区建筑物（办公楼、主控楼、门卫）可采用局部加强装饰。

3. 勒脚及檐面彩带装饰

1) 檐口部位

高 4000mm 以上的建筑物，檐口彩带宽度为 900mm，与檐口平齐，且不得小于檐口出挑宽度。

高 4000mm 以下的建筑物，檐面彩带宽度为 500mm，且不得小于檐口出挑宽度。

遇有建筑物高窗上部檐面距离不足时，可以高窗上沿为彩带底或以檐口为彩带顶将彩带随窗户断开进行标识。

2) 勒脚部位

高 4000mm 以上的建筑物，从室外地面至一层窗台底，以彩带标识。

高 4000mm 以下的建筑物，从室外地面以上 900mm，以彩带标识。

如外墙面装饰为成品材料（如石材、金属板等），均需在室外勒脚部位做类似彩带标识。彩带图示例见图 12-6、图 12-7。

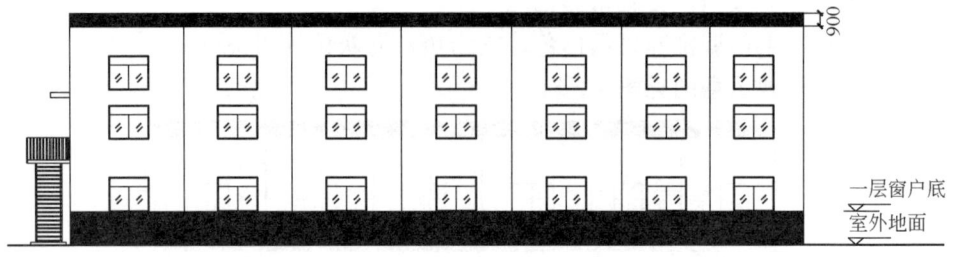

图 12-6　彩带图示例一（4000mm 以上建筑）

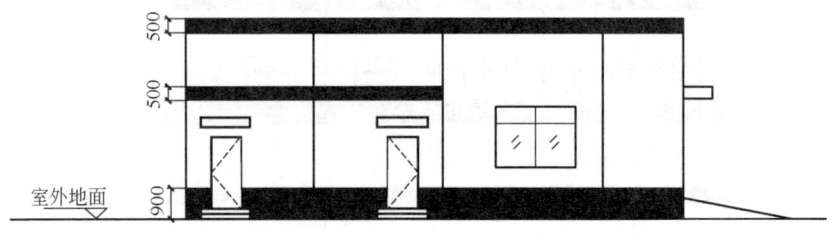

图 12-7　彩带图示例二（4000mm 以下建筑）

4. 门窗及标识牌

同一站场内建筑物门窗颜色也可进行统一设计，门窗宜采用浅色外表面。门窗设计另有特殊要求除外。

第十二章 建筑设计

外门右侧墙面设置注明房间功能的名称标识牌，标识尺寸为 450mm×300mm，中心高度为 1.7m，距墙边 200mm。内门标识牌设置在门体上方居中位置，内门标牌尺寸为 300mm×150mm，中心高度为 1.7m。

标识牌均为蓝底白字，蓝色色号：PANTONE：3005C；CMYK：C90M56Y12；RGB：R5，G113，B176。字体可选用白色中黑简体、仿宋体等。

门标识牌外观图见图 12-8。

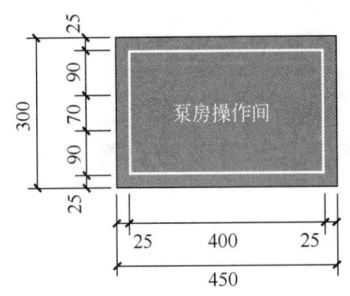 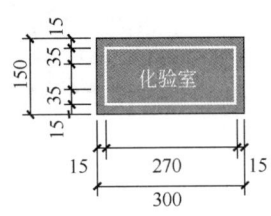

图 12-8　门标识牌外观图（单位：mm）

5. 站场中需安装中国石油标识的建筑物

在 LNG 储运的站场中，主门卫、厂前区主要建筑物（如综合楼、控制室）都是厂内比较重要并醒目的建筑物，可在适当位置安装中国石油标识。另外，码头控制室是 LNG 船入港所见到的一个建筑物，也应安装中国石油标识，以提升企业形象。

二、站场构筑物标识

以 LNG 储罐标识为例，站场 LNG 储罐需在两个不同方向上安装代表企业的标识，中国石油（宝石花）标识，分别在面向海面的一侧和面向站场内的一侧。

标识上沿位于距离罐顶面以下 1/4 位置，宝石花高度不小于 4000mm。LNG 储罐标识示例见图 12-9。

图 12-9 LNG 储罐标识示例

第十三章 结构设计

第一节 设计说明

一、结构设计原则及设计输入

1. 结构设计原则

结构设计应遵守国家、行业和地方的法律、法规、标准和规范。

在满足生产使用要求和确保安全的前提下，贯彻集中化、露天化、轻型化的设计原则，尽量利用当地成熟的建筑技术和符合环保要求的材料，推广使用新技术、新材料；尽可能为业主节约建设资金，缩短建设周期；避免建、构筑物对当地环境的破坏和尽量减少对环境的不利影响。

一般建、构筑物的设计使用年限不应小于50年。

一般的建、构筑物结构形式应采用钢筋混凝土结构或钢结构，也可根据使用、施工、进度等要求采用砌体结构等结构形式。

一般建、构筑物应根据岩土工程勘察报告所提供的各层土的物理力学性质选择合理的土层作为基础的持力层，如果基础坐在回填土上，必须经过地基处理，满足建、构筑物对地基承载力、沉降等要求。对地基承载力要求较小，同时对沉降要求较为宽松的普通建、构筑物可采用天然地基基础，对地基承载力或沉降要求严格的建、构筑物宜采用桩基础。

砌体结构材料应符合下列规定：

（1）普通砖和多孔砖的强度等级不应低于 MU10，其砌筑砂浆的强度等级不应低于 M5。

（2）混凝土小型空心砌块的强度等级不应低于 MU7.5，其砌筑砂浆的强度等级不应低于 Mb7.5。

混凝土结构材料应满足下列规定：

（1）一般建、构筑物垫层混凝土强度等级不宜低于C15。

（2）主要受力构件的混凝土强度等级不宜低于C30。

（3）有抗低温要求的混凝土构件应采用低温混凝土，强度等级不宜低于C35。

（4）当有防腐要求时，尚应满足《工业建筑防腐蚀设计规范》（GB 50046—2008）对混凝土标号的最低要求。

纵向受力钢筋宜采用HRB400或HRB500钢筋，也可采用HRB335钢筋；箍筋宜采用HRB400、HPB300或HRB500钢筋，也可采用HRB335钢筋；钢筋应符合下列规定：

（1）钢筋抗拉强度实测值与屈服强度实测值的比值不应小于1.25。

（2）钢筋屈服强度实测值与屈服强度标准值的比值不应大于1.30。

（3）钢筋在最大拉力下的总伸长率实测值不应小于9%。

（4）不宜采用冷加工钢筋。

钢材应符合下列规定：

（1）钢材的屈服强度实测值与抗拉强度实测值的比值不应大于0.85。

（2）钢材应有明显的屈服台阶，且伸长率不应小于20%。

（3）钢材应具有抗拉强度、伸长率、屈服强度及碳、硫、磷含量的合格保证。

（4）钢材应具有良好的焊接性，主要受力构件（柱、梁、墙梁、檩条等）应根据建、构筑物的工作温度具有相应的冲击韧度的合格保证。

（5）承重构件所采用的钢材应具有冷弯试验的合格保证。

（6）钢材宜采用Q235等级B、C、D的碳素结构钢及Q345等级B、C、D、E的低合金高强度结构钢。

2. 设计输入

（1）拟建项目的可行性研究报告。

（2）拟建项目的岩土工程勘察报告。

（3）拟建项目的场地地震安全性评价报告。

（4）拟建项目的工程地质灾害危险性评价报告。

（5）拟建项目所在地的气象资料。

（6）相关专业提供的设计条件。

第十三章 结构设计

二、设计规范及标准

结构设计相关规范及标准见表13-1。

表13-1 设计规范及标准

序号	规范名称	规范代号
1	《建筑结构荷载规范》	GB 50009—2012
2	《建筑地基基础设计规范》	GB 50007—2011
3	《砌体结构设计规范》	GB 50003—2011
4	《混凝土结构设计规范（2015年版）》	GB 50010—2010
5	《钢结构设计规范》	GB 50017—2003
6	《建筑抗震设计规范（2016年版）》	GB 50011—2010
7	《岩土工程勘察规范（2009年版）》	GB 50021—2001
8	《动力机器基础设计规范》	GB 50040—1996
9	《工业建筑防腐蚀设计规范》	GB 50046—2008
10	《石油化工企业设计防火规范》	GB 50160—2008
11	《建筑工程抗震设防分类标准》	GB 50223—2008
12	《构筑物抗震设计规范》	GB 50191—2012
13	《建筑地基基础工程施工质量验收规范》	GB 50202—2002
14	《混凝土结构工程施工质量验收规范》	GB 50204—2015
15	《钢结构工程施工质量验收规范》	GB 50205—2001
16	《高耸结构设计规范》	GB 50135—2006
17	《石油化工建（构）筑物抗震设防分类标准》	GB 50453—2008
18	《给水排水工程构筑物结构设计规范》	GB 50069—2002
19	《储罐区防火堤设计规范》	GB 50351—2014
20	《建筑地基处理技术规范》	JGJ 79—2012
21	《建筑桩基技术规范》	JGJ 94—2008
22	《石油化工排气筒和火炬塔架设计规范》	SH/T 3029—2014
23	《化工、石化建（构）筑物荷载设计规定》	HG/T 20674—2005
24	《石油化工管架设计规范》	SH/T 3055—2007

续表

序号	规范名称	规范代号
25	《石油化工控制室抗爆设计规范》	GB 50779—2012
26	《液化天然气（LNG）生产、储存和装运标准》	NFPA 59A—2006
27	《平底立式低温储罐》	BS EN 14620—2006
28	《混凝土结构施工图平面整体表示方法制图规则和构造详图》	16G101
29	《实腹式钢吊车梁》	03SG520-1

三、主要建、构筑物方案

主要建、构筑物方案见表13-2。

表13-2 主要建、构筑物方案

序号	主要建、构筑物名称	抗震设防分类	结构安全等级	结构形式			基础方案			备注
				结构形式1	结构形式2	结构形式3	基础方案1	基础方案2	基础方案3	
1	综合楼	丙	二级	钢筋混凝土框架	砌体		天然地基基础	复合地基基础	桩基础	
2	门卫	丙	二级	钢筋混凝土框架	砌体		天然地基基础	复合地基基础		
3	维修间及仓库	丙	二级	钢筋混凝土框架	钢结构	钢筋混凝土结构、钢结构	天然地基基础	复合地基基础	桩基础	
4	中央控制室	乙	二级	钢筋混凝土外墙及内框架	钢筋混凝土框架剪力墙		天然地基基础	复合地基基础	桩基础	抗爆
5	主变电所	乙	二级	钢筋混凝土框架	钢结构框架		天然地基基础	复合地基基础	桩基础	
6	锅炉房及泡沫站	乙	二级	钢筋混凝土框架	钢结构		天然地基基础	复合地基基础	桩基础	泄爆

第十三章 结构设计

续表

序号	主要建、构筑物名称	抗震设防分类	结构安全等级	结构形式			基础方案			备注
				结构形式1	结构形式2	结构形式3	基础方案1	基础方案2	基础方案3	
7	消防水泵房	乙	二级	钢筋混凝土框架	轻钢结构		天然地基基础	复合地基基础	桩基础	
8	循环水泵房	丙	二级	钢筋混凝土框架	轻钢结构		天然地基基础	复合地基基础	桩基础	
9	空压及氮气站	乙	二级	钢筋混凝土框架	钢结构		天然地基基础	复合地基基础	桩基础	
10	装车办公室及泡沫站	乙	二级	钢筋混凝土框架	砌体结构		天然地基基础	复合地基基础	桩基础	
11	分析化验室	丙	二级	钢筋混凝土框架	钢结构框架	砌体结构	天然地基基础	复合地基基础	桩基础	
12	污水及回用处理间	丙	二级	轻型钢结构	钢筋混凝土排架		天然地基基础	复合地基基础	桩基础	
13	化学品仓库	丙	二级	轻型钢结构	钢筋混凝土排架		天然地基基础	复合地基基础	桩基础	
14	压缩机棚	乙	二级	钢结构	钢筋混凝土排架		天然地基基础	复合地基基础	桩基础	其中振动较大的设备应采用桩基础
15	LNG储罐防火堤	丙	二级	钢筋混凝土结构	砌体结构	土筑防火堤	天然地基基础	复合地基基础	桩基础	防火堤（土堤除外）内侧应采取隔热防火措施
16	火炬塔架	乙	一级	三维钢桁架			桩基础	复合地基基础	天然地基基础	
17	排气筒或放空筒	乙	一级	三维钢桁架			桩基础	复合地基基础	天然地基基础	

续表

序号	主要建、构筑物名称	抗震设防分类	结构安全等级	结构形式1	结构形式2	结构形式3	基础方案1	基础方案2	基础方案3	备注
18	管廊	乙、丙	二级	钢结构	混凝土结构	钢与混凝土混合结构	天然地基基础	复合地基基础	桩基础	
19	LNG泄漏收集池	丙	二级	钢筋混凝土结构			天然地基基础	复合地基基础		耐低温

注：（1）管内介质为LNG的管廊抗震设防类别为乙类，管内介质为非LNG的管廊抗震设防类别为丙类。

（2）抗震设防类别为乙类的建、构筑物，应根据规范的要求提高一度确定其抗震等级。

四、结构计算、分析软件

荷载取值要求如下：

（1）无特殊要求的建、构筑物按照《建筑结构荷载规范》、《化工、石化建（构）筑物荷载设计规定》的要求采用。

（2）有特殊要求的建、构筑物（例如，主变电所、中央控制室、设备基础、设备框架、设备平台等）根据相关专业荷载的条件及实际情况采用。

计算方法和计算程序如下：

（1）利用软件，根据现行规范规定的计算方法，选择合理的参数进行计算。

（2）采用PKPM系列软件对混凝土框架结构、钢结构及一些组合结构进行计算。

（3）采用STAAD/CHINA程序对一般钢结构、三维刚架和空间钢桁架进行计算。

五、防火、防腐、抗爆、抗震要求

1. 防火要求

一般情况下，厂区内的钢结构建、构筑物应根据相关规范的要求采取必要的防火措施，并应满足下列要求：

第十三章 结构设计

（1）钢结构建、构筑物的防火保护应满足《建筑设计防火规范》（GB 50016—2014）、《石油天然气工程设计防火规范》（GB 50183—2015）、《石油化工企业设计防火规范》（GB 50160—2008）等规范的要求。

（2）应采用适合于烃类火灾的防火涂料。

（3）防火涂料不应含有石棉和甲醛，不宜采用苯类溶剂。在施工干燥后不应有刺激性气味，火灾发生时不应产生浓烟和危害生命安全的气体。

（4）防火涂料应符合现行国家有关标准的技术规定。

（5）防火涂料应与防腐蚀涂料具有相容性。

（6）膨胀型防火涂料与基层的黏结强度不应低于 0.15MPa，非膨胀型防火涂料与基层的黏结强度不应低于 0.04MPa。

（7）防火涂料应与使用环境相适应。

（8）对于室外钢结构，宜选用黏结强度较高的室外薄型钢结构防火涂料，也可选用黏结强度和抗压强度较高的室外厚型钢结构防火涂料。如果选用室外厚型钢结构防火涂料应设置拉结镀锌钢丝网，规格宜为丝径 0.5~1.5mm，网孔 20mm×20mm~50mm×50mm；涂层拐角可做成直角或半径为 10mm 的圆弧形。

（9）对于室内钢结构，应选用黏结强度较高的室内薄型钢结构防火涂料或室内超薄型钢结构防火涂料。

（10）设备裙座外表面可采用 50mm 厚的细石混凝土层（内加钢丝网）作为防火保护层。当裙座直径大于 1.2m 时，内表面应喷刷室外厚型钢结构防火涂料，耐火极限为2h。

（11）防火堤可采用内表面砌筑 120 厚砖墙或涂刷防火涂料的方法进行防火处理。

（12）需防火保护的建、构筑物的防火范围应满足《建筑设计防火规范》、《石油天然气工程设计防火规范》、《石油化工企业设计防火规范》等规范及设计文件的要求。

2. 防腐要求

（1）基础的防腐应满足《工业建筑防腐蚀设计规范》（GB 50046—2008）的要求。

（2）应根据"岩土工程勘察报告"提供的腐蚀介质和腐蚀等级确定基础的防腐蚀措施。

（3）桩的防腐蚀可采取增加桩身保护层厚度、采用抗硫酸盐水泥、掺入抗硫酸盐外加剂、掺入钢筋阻锈剂、掺入矿物掺合料等防腐蚀措施。

（4）垫层可采用沥青混凝土、防腐混凝土的防腐蚀措施。

（5）基础和基础梁可采取涂刷环氧沥青或聚氨酯沥青涂层的防腐蚀措施。

（6）对于ORV、海水沟等长期受海水侵蚀的结构，钢筋应采用环氧树脂钢筋，与海水接触面应涂刷防海水腐蚀土层，受海水浸泡或飞溅的钢构件应采用不锈钢材质。

（7）对于SCV，其内壁宜采用环氧树脂抹面的防腐蚀措施。

（8）钢结构的防腐保护措施应根据自然环境、使用环境、腐蚀性等级、防护层使用年限等综合确定。

（9）钢结构的防护层使用年限宜为5～10年。

（10）钢结构防腐所采用底漆、中间漆、面漆应满足《工业建筑防腐蚀设计规范》（GB 50046—2008）和相关设计文件的要求，并应具有优良的耐水汽渗透、耐氧气渗透、耐盐雾腐蚀、耐太阳紫外线辐射性能。

3. 抗爆要求

（1）抗爆结构应根据评估机构、工艺专利商或相关专业提供的爆炸冲击波峰值入射超压、正压作用时间及建筑物的使用要求，确定经济合理的结构形式。

（2）抗爆结构应具有清晰、明确的计算简图，应具有合理的爆炸荷载传递途径，结构形式应简单，结构整体性好，不宜出现薄弱部位，同时应具有良好的变形能力和消耗爆炸能量的能力。

（3）结构的平面及竖向应规则，结构整体性好，并应根据抗爆要求和受力情况做到结构各个部位抗力相协调。

（4）钢筋混凝土抗爆结构宜按照《混凝土结构设计规范（2015年版）》GB 50010—2010的要求进行防连续倒塌设计。

（5）砌体结构房屋的总高度不宜超过12m；钢结构或混凝土结构建（构）筑物总高度不超过24m时，不宜采用单排钢筋混凝土框架或钢框架；钢结构或混凝土结构建（构）筑物总高度超过24m时，不应采用单排钢筋混凝土框架或钢框架。

（6）建（构）筑物的高宽比不宜大于2.0。

（7）钢筋的连接形式宜优先选用搭接或机械连接，不宜采用焊接连接。

（8）当采用砌体结构时，各层洞口宜上下对齐；普通砖和多孔砖砌体外墙转角处及外墙与内墙相交处均应设置构造柱，内墙转角及相交处宜设置构造柱，构造柱截面不宜小于240mm×240mm，主筋不少于4根，直径不宜小于14mm，箍筋直径不宜小于8mm，间距不宜大于100mm；当采用混凝土小型空心砌块时，应按照《砌体结构设计规范》（GB 50003—2011）的规定设置芯柱，前墙所有的孔均应灌实。

（9）砌体结构在楼层、屋盖处均应设置圈梁，圈梁高度不应小于200mm，圈梁主筋不宜少于4根，直径不宜小于12mm，箍筋直径不宜小于8mm。

（10）钢筋混凝土屋面板及外墙应采用双面通长配筋，单面配筋率不应小于0.25%，且不大于1.50%；屋面板厚度不得小于125mm，外墙厚度不得小于200mm。

（11）总高度大于24m的钢结构框架宜采用偏心支撑。

（12）钢结构构件之间不应采用摩擦型高强螺栓连接。

（13）屋面上的附属设施，当必须设置时，应采取可靠的固定措施。

4. 抗震要求

（1）一般建、构筑物应按照《建筑抗震设计规范（2016年版）》（GB 50011—2010）、《构筑物抗震设计规范》（GB 50191—2012）的要求进行抗震设计，并满足其规定的构造要求。

（2）一般建、构筑物应根据地震安全评价报告所提供的50年超越概率10%的地震作用确定其抗震设防烈度，在缺少地震安全评价报告时，也可根据《建筑抗震设计规范（2016年版）》（GB 50011—2010）、《构筑物抗震设计规范》（GB 50191—2012）确定其抗震设防烈度。

（3）一般建、构筑物的抗震设防类别为丙类，重要的建、构筑物的抗震设防类别为乙类。

（4）一般建、构筑物应根据《建筑抗震设计规范（2016年版）》（GB 50011—2010）、《构筑物抗震设计规范》（GB 50191—2012）确定其抗震等级。

（5）当地基土存在液化时，应根据建、构物的设防类别和地基的液化等级根据规范采取相应的抗液化措施。

（6）框架结构当采用独立基础时，宜沿两个主轴方向设置基础梁。

（7）甲、乙类建筑以及高度大于24m的丙类建筑，不应采用单跨框架结构。

（8）不宜采用钢与混凝土的混合结构形式，不宜采用底部框架砌体房屋的结构形式。

（9）钢筋混凝土框架结构应遵循强柱弱梁、强剪弱弯的设计原则，结构计算时宜考虑楼板对框架梁的影响，梁端严禁超配筋，并严格按照规范的要求控制框架柱的轴压比。

第二节　LNG 储罐基础设计

一、LNG 储罐基础类型

用于 LNG 储罐的基础包括四种类型：环梁基础、地面筏形基础、桩基础、高承台基础。

1. 环梁基础

当地面和底层土壤可以支撑来自储罐及其容纳产品的荷载时，可以考虑采用土堤基础。

混凝土环梁应能承受因储罐内部蒸发气压力造成的单容罐罐壁或双容罐内罐罐壁的举升。此外，环梁也应能承受储罐罐壁的垂直荷载以限制土堤基础的不均匀沉降。

需要特别注意环梁与土堤的界面，以避免支撑介质发生急剧变化，宜提供一个过渡性支撑。

环梁应当设计成能够承受来自所包含土堤的水平压力以及来自储罐及其所容纳液体产品的荷载。

2. 地面筏形基础

当底层土壤具备承受设计荷载的性能时，可以考虑采用由土壤支撑的钢筋混凝土地面筏形基础。

根据施加荷载的不同，在单容罐的罐壁、双容罐或全容罐的内外罐壁下方通常采用加厚的筏形或板式基础。

在混凝土板的设计方面，应采取措施以消除储罐使用期或异常状态下的不均匀沉降、干燥收缩、徐变应变和热应变的影响。

当采用带土堤的混凝土外罐时，可能需要在底座混凝土板以下的平面上为罐壁设置一个单独的基础来承受外壁的荷载和土堤的垂直荷载形成的集中荷载，此时可将部分底座混凝土板和外壁设计成为整体，或在底板和外壁之间设计垂直的滑动接头。

3. 桩基础

当底层土壤条件不允许地表土壤支撑基础时，应采用桩承台基础。桩的设计和安装宜遵照相关规范的规定。

当采用打入桩基础时,应考虑因冻胀引起的地面举升和/或桩举升。

基础的设计应考虑桩刚度的变化。在安装完工后应检查并测试桩的完整性。

4. 高承台基础

采用低承台时,由于储罐承台或罐底直接与地基接触,为防止冷量对地基产生影响,一般需要在与地基接触处设置加热盘管。若考虑安装和维护加热元件不合适或不经济时,应考虑采用高承台基础。

高承台储罐底部的混凝土板(承台)离地面高度一般为 1.6~1.8m,可以使空气在下方流通,补偿储罐内低温液体的低温对承台的影响。通过采用支撑桩结构,使从地面到储罐的传热损失降至最低。

混凝土板采用紧密间隔的桩柱支撑。根据底层土壤的不同类型,确定这些桩柱可以是桩的延伸或坐落于浅基础上。

混凝土板以下的净空宜高出地面至少 1.5m,以便能够进行检查和维修。

储罐下方的地面应当加以平整,以防止液体积聚在储罐下面。

二、设计原则

1. 总则

LNG 储罐的基础应能承受设计荷载并确保储罐结构的完整性。

LNG 储罐的基础设计应考虑以下因素:

(1) 外加荷载在整个重力荷载中占据了主要部分。

(2) 外加荷载经常达到最大值,但由于储罐内的液面的变化,其大小也经常变化。

(3) LNG 储存系统所储存的 LNG 产品意味着极高的能量聚集,事故性排放可能会导致严重后果。

(4) 对于某些类型的土壤和岩石,储罐容纳的 LNG 产品会导致土壤冻结及冰冻膨胀,需要考虑在基础系统中采取保护措施。

2. 地质勘察

在储罐基础设计和施工之前,应由具有资质的岩土勘察单位对基础进行岩土地质勘察,以确定施工场地的地质特性和土壤特性。此外,为满足接地需要,还应确定土壤的导热性和导电性。

除地质勘察外,还应从区域地质状况、地下状况以及邻近地区类似构造的考察中获取相关的信息和资料。

应获得储罐基础规划场地的地下水详细资料，包括地下水位深度和季节性变化（静止地下水、地下水流等）。同时应查明土壤渗透性及土壤对冻胀的敏感性等数据。

3. 地震调查和评估

鉴于地震会潜在危及储罐泄漏，宜对LNG储罐进行地震调查和评估。

地震调查的范围依赖于对现场发生符合设计中规定的危险等级的地震的强度、重现间隔的评估。

4. 基础设计

储罐的底座（承台）和基础应设计成能够将全部荷载传递至适合承受上述负载的地层。此外，一旦储罐所储存的产品发生渗漏，储罐的底座和基础宜保持密封性并能够承受预期的局部和总体沉降。

储罐基础的设计宜遵照相关规范的规定，并考虑土壤与储罐构件之间的相互作用的性质、液体荷载与基础沉降、底层土壤的冻胀与地震荷载的限定值等。

荷载情况应考虑储罐结构使用的不同阶段，如建造、试验、试运转、运行及维修等。此外，还应考虑所有的异常情况，如地震、火灾等。

5. 基础沉降

在储罐使用期间内，其最大总体沉降和/或不均匀沉降应在储罐的允许沉降限值内。允许的不均匀沉降限值见表13-3。

表13-3 不均匀沉降限值

沉降类型	不均匀沉降限值
储罐倾斜	1：500
储罐底板从储罐边缘至中心沿径向的沉降	1：300
沿储罐周边的沉降	1：500，但不超过储罐倾斜计算出的最大沉降极限

在储罐使用寿命周期的各个阶段（包括建造、水压试验、试运转和运行阶段），均应对其沉降状况进行监测。在储罐基础中应根据情况敷设专用管道供监测仪表使用，且管道的位置和数量应与为精确评价总体沉降和不均匀沉降的要求相一致。监测频率宜与预测时间以及由荷载所决定的沉降变化速率相一致。

仪器的测量精度和使用重复精度宜与构件的敏感度相匹配。考虑仪器失

第十三章 结构设计

效的影响,宜采取冗余设计。

第三节 预应力混凝土外罐

一、设计原则

储罐应根据本节要求和图纸给出的主要尺寸对预应力混凝土外罐进行详细设计,混凝土底板、罐顶和罐壁的厚度,外罐的直径和高度均应经计算确定。

1. 底板

储罐底板宜采用预应力混凝土或钢筋混凝土,用来支撑混凝土外罐和钢内罐。一般而言,由于罐壁支撑在底板的外环形部位,造成该部位的受力较大,因此外环形部位的厚度较底板中心区域的厚度要厚一些,且罐壁与底板应为刚性连接。当储罐所在地地加速度较小,下部桩与底板可为刚性连接;当储罐所在地地震加速度较大时,下部桩与底板处可设隔震支座,以减小地震力的影响。

2. 罐壁

储罐罐壁应为环形预应力混凝土结构,主要功能为保护内罐免遭外部的灾难事件的破坏,且在内罐破裂时也能提供安全保护防止 LNG 泄漏出来。在罐壁底部有一层由包含 9%镍元素的低温钢板和保冷材料组成的保冷角。储罐的罐壁设计应考虑如下要点:

(1) 为了密封液化天然气,罐壁与罐顶及混凝土底板之间应设计为固定连接。

(2) 在罐壁水平环向和垂直方向均应布置预应力钢筋,采用后张拉法施工。

(3) 应根据正常作用载荷、异常作用载荷和温度变化对预应力混凝土罐壁进行设计,以确保在各种工况下都是安全的。

(4) 在罐壁内侧主筋应使用低温钢筋,外侧主筋使用常温钢筋,箍筋应使用低温钢筋。

(5) 在最大设计荷载条件下(包括由于内罐泄漏导致的液体荷载和温

度效应),罐壁在水平向和竖直上的混凝土受压区应保留至少 1MPa 的平均压应力。

(6)对于无液密内衬/涂层的混凝土罐壁,为了保证混凝土的液体致密性,混凝土受压区高度应不小于 100mm。

(7)设计时,由于结构的原因可以在罐壁上设置临时开孔,开孔要在热角保护系统下方且不高于 3.5m。在临时开孔处要做后张拉处理,并在内罐做水压试验之前将开孔进行永久性密封。

(8)热角保护锚栓应设置在上述的临时开孔之上 1m 处。

3. 罐顶

球形罐顶由钢结构壳和现浇于其上的钢筋混凝土板壳组成。所有的工艺管道都通过罐顶和外部连接。混凝土罐顶为工艺管道产生的荷载提供支撑并保护内罐免遭诸如飞行物冲击和外部火灾等外部灾难事件的破坏。钢结构壳仅仅承受施工阶段产生的荷载和使用阶段悬挂于其下的铝吊顶产生的荷载。通常情况下,球形罐顶的半径等于外罐罐壁的内表面处直径。钢结构壳顶板和混凝土壳之间用大头抗剪栓钉连接,以确保这两者能共同工作。储罐的罐顶设计应考虑如下要点:

(1)罐顶为圆形,由钢筋混凝土浇筑而成。

(2)罐顶内侧设有钢内衬,以确保罐顶的气密性。内衬板可作为模板,也可作为复合结构使用,在这种情况下,内衬钢板应采用剪力键和混凝土连接。

(3)罐顶可连续浇筑,也可分段施工,还可根据其厚度分层浇筑。应注意选择合适的施工方法,施工完成的罐顶须平整且无裂缝。

(4)在混凝土硬化期间,储罐内需充有所需要的空气压力,以支撑新浇筑混凝土重量,直到达到足够的强度。

(5)应通过分析证明罐顶钢结构可以承受在浇筑过程中产生的非对称载荷。

4. 边角保护系统(TPS)

当内罐发生轻微泄漏或 LNG 从内罐顶部溢出时,低温液体会汇集到内罐与外罐保冷层间的底部。为了防止此处的底板和罐壁内表面直接与低温液体接触产生很大的温度应力从而导致破坏,在这个区域内设置一道边角保护系统:在内罐与外罐的保冷层间底板顶面处铺设一道泡沫玻璃保冷块和含镍元素9%的低温钢板,并且一直延伸到外罐罐壁 5m 高处。

第十三章 结构设计

5. 内罐壳体下面的圈梁

内罐壳体下面应设置圈梁。圈梁应能够承受竖直方向的壳体重量和水平方向环板可能移动引起的载荷。混凝土圈梁应利用低温钢筋或碳钢钢筋进行配筋。

6. 预应力系统

预应力设计应考虑如下要点：

（1）在确定预应力系统位置时应考虑应力分布和耐火性的问题。为达到防止外部火灾的作用，竖向预应力钢筋束应置于混凝土墙壁的中央位置，环向预应力钢筋束宜布置在罐壁中间竖向钢筋束的外侧。

（2）竖向预应力应在施加水平预应力之前施加上去，这样使罐壁能够抵抗由于施加圆周方向预应力以及热效应引起的垂直方向的弯曲。否则，这些因素可能导致出现水平裂缝。

（3）预应力钢筋束可采用置于套管中并用水泥灌浆的钢筋束，或者采用单根润滑并加装聚乙烯或聚丙烯套管的非灌浆钢筋束。后者可以不经过导管直接浇筑在混凝土中，也不需要随后对其灌注水泥。非灌浆钢筋束的性能仅依赖于锚具的完整性，而灌浆钢筋束可以通过水泥浆得到额外的保护。

（4）在强腐蚀环境中，为保护预应力钢筋，当采用灌浆钢筋束时应考虑采用非铁质的预应力套管。

（5）为给预应力钢筋提供足够的保护，有效地防止钢筋的腐蚀，当采用灌浆钢筋束时应提供经设计和承包方共同协商制定的灌浆程序。

7. 混凝土保护层

选择钢筋混凝土保护层应考虑暴露类别、土壤条件及异常设计条件（如防火设计）等诸多因素。最低要求应符合 EN 1992-1-1：2004《欧洲规范工：混凝土结构设计—第 1-1 部分：一般规则和建筑规则》或 GB 50010—2010《混凝土结构设计规范（2015 年版）》的规定。

8. 裂缝控制

在正常作用条件下，对预应力构件的裂缝宽度限值为 0.2mm；对非预应力构件的裂缝宽度限值为 0.3mm。对作用时间短且作用次数稀少的荷载工况组合（如施工阶段、试验阶段和偶然作用），裂缝宽度限值可适当放宽。

9. 设计规范

混凝土外罐主体设计规范应采用 EN 1992-1-1：2004 或 GB 50010—2010《混凝土结构设计规范（2015 年版）》。

二、设计参数

在进行外罐设计时,应确定的基本设计参数如下。

1. 外罐参数

外罐参数应包括如下内容:

(1) 底板直径、中部厚度及环形外侧厚度。

(2) 罐壁壁厚、内径和高度。

(3) 圆形罐顶混凝土内表面半径、穹顶高度、中部板厚度及罐壁交界处板厚度。

(4) 从底板顶面算起的边角保护高度。

2. 内罐参数

内罐参数应包括内罐直径、高度、罐容及每一段罐壁厚度。

3. LNG 参数

LNG 参数应包括密度(一般是 480kg/m³)和工作温度(-165℃)或设计温度(-170℃)。

4. 储罐设计条件

储罐设计条件应包括设计温度、设计蒸气压力、设计蒸气负压和气压试验压力。

5. 外部设计条件

外部设计条件应包括如下内容:

(1) 该地区的月平均最低环境温度、月平均最高环境温度、日平均最低环境温度和日平均最高环境温度。

(2) 该地区的最大太阳辐射值(W/m²)。

(3) 该地区的基本风压和平均风度。

(4) 该地区的平均湿度。

6. 液位高度

液位高度信息应包括正常操作和异常事故情况下的液位值,具体应包括最高设计液位、最低设计液位、试水液位和严重泄漏溢出液位。

7. 异常作用下的参数

异常作用包括地震作用、火灾作用、爆炸作用、飞行物冲击作用和内罐严重泄漏作用等。

(1) 火灾作用包括罐顶火灾和相邻火灾,罐顶火灾可按最大热通量

$32kW/m^2$，持续作用时间 2h 考虑；相邻火灾可按最大热通量 $32kW/m^2$，持续作用时间 6h 考虑；

（2）飞行物冲击作用是一个 4in 的重 110kg 的阀门以 160km/h（45m/s）的速度飞行撞到储罐时产生的作用。

（3）爆炸作用是考虑周边建筑物或设施爆炸产生的冲击波传播到储罐时产生作用，应确定其峰值入射动压力、衰减规律及时间。

（4）依据项目场区地震评估报告和建筑建构抗震设计规范，确定地震作用水平为 SSE 的水平及竖向地面加速度反应谱参数，用于地震作用反应谱分析。

8. 常温下的混凝土材料参数

1）混凝土

（1）力学参数应包括密度、强度等级、弹性模量和泊松比。

（2）热工参数应包括热吸收率（一般可取 0.65）、热辐射率（一般可取 0.9）及热膨胀系数。

（3）收缩徐变可根据 EN 1992-1-1：2004 的 3.1.4 条款来进行计算。

（4）混凝土的应力—应变曲线应根据 GB 50010—2010《混凝土结构设计规范（2015 年版）》或 EN 1992-1-1：2004 采用。

2）普通钢筋

在设计混凝土外罐时，要用到常温钢筋和低温钢筋，其中常温钢筋可根据《混凝土结构设计规范（2015 年版）》（GB 50010—2010）选用 HRB400 等级；低温钢筋应满足《操作温度介于 0～-165℃的立式圆筒形平底低温液化气储罐现场设计与施工—第 3 部分：混凝土构件》（EN 14620-3：2006）和《低温工作条件下的平底、立式、圆柱形储罐—第 3 部分：预应力钢筋混凝土罐基础的设计和制造及罐内衬和罐涂层的设计和安装推荐方法》（BS 7777-3:1993）的要求，即无缺口钢筋-165℃下最小伸长率不小于 3%；缺口钢筋-165℃下的最小伸长率不小于 1%，缺口敏感系数（NSR）不小于 1；无缺口钢筋的实测屈服强度不小于 1.15 倍的最小屈服强度特征值。

常温钢筋和低温钢筋的弹性模量都可按常温钢筋取值，应力—应变关系曲线都可按 GB 50010—2010 或 EN 1992-1-1：2004 采用。

3）预应力钢筋

预应力钢筋的参数可按 EN 1992-1-1：2004 的规定取值。各项参数见表 13-4。

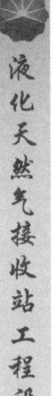

表 13-4 预应力钢筋的参数

内容	取值
钢绞线直径（mm）	15.2 或 15.7
钢束根数	12，19 或 27 等（可依据需要确定）
极限抗拉强度（MPa）	1860
屈服强度	0.85
材料分项系数	1.2
弹性模量（GPa）	195
1000h 后的应力松弛（%）	2.5

9. 混凝土材料的非线性参数

1）混凝土

（1）弹性模量。

混凝土在高温下的弹性模量可根据 EN 1992-1-2：2004《欧洲规范：混凝土结构设计—第 1-2 部分：一般规则—结构防火设计》计算得到；混凝土在低温下的弹性模量应根据 GB 51081—2015《低温环境混凝土应用技术规范》的规定取值。

（2）比热容。

混凝土在高温下的比热容值可根据 EN 1992-1-2：2004 的 3.3.2 节计算得到；混凝土在低温下的比热容值应根据 GB 51081—2015《低温环境混凝土应用技术规范》的规定取值。

（3）热传导系数。

混凝土在高温下的热传导系数根据 EN 1992-1-2：2004 的 3.3.3 节计算得到；混凝土在低温下的热传导系数应根据 GB 51081—2015《低温环境混凝土应用技术规范》的规定取值。

（4）膨胀系数。

混凝土在高温下的膨胀系数根据 EN 1992-1-2：2004 的 3.3.1 节计算得到；混凝土在低温下的膨胀系数应根据 GB 51081—2015《低温环境混凝土应用技术规范》的规定取值。

（5）本构关系。

高温下混凝土的本构关系可按 EN 1992-1-2：2004 的 3.2.2 节来计算；低温下混凝土的抗拉强度和抗压强度均比常温时有所提高，在没有具体试验数据的情况下，为安全起见，可不考虑它的提高作用，按常温的本构关系来计算，也可按 GB 51081—2015《低温环境混凝土应用技术规范》来计算。

2）普通钢筋

（1）弹性模量。

高温下普通钢筋的弹性模量根据 EN 1992-1-2：2004 3.2a 节计算得到；低温下的值与常温下的相同。

（2）屈服强度。

高温下普通钢筋的屈服强度可根据 EN 1992-1-2：2004 3.2a 节计算得到；低温下的值与常温下的相同。

（3）本构关系。

高温下普通钢筋的本构关系可按 EN 1992-1-2 ：2004 的 3.2.3 节来计算；低温下普通钢筋的抗拉强度比常温时有所提高，为安全起见，可不考虑它的提高作用，按常温的本构关系来计算。

3）预应力钢筋

（1）弹性模量。

高温下预应力钢筋的弹性模量根据 EN 1992-1-2：2004 3.3 节计算得到；低温下的值与常温下的相同。

（2）屈服强度。

高温下预应力钢筋的屈服强度可按 EN 1992-1-2：2004 的 3.2a 节来计算；低温下的值与常温下的相同。

（3）本构关系。

高温下预应力钢筋的本构关系可按 EN 1992-1-2 ：2004 的 3.2.4 节来计算；低温下预应力钢筋的抗拉强度比常温时有所提高，为安全起见，可不考虑它的提高作用，按常温的本构关系来计算。

三、荷载及荷载工况

外罐设计的荷载根据作用发生的频率或可能性分为两大类：正常作用荷载工况和异常作用荷载工况。具体分类见表 13-5。

1. 荷载工况

1）自重产生的永久荷载（Permanent）

该部分荷载取决于材料的密度，包括以下三个部分：

（1）结构自重产生的永久荷载。该项荷载取决于混凝土材料的密度，一般取 2450kg/m³，包括混凝土底板、罐壁和罐顶。

表 13-5　荷载分类

编号	类别	属性	描述
1	Permanent	正常作用荷载工况	自重产生的永久荷载
2	Permanent2	正常作用荷载工况	其他部分产生的永久荷载
3	Product	正常作用荷载工况	LNG 产品自重
4	Internal	正常作用荷载工况	作用于罐体内部的活荷载
5	External	正常作用荷载工况	作用于罐体外部的活荷载
6	Wind	正常作用荷载工况	风荷载
7	Test	正常作用荷载工况	气压和水压试验荷载
8	Impact	异常作用荷载工况	冲击荷载
9	Blast	异常作用荷载工况	爆炸荷载
10	Minor Leak	正常作用荷载工况	内罐轻微泄漏荷载
11	Major Leak	异常作用荷载工况	内罐严重泄漏荷载
12	Prestress	正常作用荷载工况	预应力荷载
13	Temperature	正常作用荷载工况	温度荷载
14	OBE	正常作用荷载工况	操作基准地震
15	SSE	异常作用荷载工况	安全停车地震
16	Fire	异常作用荷载工况	火灾

（2）罐内材料自重产生的永久荷载。该部分荷载包括如下内容：

① 内罐罐壁自重和弹性毯自重。

② 珍珠岩保冷层自重。

③ 抗压环自重。

④ 内罐底板自重。

第十三章　结构设计

⑤ 底部保冷做法自重。
⑥ 钢结构壳自重。
⑦ 铝吊顶及其上保冷层自重。
(3) 罐顶平台自重产生的永久荷载。
2) 其他部分产生的永久荷载（Permanent2）
该部分荷载是储罐结构自重以外的原因产生的荷载，且一直对结构起作用，包括如下内容：
(1) 罐顶管道和设备自重产生的永久荷载。该部分荷载是罐顶上的管道和设备质量产生的荷载，其中管道荷载包含试水时水的质量。
(2) 珍珠岩保冷层对罐壁产生的侧压力。该部分荷载是由于珍珠岩保冷层受自重和挤密作用后对外罐罐壁形成的压力，通常可取 $1.25kN/m^2$。
(3) 罐顶罐底对罐壁收缩引起的作用。该部分荷载是由于外罐长时间暴露于空气中，混凝土经过风干后会形成收缩，此时罐壁会对罐顶和底板的收缩起约束作用，形成收缩内力。
3) LNG 产品自重（Product）
该部分荷载是内罐储存的液体对底板产生的压力。
4) 作用于罐体内部的活荷载（Internal）
该部分荷载是储罐内部蒸气压力对外罐形成的压力，作用力方向为沿着罐顶、罐壁和底板的法线方向向外（压力为正时）或向内（压力为负时）。
5) 作用于罐体外部的活荷载（External）
该部分荷载包括如下内容：
(1) 正常使用产生的活荷载。
① 罐顶上的活荷载，取 $1.2kN/m^2$。
② 罐顶底下悬吊的铝吊顶活荷载，取 $0.5 kN/m^2$。
③ 罐顶平台上的活荷载，取 $4.0kN/m^2$。
(2) 雪荷载。
标准值按 100 年一遇取值，且雪荷载不与罐顶的活荷载同时作用。
6) 风荷载（Wind）
标准值按 100 年一遇取值。
7) 气压和水压试验荷载（Test）
试验荷载包括水压试验和气压试验，应符合 EN 14620-5：2006 的规定。
(1) 水压试验。

水压试验仅对内罐进行,外罐不进行水压试验。试验的目的,一是为了检验内罐是否能满足设计要求包容住液体不泄漏;二是为了检验基础是否满足设计要求支撑住整个罐体。试水时的最高水位为1.25倍的液体设计液位乘以产品的密度与水的密度比值。

(2)气压试验。

气压试验的压力等于1.25倍的设计压力。

8)冲击荷载(Impact)

罐顶和罐壁要求能够抵抗一个重110kg的4in的阀门以45m/s的速度飞行时的撞击而不能被穿透。经过计算,这个撞击过程会产生1360kN的作用力,根据作用位置的不同,分为6个荷载工况(其中3个作用于罐壁,3个作用于罐顶)。

9)爆炸荷载(Blast)

当自由空间中的爆炸波撞击到物体的表面时,它会被反射。由于这个原因,该表面将遭受一个比入射压力值更重要的反射压力。该反射压力的大小可通过式(13-1)得出。

$$p_r = C_r \times p_0 \qquad (13-1)$$

式中　p_r——反射压力,kPa;

　　　p_0——峰值入射超压,kPa;

　　　C_r——反射系数,C_r的取值没有明确规定,下面提供的公式可作为参考。

对于罐壁:

$$p_r = p_0(1.24 + \cos\alpha - 0.24\sin\alpha), \alpha < 90° \qquad (13-2)$$

$$p_r = p_0, \alpha > 90° \qquad (13-3)$$

式中　α——反射波与作用面的夹角,(°)

对于罐顶:

当$\theta \leqslant 90°$时:

$$C_{r\alpha,\theta} = (C_{r\alpha}/C_{r\alpha,0})C_{r\alpha,\theta}, \alpha \leqslant 55° \qquad (13-4)$$

$$C_{r\alpha,\theta} = 10, \alpha \leqslant 55° \qquad (13-5)$$

当$\theta > 90°$时:

$$C_{r\alpha,\theta} = 1.0 \qquad (13-6)$$

罐顶反射压力分布如图13-1所示。

第十三章 结构设计

对爆炸荷载的作用，应进行有限元模型瞬态动力学分析，以求得最不利作用。

10）内罐轻微泄漏荷载（Minor Leak）

内罐轻微泄漏时，漏出的液体被储存在内罐和外罐间的环形空间内，液位在边角保护系统的高度范围内，不会引起较大的温度效应，仅考虑液体对外壁和底板的液压即可。

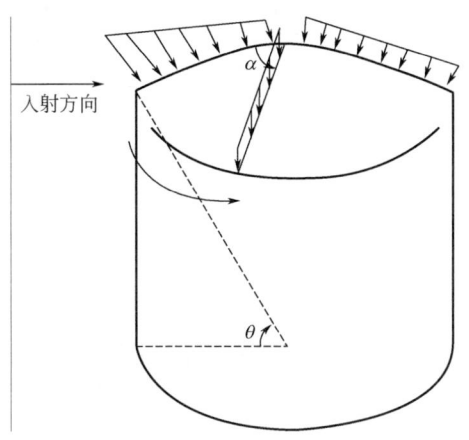

图 13-1　罐顶反射压力分布

11）内罐严重泄漏荷载（Major Leak）

内罐发生严重泄漏时，内罐内的液体流出一部分充满整个内外壁间的环状空间，内罐的液位和环形空间的液位为同一液位高度。此种状态时，由于低温液体直接与混凝土罐壁接触，会产生很大的温度效应。因此，该荷载工况不仅有液体对底板和罐壁的静水压力，还包括罐壁的低温收缩效应。

12）预应力荷载（Prestress）

预应力钢筋不在有限元分析模型中建立相关单元，而是把它等效为外部压力荷载施加到罐壁处来进行应力分析，以此来模拟预应力钢筋的作用。

13）温度荷载（Temperature）

外罐温度荷载的计算是根据外罐所处的内外部环境的热力边界条件进行温度场分析，计算出每个节点处罐壁的内外温度值，然后再把这些温度值作为温度荷载工况进行静力计算，从而得出温度场变化对结构的影响。外罐各个部位的热力边界条件是不同的,因此要分别计算各个部位的热力学参数,作为边界条件输入到计算模型。温度计算部位如图 13-2 所示。

由于外罐计算的有限元模型是不包含罐内的内罐和保冷层的,仅是外罐混凝土结构,因此,需要把热力学计算边界条件转移到外罐的内侧罐壁,即得到罐壁内侧的等效对流系数。温度场分析计算模型如图 13-3 所示。

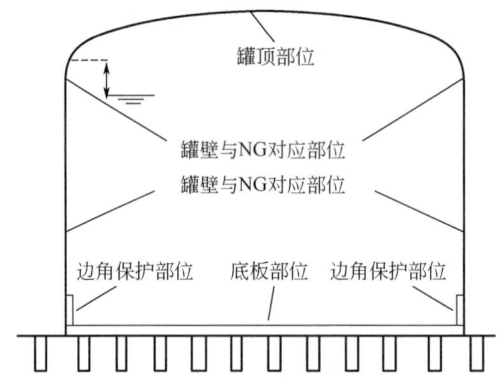

图 13-2　温度计算部位

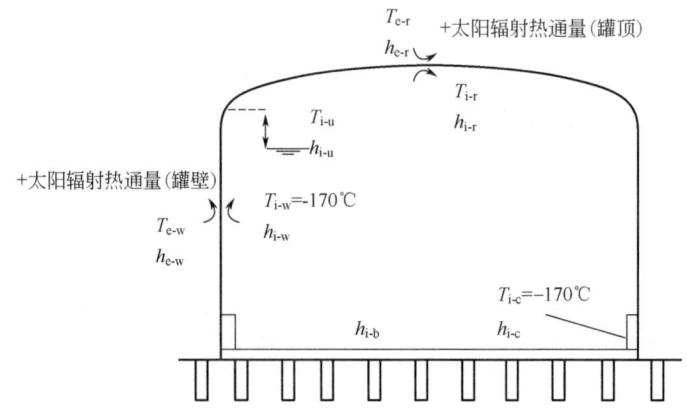

图 13-3　温度场分析计算模型

T_e—外界环境温度；T_i—罐内环境温度；h_e—外界对流系数,
h_e=5.7+3.8v, v 为风速（m/s）；h_i—罐内等效对流系数

温度荷载根据使用阶段的不同，分为两类，一类是正常操作阶段产生的温度场计算，另一类是内罐发生严重泄漏情况下产生的温度场计算，分别如下：

（1）正常操作阶段温度场计算。

此阶段的温度场计算采用稳态热分析即可。

冬季计算参数如下：

① 最低日平均温度。

② 罐内环境温度-170℃。

③ 外部环境无风。

④ 外部环境无日照。

⑤ 罐体无温度应力时的参考温度（可取年平均温度）。

夏季计算参数如下：

① 最高日平均温度。

② 罐内环境温度-170℃。

③ 外部环境无风。

④ 太阳辐射值（W/m^2）。

⑤ 罐体无温度应力时的参考温度（可取年平均温度）。

（2）严重泄漏阶段温度场计算。

此阶段的温度场计算采用稳态热分析，但还需进行瞬态热分析。

冬季计算参数如下：

① 最低月平均温度。

② 罐内环境温度-170℃。

③ 外部环境无风。

④ 外部环境无日照。

⑤ 罐体无温度应力时的参考温度（可取年平均温度）。

夏季计算参数如下：

① 最高月平均温度。

② 罐内环境温度-170℃。

③ 外部环境无风。

④ 太阳辐射值（W/m^2）。

⑤ 罐体无温度应力时的参考温度（可取年平均温度）。

14）操作基准地震（OBE）

地震计算分如下两步进行：

（1）模态分析。

该分析得到结构的振型和频率。

（2）反应谱分析。

该分析用模态分析得到的频率通过反应谱得到相应的水平加速度，从而计算出结构的内力。用平方和平方根方法（SRSS）来组合各个振型的结果作为输出结果。水平地震与竖向地震同时作用时采用一个 100%参与组合，另一个 40%参与组合的线性组合方式，见表 13-6。

表 13-6　水平地震与竖向地震组合

方向	水平	竖向
组合/水平	±100% X, Z	±40% Y
组合/竖向	±40% X, Z	±100% Y

该分析步需计算下面几种情况：

① 内罐为空时的水平地震计算。

② 内罐为空时的竖向地震计算。

③ 内罐充满时的水平地震计算。

④ 内罐充满时的竖向地震计算。

竖向反应谱加速度取相应的水平反应谱值的 2/3。

15）安全停车地震（SSE）

计算内容与 OBE 相同。

16）火灾荷载（Fire）

储罐附近火灾会产生热辐射并使储罐结构的温度升高。储罐火灾分为 2 个部分，一个是自身罐顶的压力安全阀发生泄漏引起的火灾，主要作用部位是罐顶；另一个部分是相邻储罐发生火灾或储罐围堰内区域积聚的产品液体发生的火灾，主要作用部位是罐壁。火灾荷载效应计算的步骤是先确定火灾产生的作用于混凝土表面的辐射热通量，进行瞬态温度场计算，然后把得到的各个点的温度作为力学边界条件，进行静力计算。EN 1473—2007 规定的作用于混凝土表面的最大辐射热通量是 $32kW/m^2$，NFPA 59A—2006 规定的值是 $30kW/m^2$。通常情况下，业主可根据项目实际情况确定这个值，当设置消防系统时，这个值可适当降低。

第十三章 结构设计

2. 极限状态

1) 极限状态的定义（limit state）

在使用中当整个结构或结构的一部分，超过某一特定状态就不能满足设计规定的某一功能要求时，此特定状态就称为该功能的极限状态。结构设计要进行极限状态验算，检验各个部分是否满足要求。

2) 极限状态的分类

（1）正常使用极限状态（Serviceability Limit States，SLS）。

当结构或结构构件达到正常使用或耐久性能的某项规定限值时所对应的状态称为正常使用极限状态。该状态验算结构或构件的变形、裂缝宽度和应力是否超过规定的限值，内罐严重泄漏时外罐壁是否满足致密性要求等。在该状态验算中，荷载效应不乘以荷载分项系数，即所有的荷载分项系数都为1；材料参数用标准值。

（2）承载能力极限状态（Ultimated Limit States，ULS）。

当结构或构件达到最大承载能力、出现疲劳破坏或不适于继续承载的变形时所对应的状态称为承载能力极限状态。该状态验算结构会不会倾覆、结构构件或连接是否因超过材料强度而破坏、是否因过度的塑性变形而不适于继续承载和结构或构件会不会丧失稳定而出现失稳破坏。在该状态验算中，荷载效应要乘以荷载分项系数；材料参数用设计值。

3. 荷载分项系数

荷载组合中应考虑的设计条件可分为下列几种：

（1）施工阶段（Construction）。

（2）气压和水压试验阶段（Pneumatic and Hydro Test）。

（3）使用阶段（Operating）。

（4）偶然事件（Incidental）：包括 OBE 地震和轻微泄漏（Minor Leak）。

（5）异常事件（Accidental）：包括 SSE 地震、爆炸（Blast）、冲击（Impact）、火灾（Fire）和严重泄漏（Major Leak）。

对每个极限状态，随荷载组合的不同，每种荷载工况的荷载分项系数是变化的。荷载分项系数取值时主要考虑以下两点：

（1）荷载发生的频率。

（2）荷载取值的变异性。

具体的荷载系数见表 13-7、表 13-8 及表 13-9。其中符号说明如下：

A 表示不利的情况。

B 表示有利的情况。

表 13-7　正常操作条件下 SLS 状态荷载系数

荷载组合	Permanent		Permanent2		Product		Internal		External		Wind		Thermal	Test		Prestress		OBE	Minor Leak
	A	B	A	B	A	B	A	B	A	B	A	B		A	B	A	B		
Construction	1.0	1.0	0.0	0.0	0.0	0.0	0.0	0.0	0.0	0.0	0.3	0.3	0.0	0.0	0.0	1.2	1.2		
Test	1.0	1.0	1.0	1.2	0.0	0.0	0.0	0.0	0.0	0.0	0.3	0.3	0.0	1.0	1.0	1.2	1.0		
Operating	1.0	1.0	1.0	1.4	1.0	1.0	1.0	1.0	1.0	1.0	1.0	1.0	1.0	0.0	0.0	1.1	0.9		
OBE	1.0	1.0	1.0	1.2	1.0	0.0	1.0	1.0	1.0	1.0	0.0	0.0	1.0	0.0	0.0	1.1	0.9	1.0	
Minor Leak	1.0	1.0	1.0	1.4	1.0	0.0	1.0	1.0	1.0	1.0	0.0	0.0	1.0	0.0	0.0	1.1	0.9		1.0

表 13-8　正常操作条件下 ULS 状态荷载系数

荷载组合	Permanent		Product		Internal		External		Wind		Thermal	Test		Prestress		OBE	Minor Leak
	A	B	A	B	A	B	A	B	A	B		A	B	A	B		
Construction	1.4	1.0	0.0	0.0	0.0	0.0	0.0	0.0	0.42	0.42	1.0	0.0	1.0	1.2	1.0		
Test	1.2	1.0	1.2	1.0	0.0	0.0	0.0	0.0	0.42	0.42	1.0	1.2	1.0	1.2	1.0		
Operating	1.4	1.0	1.4	1.4	0.0	0.0	1.4	1.4	1.4	1.4	1.0	0.0	0.0	1.2	0.9		
OBE	1.2	1.0	1.2	1.05	0.0	0.0	1.2	1.2	1.2	1.2	1.0	0.0	0.0	1.2	0.9	1.05	
Minor Leak	1.4	1.0	1.4	0.0	0.0	0.0	1.4	1.4	1.4	1.4	1.0	0.0	0.0	1.2	0.9		1.2

第十三章 结构设计

表 13-9 异常操作条件下 ULS 状态荷载系数

荷载组合	Permanent		Permanent2		Product		Internal		External		Wind		Thermal	Prestress		SSE	Blast	Impact	Fire	Major Leak
	A	B	A	B	A	B	A	B	A	B	A	B		A	B					
SSE	1.05	1.0	1.05	1.0	0.0	0.0	1.05	0.0	1.05	0.0	0.3	0.3	1.0	1.05	1.0	1.0				
Blast	1.05	1.0	1.05	1.0	1.05	0.0	1.05	0.0	1.05	0.0	0.3	0.3	1.0	1.05	1.0		1.0			
Impact	1.05	1.0	1.05	1.0	1.05	0.0	1.05	0.0	1.05	0.0	0.3	0.3	0.0	1.05	1.0			1.0		
Fire	1.05	1.0	1.05	1.0	0.0	0.0	1.05	0.0	1.05	0.0	0.3	0.3	1.0	1.05	1.0				1.0	
Major Leak	1.05	1.0	1.05	1.0	0.0	0.0	0.0	0.0	0.0	0.0	0.3	0.3		1.05	1.0					1.0

荷载类型

四、有限元分析方法

通常情况下，外罐的底板、罐壁和罐顶计算模型用三维板单元来模拟，桩用梁单元来模拟，土对桩的约束作用可用弹簧单元来模拟。由于结构的对称性，可取实体的一半来模拟，在对称面施加对称约束条件。在进行异常情况（火灾、内罐泄漏）下的非线性分析时，可采用二维轴对称模型来模拟。

1. 热力学计算模型

在进行混凝土外罐的应力分析时是要考虑正常操作状态、内罐泄漏状态和火灾状态下的温度应力。要求得这个温度应力，首先要进行热力学稳态分析，求得罐壁内外的温度分布，然后把温度作为荷载条件来进行静力计算求得罐壁的应力。因此，要建立热力学分析有限元计算模型。由于计算对象是混凝土外罐，所以这个热力学计算模型只要包含混凝土外罐即可，中间保冷层和内罐罐壁都不必在计算模型中建立单元，但必须根据等效的原则把内部热力边界条件从内罐等效到混凝土外罐的内表面上，以考虑保冷层的隔冷特性。在进行热力学分析时，外罐的内表面环境温度取常数，对流系数取等效对流系数；外表面环境特性要考虑太阳辐射传热，环境温度根据冬夏季节的不同取相应的常数。

根据分析方法的不同，热力学计算模型分为 3D 壳单元模型和 2D 轴对称单元模型。3D 模型主要用于计算操作状态的温度场分布、内罐严重泄漏或火灾时的温度场分布，为 3D 应力计算模型计算温度荷载作用做准备；2D 模型用于计算内罐严重泄漏或火灾时的温度场分布，为 2D 应力计算模型作非线性计算准备温度荷载。

2. 应力计算模型

应力计算模型是最常见的静力计算模型，施加力学边界条件和荷载条件，进行静力计算就可得到应力、应变和内力。这种计算模型主要研究对象是外罐，所以保冷层材料和内罐及 LNG 液体均不需在模型中出现，仅把它们的荷载作用考虑进去即可。

根据研究方法的不同，应力计算模型分为 3D 壳单元模型和 2D 轴对称单元模型。3D 壳单元模型是三维线弹性模型（不包含钢筋单元）。当考虑混凝土的开裂对内力重分布产生的影响时，可先进行试算求得未开裂状态下的内力，根据该内力求得混凝土配筋后的开裂刚度；然后根据开裂刚度对计算模型进行刚度等效折减，修正计算模型的刚度；再根据修正后的刚度进行线弹性计算,求得新的内力和新的开裂刚度,直到内力和开裂刚度收敛为止。2D轴对称单元模型是非线性模型(包含钢筋单元),主要用来模拟在异常情况下(火灾、大泄漏),外罐混凝土开裂后的力学特性。

3. 地震计算模型

地震计算要考虑两种情况,一种是内罐为空罐时的情况;另一种是内罐装满液体时的情况。地震计算是一种动力计算,计算结果跟质量和刚度相关,而保冷层等辅助材料的质量很小,刚度更软,对整个结构的动力反应影响很小,因此,不把这些材料在模型中建立几何单元,只是把它们的质量附加到外罐模型中,考虑质量影响而忽略其刚度的影响。这样,空罐时的计算模型类似于应力计算模型;满罐时在地震作用下,液体的一部分质量在罐内晃动,一部分质量随罐壁一起做刚性运动,而这些质量都很大,影响结构的动力特性,因此,该计算模型要包含这部分液体的影响。

五、分析软件

混凝土外罐的应力、地震和温度场分析应用商业有限元软件来进行,该软件应具备很强的前处理、求解和后处理的能力;能进行静力线性分析、静力非线性分析、瞬态动力学分析、反应谱分析和热分析等;要有能模拟混凝土和钢筋的单元。

六、设计方法和准则

1. 设计方法

在混凝土外罐的设计中,采用了两种类型的研究方法:第一种是线性分析方法,这种方法是先进行荷载工况的线性计算,求得相应的应力、内力和位移,然后根据计算出的内力进行荷载效应的线性组合,再根据最不利组合值进行配筋验算。在线性计算中,混凝土的非线性特性(由于开裂造成的刚度减小)也通过对混凝土进行刚度折减的方法考虑进去(该计算方法也称拟非线性计算方法);在荷载效应的线性组合中,在每种荷载效应前面都乘以一个荷载系数来进行叠加。第二种是非线性分析方法,当外罐处于某些特定荷载工况作用(火灾或内罐严重泄漏)下时,它产生的反应是非线性的,而这个非线性特性与施加的荷载路径和材料在不同环境下的不同特性有关系,因此,要对在这些荷载工况共同作用下的罐体进行非线性计算,以校核结构的性能是否满足要求。

2. 正常使用条件下的设计准则

1）安全性要求

安全性要求是结构在规定的使用年限内，能承受正常施工和正常使用过程中出现的各种作用（如各种荷载、温度变化、地震等）。它是通过检验结构的承载力设计值是否满足承载力极限状态（ULS）下荷载效应的组合设计值来保证的。

2）适用性要求

适用性要求结构在正常使用时能满足预定的使用要求，具有良好的工作性（如不出现影响正常使用的过大变形，不发生过宽的裂缝等）。它是通过计算正常使用极限状态（SLS）下荷载效应（如变形、应力等）组合的设计值是否满足正常使用要求的限值（例如变形限值、应力等的限值）来保证的。

（1）混凝土的应力限值

为了避免出现纵向压缩裂缝、微观裂缝和较高的徐变，有必要设置在正常使用阶段的混凝土的压应力限值。根据 CEB-FIP Model Code 1990 7.3.3 的规定，通常情况下这个限值为 $0.4f_{cc}$；当荷载的作用时间很短时（如施工期间荷载作用、试验荷载和地震荷载作用等），限值为 $(0.4\sim0.6)f_{cc}$，f_{cc} 是棱柱体抗压强度标准值。据 GB 50010—2010，棱柱体抗压强度标准值与立方体抗压强度标准值的比值 α_{c1}：对 C50 及以下，取 $\alpha_{c1}=0.76$；对 C80，取 $\alpha_{c1}=0.82$，中间按线性取值。综合考虑，当限值为 $0.4f_{cc}$ 时，等效为 $0.4\alpha_{c1}f_{cu}=0.4\times0.76\times f_{cu}\approx0.3f_{cu}$；当限值为 $0.6f_{cc}$ 时，等效为 $0.6\alpha_{c1}f_{cu}=0.6\times0.76\times f_{cu}\approx0.45f_{cu}$。

（2）普通钢筋的应力限值。

根据 CEB-FIP Model Code 1990 7.3.3 的规定，普通钢筋的应力限值可取为 $0.8f_{yk}$。

（3）预应力钢筋的应力限值。

根据 CEB-FIP Model Code 1990 7.3.3 的规定，预应力钢筋的应力限值可取为 $0.75f_{pk}$。

3）耐久性要求

耐久性要求是结构在正常的维护条件下，在规定的年限内仍能满足预定的功能要求。根据结构所处的环境类别，对混凝土的基本配合比和各项参数提出了不同的要求，并对裂缝宽度作出了相应的限制，以此来满足耐久性的要求。限制裂缝宽度是防止空气中的湿气或有腐蚀性的气体进入结构中腐蚀内部钢筋，从而降低结构的强度。对预应力钢筋混凝土结构，通常提出的要求会更严格,这是因为一旦钢筋被腐蚀,结构产生的破坏类型是脆性破坏,后果会更严重。由于 LNG 储罐所处均为滨海室外环境,对罐壁预应力钢筋、锚具及连接器,应采取专门防护措施。对于罐顶混凝土壳,由于内表面铺有一层钢板,所以内侧混凝土裂缝宽度不作限制;外表面混凝土暴露在空气中,所以要对裂缝宽度作出限制。根据 CEB-FIP Model Code 1990 7.3.3 的规定,对预应力构件,裂缝宽度限值为 0.2mm,对非预应力构件,裂缝宽度限值为 0.3mm。

4)试验阶段的要求

试验阶段施加的荷载可能比正常使用阶段的荷载大,因而可能在设计中起控制作用。然而,这些荷载作用时间短且作用次数稀少,这样在极限状态设计中,某些要求可适当放松,从而避免这种荷载工况对设计起控制作用。

5)施工阶段的要求

与试验阶段一样,施工阶段的荷载作用时间也很短,但荷载效应不能从建成后的荷载效应中按比例计算得到。另外,施工阶段的计算模型与边界约束条件也与正常使用阶段的不一样。因此,施工阶段应进行彻底的该阶段承载力极限状态和该阶段使用极限状态校核。

6)偶发事件的要求

在两种偶发事件(OBE 地震和轻微泄漏事件)中,LNG 储罐应仍然能够满足正常使用的要求。对这种发生概率很小和作用时间很短的事件,结构的适用性要求可适当放宽。

3. 异常条件下的设计准则

当储罐遭遇地震(SSE)、火灾、爆炸、撞击和严重泄漏等偶然作用时,认为结构处于异常条件,这些作用的共同特点是发生的概率非常小,作用的持续时间也很短,因此在设计准则上可适当放松。总的原则是材料的强度取标准值而不取设计值,荷载效应组合中的荷载分项系数取值也与正常条件下的不一样,不进行正常使用极限状态计算。按偶然作用的不同分述如下。

1)严重泄漏

这种情况下主要关心的是外罐能否包容住 LNG 足够长的时间不让其泄漏出来,以便于业主能够及时停车并清空罐体内液体。由于这个原因,该情况下的设计准则是保证混凝土罐壁在内罐泄流时温度从急剧降低到温度稳定这段时间的致密性。具体要求如下:

(1)混凝土受压区最小厚度不小于 100mm。

(2)混凝土受压区最小厚度为壁厚的 10%。

（3）混凝土受压区的平均压应力不小于 1MPa。

2）爆炸

这个作用时间很短的事件可能危害储罐的安全。用瞬态动力计算来模拟该事件对储罐的影响。

3）冲击

一次冲击事件不会直接导致储罐倒塌，对该事件关心的是防止罐顶罐壁被飞行物击穿，从而影响储罐的正常使用。该情况下的设计准则事实上是来自于一些冲击试验的性能总结。

4）外部火灾

在规定的火灾作用时间内，储罐是不会倒塌的，该种情况下所关心的是储罐的局部破坏是否能满足要求。火灾计算的目的是检查是否满足在火灾作用 6h 内没有不可恢复的变形出现。为了保证混凝土外罐对内罐的保护功能和结构的整体性不受破坏，在发生火灾时，混凝土受压区应处于弹性状态。

5）地震（SSE）

地震作用发生的概率很低，作用的时间也很短。此种情况下只要求储罐不倒塌即可，对适用性不做要求。

第十四章　采暖、通风、空调系统设计

第一节　设计说明

一、设计要求

设计范围：为满足工艺生产条件、安全管理要求和操作人员工作环境，针对不同地区的 LNG 接收站工程中的建筑物分别设置采暖、通风、空调系统。

设计原则：以上游专业设计条件和最新版本的标准规范为依据，选择优化合理的设计方案满足工艺操作和人员舒适要求，选用的设备材料应满足安全使用、检修维护、环保和节能要求。

设计计算需要收集建厂地区的室外气象参数如下：

（1）冬、夏季大气压力。
（2）冬、夏季室外平均风速。
（3）采暖室外计算温度。
（4）冬、夏季通风室外计算温度。
（5）夏季通风室外计算相对湿度。
（6）冬季空调室外计算温度。
（7）夏季空调室外计算干球温度。
（8）夏季空调室外计算湿球温度。
（9）冻土深度。

建筑物室内温度设计参数取值：对于工艺用房，室内采暖设计温度按工艺要求取值；对于厂前行政办公类建筑，按规范取值。

维护结构的传热系数应符合国家现行相关节能标准的规定，维护结构的最小传热阻应通过计算确定。

二、适用标准规范

采暖、通风、空调系统的设计及安装应遵循最新版本的国家标准（GB）及其他相关行业标准，见表14-1。

表14-1　暖通专业相关设计标准

规范名称	规范代号
《民用建筑供暖通风与空气调节设计规范》	GB 50736—2012
《工业建筑供暖通风与空气调节设计规范》	GB 50019—2015
《爆炸危险环境电力装置设计规范》	GB 50058—2014
《石油化工企业设计防火规范》	GB 50160—2008
《石油天然气工程设计防火规范》	GB 50183—2015
《建筑设计防火规范》	GB 50016—2014
《工业企业设计卫生标准》	GBZ 1—2010
《通风与空调工程施工质量验收规范》	GB 50243—2016
《建筑给水排水及采暖工程施工质量验收规范》	GB 50242—2002
《通风与空调工程施工规范》	GB 50738—2011
《石油化工控制室抗爆设计规范》	GB 50779—2012
《公共建筑节能设计标准》	GB 50189—2015
《暖通空调制图标准》	GB/T 50114—2010
《供暖通风与空气调节术语标准》	GB/T 50155—2015
《湿陷性黄土地区建筑规范》	GB 50025—2004
《石油化工采暖通风与空气调节设计规范》	SH/T 3004—2011
《化工采暖通风与空气调节设计规范》	HG/T 20698—2009
《城镇供热管网设计规范》	CJJ 34—2010
《城镇供热管网工程施工及验收规范》	CJJ 28—2014
《城镇供热直埋热水管道工程技术规程》	CJJ/T 81—2013

第十四章 采暖、通风、空调系统设计

第二节 采暖系统设计

一、一般规定

采暖,就是根据热平衡原理,在冬季以一定方式供应热量,以维持人们日常生活、工作和生产活动所需要的环境温度,在累年日平均温度不大于5℃的天数不小于90d的地区,应设置集中供暖。

在LNG接收站内,一般采用热水采暖,用于建筑物冬季采暖及消防水罐等的伴热,采暖系统按连续采暖进行设计。以热水作为热媒的供暖系统称为热水采暖系统。机械循环热水采暖系统具有热能利用率高、输送距离远、易于集中调节、蓄热能力高、散热均衡的优点。

采暖系统一般由热源、外网、室内管网、散热设备组成。散热设备主要有散热器、辐射板和暖风机。

设置有集中供热的LNG接收站项目需考虑室外供热管网的敷设。厂前区的供热管道通常采用地下直埋敷设,在工艺区和公用工程区有室外管廊可利用的部分,室外供热管网采用管廊架空敷设。

供热管道埋地敷设时应注意与室外给水、污水管道,室外电力电缆及通信控制线路等的交叉综合布置。室外直埋管道车行道下的敷设深度不应小于0.8m,敷设坡度不宜小于0.002,进入建筑物的管道应坡向干管。管道通常采用钢管、聚氨酯保温层、高密度聚乙烯外护管结合成一体的预制直埋保温管及管件。直埋敷设管道的阀门、补偿器等宜布置在检查井内。补偿器和固定支架的设置及做法参考相关手册和图集。

在室外供热管道系统中管段的最低点设置泄水阀门(泄水井),管段的最高点设置排气阀门(阀门井)。

二、热负荷计算及热源

1. 热负荷计算

冬季采暖系统的热负荷计算是根据建筑物散失和获得的热量确定,按稳定传热计算。

（1）维护结构的温差耗热量。

（2）加热由外门、窗缝隙渗入室内的冷空气耗热量。

（3）加热由外门开启时入室内的冷空气耗热量。

（4）通风耗热量。

（5）通过其他途径散失或获得的热量。

（6）各项附加值。

采暖系统设计热负荷=房间总失热量-房间总得热量，设计热负荷是指在采暖室外设计计算温度（T_w）下，为保证所要求的室内计算温度（T_n），采暖系统在单位时间内向房间供应的热量（Q）。它是采暖散热设备计算、管道水利计算和系统主要设备选择计算的最基本依据，直接影响着采暖系统方案的选择，进而影响工程造价、运行管理费用及使用效果。

2. 采暖热源

当建厂地区附近有可依托的热电厂且能力及参数满足 LNG 接收站内建筑物的采暖要求时，采用依托。当不能依托时，应新建热水站换热。

利用蒸汽锅炉房提供的采暖热源，设置汽—水换热器，制备的采暖热水设计参数：通常为供水 95℃，回水 70℃。换热器的单台出力和配置台数应满足热交换站的总供热负荷及调节要求，换热器不少于 2 台，不用设置备用，但当其中一台停用时，其余换热器的换热量应能满足 75%的总设计热负荷。热水站除了有换热器、循环水泵外，还有定压及补水系统、凝结水回收系统、自动控制系统。采暖系统水质应满足国家现行标准要求。

三、采暖系统的设计

根据 LNG 接收站内各建筑物的性质及工艺要求，会采用一种或多种不同的采暖设计方案。

1. 热水采暖

LNG 接收站内的厂前行政区域的建筑，一般采用热水散热器采暖，散热器的内表面一侧是热水，外表面一侧是室内空气，热水温度高于室内空气温度，散热器的金属壁就将携带的热量以对流传递的方式传递给室内空气，实现对空气的加热升温。散热器一般明装在外墙的窗台下，这样能迅速加热室外渗入到室内的空气，阻挡沿外窗下降的冷气流，改善外窗、外墙对人体冷辐射的影响，使室温均匀。为避免散热器冻裂，两道外门之间的门斗内不应

第十四章 采暖、通风、空调系统设计

设置散热器;楼梯间的散热器,考虑到热气流上升的影响,分配在底层或按一定比例分配在下部各层。

根据房间性质采用不同的闭式采暖系统形式,主要有垂直单管串联系统、垂直双管系统。供回水干管一般采用异程系统,条件适宜且经济时采用同程系统,干管变径处采用顶平连接。根据供暖系统工作压力要求,确定散热器的工作压力,散热器的选择应符合现行国家标准或行业标准的规定;采暖管道采用低压流体输送用焊接钢管或无缝钢管,管道丝接或焊接。采暖入口处设置必要的温度计、压力表、过滤器及阀门,采暖入口热计量装置则根据用户需求选择设置,主管及分支(立)管设切断或调节阀门。采暖管道敷设在地沟、闷顶、非采暖房间或易被冻结的地方及管道的无益热损失较大时,应采用必要的保温和保护措施。采暖系统通常采用铜制截止阀或闸阀,保温采用岩棉管壳外缠玻璃丝布等做保护层。

2. 热风采暖

对于 LNG 接收站内以下情况的建筑物除设置散热器采暖系统外,同时需补充设置热风采暖。

(1)冬季室温有一定的要求又必须强制通风的建筑物,如燃气锅炉房、空压机房及制氮间等。

(2)采暖热负荷特别大、无法布置大量散热器的高大建筑,如高大的维修车间及仓库、海水泵房等。

(3)热风采暖系统可与机械送(补)风系统合并设置,热风采暖设备有电热(热水)暖风机、柜式(吊顶式)新风热风机组、热风幕等形式。

热风采暖对流散热接近 100%,具有热惰性小、升温快、室内温度梯度小、室内温度分布均匀的特点。

热风采暖系统送风口的高度不宜低于 3.5m,不得高于 7m。送风温度宜控制在 35~50℃,并不得高于 70℃,出口风速 5~15m/s。空气加热器散热量要有 1.2~1.3 的余量。

3. 电采暖

门卫等个别偏远的、面积小且又分散的单体建筑,经技术经济比较后,采用电暖器或分体冷热空调采暖。

对不适宜用热水采暖的电气类房间,如控制室、机柜间、配电间等建筑,结合夏季空调系统利用电(或电+热水盘管)加热送热风采暖。

四、采暖系统监测与控制

在建筑物采暖入口对采暖供水和回水干管中的热媒压力、温度进行监测。对热水站内的热工参数的监测位置有热力入口、换热器、循环水泵、水处理和补水定压系统、凝结水系统,主要是监测一二次热媒温度、压力、流量、状态、液位等。

第三节 通风系统设计

一、一般规定

当建筑物存在大量余热、余湿、臭味及有害物质时,为了防止大量热、蒸气或有害物质向人员活动区域散发,防止有害物质对环境的污染,需采用通风措施加以消除。建筑物通风应优先采用自然通风,自然通风不能满足卫生要求时设置机械通风。机械通风应优先采用局部排风,当不能满足卫生要求时,应采用全面通风。

机械通风系统(包括与热风采暖合用的系统)设置应符合以下要求:
(1)使用要求不同的房间宜独立设置通风系统。
(2)散发大量余热、余湿、臭味以及有害气体的房间,一般不应与其他房间合用系统。
(3)当周围环境较差且房间空气有洁净度要求时,房间应保持一定正压;放散粉尘、有害气体或有爆炸危险物质的房间,应保持一定负压。
(4)当机械通风不能满足室内温度要求时,应采取相应的降温或加热措施。
(5)机械通风的进风口应设置在室外空气较清洁的地点,应尽量设在排风口的上风侧并低于排风口。
(6)机械进、排风口底部距室外地坪不应小于 2m,当在绿化地带时,不应小于 1m。
(7)事故排风口不应布置在人员经常停留或经常通行的地点;事故排风

口与通风的进风口水平距离不应小于 20m,当水平距离不足 20m 时,排风口必须高出进风口 6m。

(8)排风管道高空排放时排出口上端宜高出屋脊,当排出无毒、无污染气体时,宜高出屋面 0.5m;排出最高允许浓度小于 $5mg/m^3$ 的有毒气体时,宜高出屋面 3m;排出最高允许浓度大于 $5mg/m^3$ 的有毒气体时,宜高出屋面 5m。

(9)可能突然放散大量有害气体或有爆炸危险气体的建筑物,应设置事故通风系统,通风量宜根据工艺设计要求通过计算确定,且换气次数应不小于 12 次/h;事故通风的通风机应分别在室内、外便于操作的地点设置电气开关。

二、通风系统设计

通风的目的是把室外新鲜空气经过适当的处理(如过滤、加热、冷却)送至室内,把室内废气经除尘、除害等处理后排到室外,从而保证室内空气的新鲜度,达到国家规定的卫生标准,排放到室外的废气符合排放标准。

通风系统按动力的不同分为自然通风和机械通风;按通风方式不同分为全面通风和局部通风。

全面通风的通风量是指用于稀释通风房间的有害物浓度或排出房间内的余热、余湿所需要的通风换气量,当房间内有害物质的散发量无法具体计算时,全面通风量按换气次数与房间的体积相乘取值。

LNG 接收站内建筑物的通风原则如下:

(1)卫生间、淋浴间、更衣室等设置机械排风系统消除室内异味,通常采用卫生间通风器或斜流风机,靠负压从临室补风,其换气次数不小于 10 次/h。

(2)消防水泵房、循环水泵房、海水泵房等设置机械排风系统,以排除室内余热,采用屋顶风机,根据需要进行通风换气。通风量按换气次数不低于 6 次/h 及计算的消除余热的风量取大值。

(3)变电所内的电缆夹层根据需要设置机械通风系统消除室内余热;配电间类房间设置机械通风系统消除室内余热和满足通风换气要求,采用轴流风机或斜流风机,根据需要进行通风换气。电缆间、配电间的通风量通常按 6 次/h 计算,当不设置空调降温时,需按消除室内余热校核通风量计算。

(4)GIS 室应设置消除有害气体(六氟化硫)的机械通风系统,正常通风量不应小于 2 次/h，事故通风量不小于 4 次/h，分别从房间的上部和下部排风，下部吸风口下缘与地面距离不宜大于 0.3m；其通风设备、风管及附件应采取防腐措施。

（5）在设置有气体灭火系统的控制室、机柜间、开关柜室等房间设置灾后排风系统，采用斜流风机从房间下部排风，并在主要出入口外侧设置手动开关，以供灭火后手动开启通风；同时在排风管上和进出房间的空调风管上相应设置电动密闭阀，便于在气体灭火前联动控制，切断风管与外界的通路。

（6）柴油发电机房设置机械通风系统（不含燃烧用空气），为平时通风用，通风量按换气次数不低于 6 次/h 计算；柴油发电机房的工作通风则由电气专业考虑或按其设计条件完成，柴油机排烟管的出口必须引至室外，并应高于屋顶，还应采取防止烟气倒灌的措施。

其储油间设置单独的机械通风系统，通风量按换气次数不低于 8 次/h 计算，其风机选用防爆型风机。

（7）燃气锅炉房的锅炉间设置机械送排风系统，正常通风的换气次数不低于 6 次/h，事故通风的换气次数不低于 12 次/h，风机设备需防爆。锅炉房的补风需额外考虑锅炉燃烧空气的补充。泵房间设置机械通风系统消除余热和有害气体，换气次数按 8 次/h 计算。

（8）化验室根据分析专业条件设置通风柜、排风罩等排风系统，排出房间内的有毒、有异味等有害气体，排风设备、风管及附件根据有害气体成分考虑防腐措施。

（9）污水处理间应设换气次数不小于 6 次/h 的机械排风装置，根据工艺要求决定通风设施是否需要防爆。

（10）次氯酸钠发生间设置机械送排风系统，用以消除室内余热和稀释有害气体，分别从房间上下部排风，通风量根据工艺条件计算并不小于 8 次/h，其通风设备及管道部件应考虑防腐。

（11）空气压缩机房设置机械通风系统，分平时通风和事故通风，事故通风不小于 8 次/h，在接到氧气浓度分析指示报警时联锁开启事故风机。

三、机械防排烟设计

LNG 接收站内，建筑物均为地上建筑，除了厂前行政办公楼为多层建筑外，其余建筑多为单层，可依据《建筑设计防火规范》要求设置必要的防排

第十四章 采暖、通风、空调系统设计

烟系统。

LNG 接收站内控制室多为单层抗爆结构（没外窗，只有抗爆外门）。依据《石油化工控制室抗爆设计规范》中 6.1.7 条要求，对于总层数为一层，两个相邻疏散外门的间距不小于 40m 的内走道，应设置机械排烟系统，其排烟补风量不小于 50%的排烟量；吊顶与地板之间的高度大于 4m 的操作室，宜设置火灾后的排风系统。排风量可根据具体情况按换气次数不小于 2 次/h 确定。

四、通风系统监测与控制

（1）排除剧毒物质或危险爆炸物质的局部排风系统以及甲乙类工业建筑的全面排风系统，要在工作地点设置风机启停状态信号。

（2）事故通风系统的通风机要与可燃气体泄漏、事故等探测器联锁开启，并宜在工作地点设有声、光等报警状态的警示。

（3）防排烟系统控制通常如下：当防烟区域发生火灾时，打开该区域的排烟风口，联锁启动排烟风机和排烟补风机（如有）；当安装于排烟风机前的防火排烟阀（280℃）熔断关闭时，联锁关闭排烟风机和排烟补风机（如有）。排烟完毕，复位排烟系统。

第四节 空调系统设计

一、一般规定

符合下列情况之一时，应设置空调系统：

（1）采用一般的采暖通风达不到人体舒适标准或室内热湿环境时；采用采暖通风条件不允许、不经济时。

（2）采用采暖通风达不到工艺对室内温度、湿度及洁净度等要求时。

设置空调的民用或公共建筑物围护结构的热工指标应符合现行建筑节能设计国家标准和地方节能标准的有关规定；舒适性空调房间宜保持 5～10Pa 的正压，控制室、机柜室空调房间宜保持 10～20Pa 正压。

空调房间的温湿度、洁净度,应根据工艺生产装置、控制仪表设备、分析检验仪器及卫生要求确定。

二、冷负荷计算及冷源

1. 冷负荷计算

(1) 空调区夏季冷负荷按逐项逐时冷负荷计算,并按各项逐时冷负荷的综合最大值确定。

(2) 当冬、夏季采用不同室内计算温度、湿度可以满足要求时,分别采用不同的计算温度、湿度。

(3) LNG 接收站内建筑物空气调节冷负荷的计算,按现行国家《工业建筑供暖通风与空气调节设计规范》的有关规定进行。

2. 冷源

LNG 接收站内的建筑物空调通常采用风冷单元式空调(柜机或分体壁挂)、VRV(可变冷媒流量)+新风系统等,冷源为设备自带的压缩式制冷系统,制冷剂采用环保型(如 R407C、R410A 等)。

三、空调系统的设计

空调分为舒适性空调和工艺性空调两类,前者为了保证人体健康和舒适性要求,后者是满足生产过程的需要,两者是互相统一的。选择空调系统时,应根据建筑物的用途、规模、使用特点、负荷变化情况与参数要求、所在地区气象条件与能源状况等通过技术经济比较确定。

LNG 接收站内建筑物的空调设置原则如下:

(1) 对门卫、维修车间中的办公类房间、餐厅、宿舍等规模较小的建筑物或其他建筑物中分散的值班室房间,空调冷负荷较小,通常采用分体式空调机。

(2) 厂前行政办公综合楼、化验室通常采用变频多联机(VRV+新风)空调系统,便于各自房间独立运行控制;新风机组采用自带冷热源(电加热)的风冷空调机组。会议室、多功能厅等房间可采用全热空气交换器增加新风,以利于最大限度地节省能源。

(3) 中央控制室、码头控制室、装车控制室通常为抗爆结构,为满足工艺设备的温湿度要求,对控制室设置独立的恒温恒湿全空气空调系统,空调

第十四章 采暖、通风、空调系统设计

设备选用冷风电热型恒温恒湿单元式空调机组,空调机组通常考虑备用;风管末端可设置风管电加热器,满足冬季加热的要求。

空调系统为一次回风系统,采用上送上回的气流组织形式。系统新风量应能满足室内正压和人员卫生标准要求,新风取自安全区域,根据项目所在地的环境空气质量是否满足仪表设备对控制室空气要求,确定是否需要设置新风化学净化机,以避免或减少环境空气对仪表元器件的腐蚀。在空调新风入口及排风出口等穿越抗爆结构的风口处,均设置与抗爆墙同等抗爆力的抗爆阀,避免室外爆炸冲击波通过开孔进入室内,危及生命财产安全。

(4) 变配电所类建筑中的配电室、电容器室、开关柜室、变频器室等电气设备发热量较大的房间,在采用机械通风不能满足电气房间温度要求时,需采用工艺性空调系统,通常在其房间设置风冷分体空调机组,或设空调机房集中空调送风。

(5) 空调设备应优先采用符合国家现行标准规定的节能型空调产品。采用分散式空气调节器时,其能效比、性能系数,应符合国家现行有关标准中的规定值。

四、空调系统的监测与控制

全空气集中空调系统需设置空调集中控制盘,其控制通常包含以下部分:

(1) 安装温、湿度传感器,用于控制空调系统的温、湿度满足设计要求。

(2) 室内风管式电加热器采用独立安装的温度控制器调节室温。风管电加热器的运行均应与空调送风机联锁,并应设无风断电保护、超温断电保护装置。

(3) 运行设备与备用设备将在运行设备发生故障时自动切换使用,并能通过控制盘中的手动开关定时切换。

(4) 空调设备故障、无风、过滤器阻塞等报警信号的显示。

(5) 集中发送空调系统通常报警信号到中控室;接收火灾报警信号后,联锁关闭空调系统及其防火阀;接收到新风入口设置的可燃气体探测器报警信号后,联锁关闭新风入口电动密闭阀及新风机组。

(6) 空调系统防火阀、电动阀、空调设备的状态监测与显示。

舒适性空调系统的控制包含以下部分:

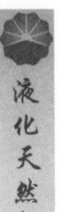

（1）VRV变频多联机空调系统采用厂商提供的配套控制系统，通常为每个空调房间设置一台有线控制器，用于房间的温度调节；每个建筑物的空调系统设置一套集中控制器。

（2）柜式及壁挂式空调机采用机组本体自带的控制器或遥控器，就地控制。

第十五章　公用工程系统设计

第一节　设计说明

一、设计要求

（1）设计中严格执行国家、行业和地方的有关法规、规范、标准。

（2）公用工程设计技术具有先进性、适用性和可靠性，在满足生产、生活用水及用工厂空气的前提下，最大限度节约水资源及节能。

（3）提高自动化水平，实现科学管理。

（4）设备选型安全、可靠和适用，达到投资省、管理方便、操作简便、处理效果好、运行费用低的目的。

（5）采取有效措施确保安全，严格执行国家有关安全和消防规定。

（6）总体布局合理，要充分利用地形布置，做到流程顺畅。

二、适用标准规范

（1）给排水系统设计所采用的相关标准见表 15-1。

表 15-1　给排水系统设计相关标准

规范名称	规范代号
《室外给水设计规范》	GB 50013—2006
《室外排水设计规范（2016 年版）》	GB 50014—2006
《污水综合排放标准》	GB 8978—1996
《生活饮用水卫生标准》	GB 5749—2006

续表

规范名称	规范代号
《石油化工给水排水系统设计规范》	SH 3015—2003
《石油化工给水排水管道设计规范》	SH 3034—2012
《给水排水标准图集》	S1，S2，S3

（2）压缩空气系统设计所采用的相关标准见表15-2。

表15-2　压缩空气系统设计相关标准

规范名称	规范代号
《压缩空气站设计规范》	GB 50029—2014
《石油化工仪表供气设计规范》	SH/T 3020—2013
其余设计标准规范与工艺装置的设计标准和规范相同	

第二节　工艺用海水

一、工艺海水水质要求

开架式汽化器（ORV）和中间介质汽化器（IFV）均可以海水为加热介质，选择以海水加热的汽化设备需对海水水质进行细致检测，确认海水质量及温度是否满足使用要求。选择 ORV 汽化器时，要重点分析材料的抗腐蚀性，其对海水水质要求较高。使用条件主要如下：

（1）海水温度不小于 5~8℃。

（2）固体悬浮物含量不大于 80mg/kg，铜离子含量不大于 10μg/kg，汞离子检测不出，pH 值范围是 7.5~8.5。

二、海水取排水流场计算

海水取水、排水流场应根据取排水区域的地理环境和水文气象等条件使用相关数模计算软件计算。通常采用数模计算与物模试验相结合的技术手段，

第十五章 公用工程系统设计

针对 LNG 接收站海水取排水工程的冷排水条件，预测冷排水在排水口附近海域随时空变化规律，降低冷排水对附近水域环境的影响程度，使其符合水域环境保护要求并满足工程取水温度设计的要求，为 LNG 接收站水工取排水构筑物的设计和安全运行分析提供科学依据。

三、海水取水系统

取水口工程为 LNG 接收站的重要水工建筑。取水安全直接影响 LNG 接收站的正常运行。取水口中水流水位变化、流速变化、不同泵型流道及淹没深度变化及水泵底部抽水处水流流态变化与临界水力条件是取水口水工建筑物设计的基础条件。

接收站的海水取水系统设计应符合下列规定：

（1）用于汽化器热源的海水宜就近取用，取水最低潮位保证率不应低于 97%；海水取水设施应近远期统一规划，分步实施，并留有发展余地。

（2）海水取水的设计规模按照接收站最大用水量考虑；当采用海水消防时，海水设计规模应为汽化器用海水与消防用海水最大用水量之和。

（3）取水头部、辅助设备、进水建构筑物设计应符合下列规定。

① 海水取水构筑物的形式，应根据取水量和水质要求，结合海床地形及地质、海床冲淤、水深及潮位变化、泥沙及漂浮物、冰情和航运等因素以及施工条件，在保证安全可靠的前提下，通过技术经济比较确定。

② 在通航水道附近，取水构筑物应根据航运部门的要求设置标志。

③ 在深水海岸，当岸边地质条件较好、风浪较小、泥沙较少时，可建造岸边式取水构筑物，从海岸边取水，或者采用水泵吸水管直接深入海岸边取水；当海滩平缓时，宜采用自流引水管取水方式。

④ 海水取水构筑物的进水孔宜设置格栅，栅条净间距应根据取水量大小、冰凌和漂浮物等情况确定。

⑤ 取水构筑物的取水头部宜分设成两个或两格。

（4）海水取水系统水工设计要点如下：

① 海水取水系统包括泵室基础、泵室前池、过滤通道、取水管。

② 取水系统中各结构的细部尺度需要通过水力研究专题确定。

③ 泵室基础尺度根据泵的布置及泵的使用要求确定，是泵安装、使用以及维修必须的基础结构。

④ 泵室前池为泵的高效工作提供充足、平稳的水源，为了储备更多水

量,减少产生汽蚀等不利于泵工作的影响因素,一般情况下前池结构净宽尺度相对较大,且中间基本不设置挡水结构。

⑤ 过滤通道用于布置过滤设备,防止随海水流入的垃圾及鱼等海生物进入前池,影响泵的正常工作甚至造成对泵的破坏等。

⑥ 取水管则按需设置,如果取水口位置临岸布置,可不设置取水管,如果取水位置离岸较远,则需要布置延伸至取水口位置的取水管。

⑦ 取水系统布置的区域浮砂较多,易于出现掀砂,淤积情况严重,则需要确定清淤方式,对于淤积严重、清淤量大的,可考虑干检修措施,确保取水系统正常运转。

⑧ 取水系统的结构临水面需要考虑防腐蚀和防海蛎子措施,确保结构的耐久性,满足使用年限。

⑨ 取水结构挡土结构形式主要取决于地质条件。对于基岩面较高、上覆软土层较薄、需要大量炸礁形成基础的,直接利用基岩壁形成挡土墙较为经济。基岩埋深满足持力层要求,岩面上覆盖有一定厚度软土层的,如果施工场地宽度能满足大开挖起坡需要,可采用大开挖后直接浇注挡土墙结构或安装预制沉箱挡土结构。若大开挖影响到周边建筑物等,则可以采用深基坑支护结构作为挡土结构。对于软土厚度较大的地质情况,还需要进行软基处理。

⑩ 取水管可采用钢筋混凝土管或钢管,断面可采用圆形也可采用方形,管内尺度依据水力计算确定。取水管内外壁均需要考虑防腐蚀措施,确保结构的耐久性,满足使用年限。

⑪ 取水管基本位于水面以下,需要根据现场情况,明确修建防撞或警示设施的必要性,防止外来船舶等对取水管的破坏。有取水管的取水口平面示意图见图 15-1。无取水管的取水口平面示意图见图 15-2。

四、海水处理系统

海水水质处理应符合下列规定:

(1) 海水泵前应根据海水泥沙含量、漂浮物、海生物生长等情况,设置拦污栅、旋转滤网、清污机等拦污设施。

(2) 根据汽化器对进口水质要求及取用海水水质情况,设置必要的海水处理设施。

(3) 拦污栅的栅条间距宜为 50~120mm,阻塞面积宜按不大于 25%考虑;

旋转滤网的网格尺寸宜为 3.0mm×3.0mm～10mm×10mm，阻塞面积按不大于 25%考虑。

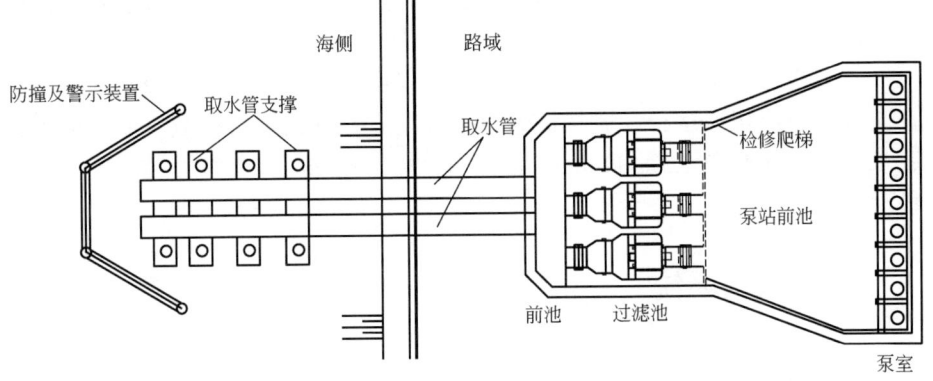

图 15-1　有取水管的取水口平面示意图

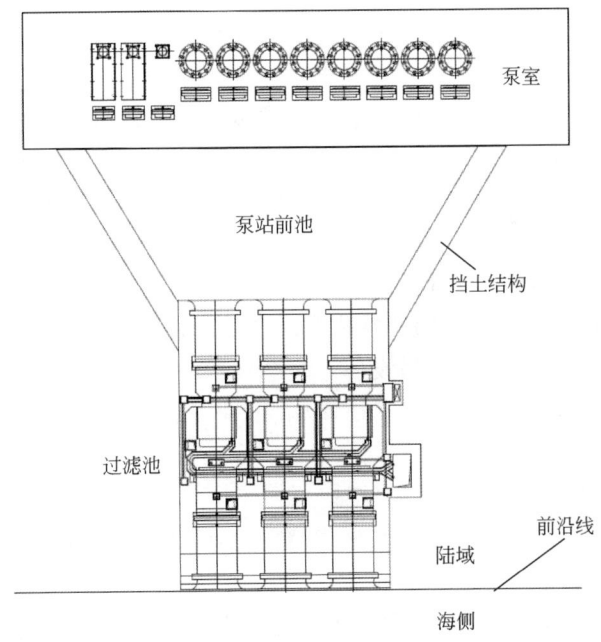

图 15-2　无取水管的取水口平面示意图

（4）防止和清除海生物可宜采用加氯法，也可采用加碱法、机械刮除、电极保护等方法。

（5）加氯点宜选择在取水头部、进水流道、取水前池或海水泵吸水口处，可根据海生物繁殖情况采用多点加氯或单点加氯形式。

（6）加氯设施的选择应根据海水水质、杀菌剂的来源，通过技术经济比较确定；宜采用海水现场制备次氯酸钠形式。

（7）次氯酸钠宜采用连续投加，也可采用冲击投加。次氯酸钠的投加量宜通过试验或相似运行经验按最大用量确定。连续投加时排放口前管渠内的海水余氯宜保持在 0.3~0.5mg/L 范围内；冲击投加时，宜每天投加 1~3 次，每次投加时宜控制水中余氯为 0.3~1.0mg/L，保持 2~3h。

五、海水供水系统

海水供水系统的设计应符合下列规定：

（1）岸边式取水泵站进口地坪的设计标高，为设计最高水位加浪高再加 0.5m，并应设防止海浪爬高的设施。

（2）工作水泵的型号及台数应根据项目分期情况、汽化器的运行情况及数量、取水泵站占地等综合考虑确定；取水泵宜按不同运行工况进行配置，泵的规格不宜多于 2 种，备用泵数量不宜少于 1 台，且备用泵能力宜与最大 1 台工作泵能力相同。

（3）海水泵宜采用立式泵，设计工况下泵效率不宜低于 85%；每台立式泵吸入口宜设置单独的进水导流板。

（4）泵站进水侧应设置拦污设备和检修阀门；拦污设备和检修阀门工艺设计按现行 GB 50265—2010《泵站设计规范》执行。

（5）海水泵站应设置起吊设备，起吊设备应采用电动起重设备。

（6）泵站设计宜进行停泵水锤计算，当停泵水锤压力值超过管道试验压力值时，应采取消除水锤的措施。

（7）设备的海水过流部件材质应耐海水腐蚀，设备外部材质应耐盐雾腐蚀。海水泵过流部件的材质，宜采用双向不锈钢、超级双向不锈钢或镍铝青铜等耐海水腐蚀的材质。

（8）海水泵进出水管道材质的选择，应根据管径、地质条件、荷载等条件，采用耐海水腐蚀的材质，当采用金属管道时，应同时采取阴极保护措施。

（9）当海水泵采用可抽芯式设计时，泵房高度应能满足海水泵抽芯检修的要求。

（10）宜在海水拦污设施后、海水泵吸入口前等位置设置阀门，并设置检修吊装设备。

（11）应设置海水泵及海水系统的防超压设施。

（12）泵站的其他设计要求按现行 GB 50265—2010《泵站设计规范》执行。

六、海水排水系统

海水输水管道设计应符合下列规定：

（1）海水输送应按压力流设计，泵进出水管道流速按现行 GB 50265—2010《泵站设计规范》要求执行，水泵进水流道应通过水工模型验证；水泵扬程及压力管道管径选择应根据汽化器工艺要求、海水水位、管路水力工况等因素，并经技术经济比较后确定。

（2）输水主管的数量不宜少于 2 条，可根据工程的具体情况分期建设；当其中 1 条管道故障时，其余管道应能通过 70%的设计水量。

换热后海水排放应符合下列规定：

（1）宜采用自流排放，排放口前应设置余氯分析监测设备，排放口位置应满足环评要求。

（2）应定期监测海水排水口处海域的海水温度变化，温度变化应符合 GB 3838—2002《地表水环境质量标准》的相关规定。

（3）排水管、渠的材质应耐海水腐蚀。

海水排水系统水工设计要点如下：

（1）排水管结合排水口的平面位置确定，如果排水口位置临岸布置，可采用直接排放的方式，如果排水位置离岸较远，则需要布置延伸至排水口位置的排水管。

（2）排水管可采用钢筋混凝土管或钢管，断面可采用圆形也可采用方形，管内尺度依据排水量确定。

（3）排水管内外壁均需要考虑防腐蚀措施，确保结构的耐久性，满足使用年限。

（4）排水管位置一般布置在海床以下，宜设保护管体的覆盖层，上部应设置警示标志，防止船舶抛锚等对管体的破坏。

第三节 生产生活用水和污水处理

一、生产及生活用水

接收站的给水设计应符合下列规定：

（1）水源宜采用城市自来水、地下水、地表水，供水水质、水压应分别满足生活饮用水、生产给水水质及压力的要求。当水源供水水质、压力不能满足要求时，应在接收站内进行处理或设置加压设施。

（2）当生活给水、生产给水与消防补充水采用同一水源时，水源的供水量应按不小于生活给水、生产给水正常用水量之和的70%与消防补充水量之和计算；供水规模可按生活给水、生产给水最大小时给水量与消防补充水供水之和设计。

（3）生活给水宜与生产给水系统分开设置。

（4）生活给水量按人员数量和用水定额确定。

（5）生产给水量按工艺（单元）连续小时给水量与间断小时给水量综合确定。

二、污水处理

接收站的排水设计应符合下列规定：

（1）接收站的排水系统设置应根据排水水质情况按照清污分流的原则进行划分，可分为生活污水系统、生产污水系统。

（2）排水系统可采用自流或压力输送的排水系统，当采用压力输送时，污水提升泵站宜按区域集中设置。自流生产污水管道在下列部位应设置水封，水封高度不得小于250mm。

① 罐组、建筑物、构筑物、管沟、泵区等的排水出口。
② 接收站的总排出口。
③ 站内系统管网支干管与干管交汇处的支干管上。
④ 站内系统管网支干管、干管的管段长度超过300m时。

第十五章 公用工程系统设计

第四节 氮气系统

一、概述

LNG 接收站设置的氮气系统,主要功能是为全厂各用户提供氮气,全厂用氮的主要设备及用途如下:

(1)卸料臂和气体返回臂旋转接头处干燥置换、防止水汽结冰。
(2)储罐保压用氮。
(3)火炬。
(4)BOG 压缩机、低压泵和高压泵密封用氮。
(5)低温潜液泵、高压泵维修时置换用氮。
(6)装、卸船开始和结束时,卸料臂和气体返回臂的管路吹扫。
(7)吹扫和置换管道、容器和其他设备。
(8)LNG 槽车装车结束时的管路吹扫。

其中(1)~(4)为连续用户,(5)~(8)为间断用户。

连续用氮量通常由 PSA 制氮系统提供,而间断用氮量通常由液氮储存及汽化系统提供。

二、PSA 制氮系统

1. 装置组成

PSA 制氮系统是由空气压缩单元、空气分离单元组成,见表 15-3。

表 15-3 氮气系统组成

序号	单元名称	单元组成
1	空气压缩	空气压缩机组、空气缓冲罐
2	空气分离	PSA 制氮机、氮气储罐

2. 氮气规格

PSA制氮系统的产品（氮气）规格见表15-4。

表15-4 PSA制氮系统的产品（氮气）规格

序号	内容	规格
1	供气压力	0.6 MPaG（用户界区接点）
2	界区温度	环境温度
3	纯度	≥99.9%
4	氧含量	≤0.1%
5	常压露点	−70℃

3. 工艺设备的选择

PSA制氮系统通常设置空气压缩机、空气缓冲罐、PSA制氮机、氮气储罐等设备。

通常设置两台或三台空气压缩机，其中一台为备机，压缩机的排气压力为1.0 MPaG。设置一台空气缓冲罐、一台PSA制氮机，出口压力为0.8 MPaG，制氮能力为满足全厂连续用氮量。

由于制氮系统中PSA制氮机频繁放气，管网压力波动很大，因此，不建议将氮气系统的空气压缩机和压缩空气系统的空气压缩机的气量合并设置。

设置一台氮气储罐，可起到稳定管网压力的作用。

4. 工艺流程说明

原料空气经空气压缩机压缩，压力为1.0MPaG，温度为45℃，压缩空气经空气缓冲罐缓冲后，进入PSA制氮机进行干燥以及分离，经过变压吸附后分离出产品（氮气），压力为0.8MPaG，经氮气储罐缓冲后送出界区。

5. 自动控制

PSA制氮机的出口设有氮气纯度监测仪，当纯度不合格或者露点不合格时，报警的同时联锁放空阀进行放空，同时切断阀关闭，防止不合格氮气进入管网。此时氮气管网压力低报警，过低时联锁开启液氮储存及汽化系统通往制氮系统管道上的开关阀，进行氮气补充。当PSA制氮机的合格产品补入管网后，氮气管网压力高报警，高出设定值后关闭液氮储存及汽化系统通往制氮系统管道上的开关阀。

6. 设计文件清单

（1）空气压缩机工艺数据表。

(2) 空气缓冲罐工艺数据表。
(3) PSA 变压吸附制氮器工艺数据表。
(4) 氮气储罐工艺数据表。
(5) 空气分离（A）管道及仪表流程图。
(6) 空气分离（B）管道及仪表流程图。
(7) 安全阀工艺数据表。
(8) 特殊管件一览表。
(9) 设备一览表。
(10) 因果联锁表。

三、液氮储存及汽化系统

液氮储存及汽化系统将外购的液氮置于液氮储罐中储存，液氮经过汽化器汽化后送出界区，供各用户使用。由于外购的液氮是经深冷工艺制得，因此，与 PSA 制氮工艺相比，液氮储存及汽化系统产出的氮气，其纯度和露点都好一些。为区分这两种氮气，将液氮储存及汽化系统送出的氮气称为精氮气。

1. 装置组成

液氮储存及汽化系统主要包括液氮储罐、汽化器、电加热器。其中，汽化器的种类很多，最常用的是空浴式汽化器、电加热水浴式汽化器。

2. 精氮气规格

液氮储存及汽化系统的产品（氮气）规格见表 15-5。

表 15-5 液氮储存及汽化系统的产品（氮气）规格

序号	内容	规格
1	供气压力	0.6 MPaG（用户界区接点）
2	界区温度	环境温度
3	纯度	≥99.9%
4	氧含量	≤0.1%
5	压力露点	−60℃

3. 工艺设备的选择

LNG 接收站的液氮储存及汽化系统，通常设置两台液氮储罐，一开一备。

液氮储罐本体上带有自增压汽化器，其作用是调节液氮储罐中液氮上方的氮气压力。

LNG 接收站的液氮储存及汽化系统，通常设置两套空浴式汽化器，一开一备。汽化后的氮气温度相对较低，可考虑设置两台电加热器，一开一备，其作用是提高汽化后的氮气的温度，防止氮气管道的冷脆。

4. 工艺流程说明

外购的液氮经卸车进入液氮储罐储存。罐中的液氮经过空浴式汽化器汽化后，经电加热器进行升温，然后送出界区供各用户使用。

液氮储存及汽化系统主要为全厂提供精氮气，是制氮系统的后备补充系统。

5. 自动控制

液氮储存及汽化系统，作为制氮系统的补充，除了具有自动控制管网压力的联锁功能外，一般还设有以下功能：

（1）两套空浴式汽化器之间的自动切换。监测空浴式汽化器出口的氮气温度，当温度低时报警，温度低至设定值时自动联锁切换另一组空浴式汽化器，从而控制氮气的温度，防止氮气管道的冷脆。

（2）如果液氮储存及汽化系统中设有电加热器，电加热器前应设置温度监测仪，当氮气温度过低，自动联锁开启一组电加热器，提升氮气的温度，当氮气温度高，关闭电加热器，停止加热。

6. 设计文件清单

（1）设备一览表。

（2）液氮储存及汽化管道及仪表流程图。

（3）管道数据表。

（4）因果联锁表。

第五节　压缩空气系统

压缩空气系统的主要产品是仪表空气和工厂空气。仪表空气主要用于为气动的仪表、阀门提供动力来源，工厂空气的主要用途是吹扫。因 LNG 接收站工厂空气的使用工况仅限于开停车和检修工况，且使用量较小，因此，通常工厂空气也经干燥处理后送至界区供用户使用。

第十五章 公用工程系统设计

一、装置组成

压缩空气系统是由空气压缩、空气干燥、仪表空气储存等单元组成，各单元组成见表15-6。

表15-6 压缩空气系统组成

序号	单元名称	单元组成
1	空气压缩	空气压缩机组、空气缓冲罐
2	空气干燥	前过滤器、微热吸附式再生干燥器、后过滤器
3	仪表空气储存	仪表空气增压机、仪表空气储罐、仪表空气缓冲罐

二、仪表空气和工厂空气的规格

根据 SH/T 3020—2013《石油化工仪表供气设计规范》的要求，仪表空气规格应符合下列各项要求，其中压力露点的确定方法是建设地点的极端最低温度减去10℃。仪表空气及工厂空气规格见表15-7。

表15-7 仪表空气及工厂空气规格

序号	内容	规格
\multicolumn{3}{仪表空气}
1	温度	环境温度
2	压力	0.6MPaG（用户界区接点）
3	油含量	<10 mg/m³
4	含尘粒径	<1 μm
5	尘含量	<1mg/m³
6	压力露点	T ℃ （在 0.6MPaG 下）
\multicolumn{3}{工厂空气}
1	温度	环境温度
2	压力	0.6MPaG （用户界区接点）

三、工艺设备的选择

根据项目中各装置仪表空气用量，考虑空气干燥损失及管网损失，通常设置 2 台空气压缩机，一开一备，压缩机的排气压力为 0.85 MPaG。由于在 LNG 接收站的项目中，工厂空气通常用于吹扫，且仅在开停车及检修工况使用，因此可通过开启备机，满足各装置的工厂空气用量。

设置一台空气缓冲罐，起到缓冲和排凝作用。

为了保证仪表空气不间断供应，设置 2 套微热吸附式再生干燥器，一开一备。每套干燥器各有两个吸附塔，当一个吸附塔运行时，另一个吸附塔进行再生，吸附、再生交替进行，以保证仪表空气连续产出。设置备机的目的是在干燥器的程控阀门故障时或吸附塔内的分子筛需要更换时，可启动备机，保证仪表空气不间断供应。

设置一台仪表空气储罐，目的是在事故工况为全厂提供 15~30min 的仪表空气用量。

压缩机和干燥器为一级负荷，如果全厂设置了事故柴油发电机，应将压缩机和干燥器挂到事故柴油发电机上。

当单台压缩机的排气量不小于 20m³/min，宜设置起重机，其起重能力应按空气压缩机组的最重部件确定。

四、工艺流程说明

原料空气经空气压缩机压缩后，压力为 0.85 MPaG，温度约为 45℃。压缩空气经空气缓冲罐缓冲，然后进入微热吸附式再生干燥器，经过干燥后的气体，一部分作为工厂空气送至界区，供用户开停车及检修使用，剩余部分经仪表空气储罐缓冲，送至界区供各仪表空气用户使用。仪表空气储罐的缓冲体积可供全厂在事故工况时使用 0.5h。

五、自动控制

为了保证仪表空气的供应，在仪表空气总管上设置压力低低联锁，在工厂空气总管上设置切断阀。当工厂空气过度使用导致仪表空气压力低时报警，当压力过低时联锁切断工厂空气总管的切断阀，从而保证仪表空气的

第十五章　公用工程系统设计

供气压力。

压缩机入口设置可燃气体监测仪,当压缩机入口的可燃气体超过爆炸下限的 1/4~1/2,则联锁停机,从而防止可燃气体被压缩机吸入引起爆炸事故。

当压缩空气系统和氮气系统的 PSA 制氮机设置在一个空气压缩厂房内,应设置氧气监测仪,当氧气含量低至 19.5%时应声光报警,同时启动事故通风机进行强制通风,防止窒息事故的发生。

六、设计文件清单

1. 管道及仪表流程图
(1) 空气压缩管道及仪表流程图。
(2) 空气干燥(A)管道及仪表流程图。
(3) 空气干燥(B)管道及仪表流程图。
(4) 仪表空气储存管道及仪表流程图。
2. 设备数据表
(1) 空气压缩机工艺数据表。
(2) 微热吸附式再生干燥器工艺数据表。
(3) 空气缓冲罐工艺数据表。
(4) 仪表空气储罐工艺数据表。
(5) 起重机工艺数据表。
(6) 安全阀工艺数据表。
(7) 特殊管件一览表。
3. 其他文件
(1) 压缩空气系统设备一览表。
(2) 压缩空气系统管道数据表。
(3) 因果联锁表。

第十六章 安全消防系统设计

第一节 设计说明

一、设计要求

LNG 接收站所处理的工艺物料主要为液化天然气（LNG）和天然气（NG）。工艺物料所固有的危险特性主要有气液膨胀比大、低温、易燃易爆等，因此 LNG 接收站及其周边相邻设施所面临的最严重危险是火灾爆炸危险，进入接收站人员可能面临的最显著的健康危害是低温冻伤危害。此外，在接收站内，还存在窒息、噪声、高空坠落、触电等职业健康危害。

LNG 接收站的安全消防设计首先应针对接收站的危险特性，并根据建设当地法律法规和标准规范的要求开展。

由于 LNG 接收站多与城市燃气供应终端相连，且在接收站内储存有大量 LNG，若发生泄漏、火灾、爆炸等事故，其后果和影响巨大。因此，国内外规范强调对 LNG 泄漏和池火等事故风险评估，并根据评估结果进一步完善 LNG 接收站安全及消防设计。

辨识 LNG 接收站存在的各种过程危险源，评估 LNG 接收站风险程度，根据风险可接受程度，采取相对应的风险削减和控制措施，是保证 LNG 接收站本质安全的根本，也是 LNG 接收站设计人员的共识。

需要指出的是，LNG 接收站的安全不单纯依赖于消防、职业健康保护、应急防护等措施，更多地取决于工艺的本质安全、自动控制和紧急停车系统的可靠性、设备的完整性等各专业的安全设计内容。

鉴于此，在 LNG 接收站设计过程中，需策划一系列有的放矢的定性和定量风险分析活动，评估 LNG 接收站整体风险水平，及现有安全措施的完整性和可靠性,以此保证 LNG 接收站的本质安全。常用的定性和定量风险分析活动包括危险和可操作性分析(HAZOP)、安全完整性等级(SIL)分析、量化风险分析(QRA)、火灾危害分析(FHA)等。

HAZOP 和 SIL 分析在本章的第二节和第三节有详细描述和介绍,在此不再赘述。量化风险分析(QRA)通过辨识接收站可能发生的灾难性事故后果严重程度及其发生频率,结合接收站内外人口密度,评估接收站的个人风险水平和社会风险水平是否满足国家、地区或行业风险控制指标,并据此就安全间距、总图布置、人员聚集地等提出优化建议。火灾危害分析(FHA)则分析 LNG 接收站可能发生的各种火灾事故场景及其影响范围,为总图布置和消防设计优化提出建议。

二、适用的标准规范

国内 LNG 接收站安全消防设计常用标准规范见表 16-1,标准采用时应注意其时效性。

表 16-1 安全消防设计典型常用标准规范

序号	标准名称	标准代号
1	《石油天然气工程设计防火规范》	GB 50183—2015
2	《建筑设计防火规范》	GB 50016—2014
3	《工业企业总平面设计规范》	GB 50187—2012
4	《生产过程安全卫生要求总则》	GB/T 12801—2008
5	《危险化学品重大危险源辨识》	GB 18218—2009
6	《建筑物防雷设计规范》	GB 50057—2010
7	《爆炸危险环境电力装置设计规范》	GB 50058—2014
8	《建筑抗震设计规范(2016 年版)》	GB 50011—2010
9	《建筑采光设计标准》	GB 50033—2013
10	《工业企业设计卫生标准》	GBZ 1—2010
11	《工作场所有害因素职业接触限值 第 1 部分:化学有害因素》	GBZ 2.1—2007
12	《工作场所有害因素职业接触限值 第 2 部分:物理因素》	GBZ 2.2—2007
13	《职业性接触毒物危害程度分级》	GBZ 230—2010
14	《防止静电事故通用导则》	GB 12158—2006

续表

序号	标准名称	标准代号
15	《安全标志及其使用导则》	GB 2894—2008
16	《安全色》	GB 2893—2008
17	《固定式压力容器安全技术监察规程》	TSG 21—2016
18	《压力管道安全技术监察规程—工业管道》	TSG D0001—2009
19	《输气管道工程设计规范》	GB 50251—2015
20	《石油化工可燃气体和有毒气体检测报警设计规范》	GB 50493—2009
21	《建筑灭火器配置设计规范》	GB 50140—2005
22	《水喷雾灭火系统技术规范》	GB 50219—2014
23	《干粉灭火系统设计规范》	GB 50347—2004
24	《泡沫灭火系统设计规范》	GB 50151—2010
25	《固定消防炮灭火系统设计规范》	GB 50338—2003
26	《火灾自动报警系统设计规范》	GB 50116—2013

第二节 危险和可操作性分析（HAZOP）

一、HAZOP 的目的及任务

HAZOP 是通过使用"引导词"分析工艺过程中偏离正常工况的各种情形，从而发现危险源和操作问题的一种系统性风险分析方法。

在 LNG 接收站基础工程设计和详细工程设计适当阶段，应成立 HAZOP 小组，针对管道和仪表流程图（P&ID）开展 HAZOP。其目的是通过系统的风险分析方法，借助专家小组的知识和经验，识别出设计中可能存在的设计意图偏差，分析偏差可能产生的危害和操作问题，并就此提出补充的安全措施或建议。

需要指出的是，HAZOP 必须在工艺方案确定、工艺流程设计基本完成并得到建设方确认后才可以开展。HAZOP 是对偏离了设计意图后可能产生

第十六章 安全消防系统设计

危害的风险评估,而不是对设计意图的质疑和修改。

基础工程设计阶段的 HAZOP 通常在主工艺流程的 P&ID 图纸设计基本完成、主要控制和联锁方案已经确定、主要设备及管径和控制阀及安全阀计算已经完成,并得到建设方审核确认后开展。

详细工程设计阶段的 HAZOP 则通常是对基础工程设计阶段 HAZOP 的补充,多针对基础工程设计阶段未开展 HAZOP 的单元或系统、成套设备厂家的 P&ID 图纸以及详细工程设计阶段发生了重大设计方案变更的单元和系统开展。

二、HAZOP 的程序及人员要求

HAZOP 将工艺过程划分为适当的节点,采用引导词引导的方法,尽量找出偏离设计意图的所有可能的偏差。

HAZOP 主要工作程序如下:
(1)会前准备(确定范围、收集资料等)。
(2)划分节点。
(3)明确节点的设计意图。
(4)确定偏差,分析偏差产生的原因及其导致的后果。
(5)辨识现有的安全措施。
(6)评估风险等级。
(7)提出建议措施。
(8)确定响应负责人。

HAZOP 是由一组具有不同专业背景的人员,以会议的形式,利用"头脑风暴"研究分析工艺过程中潜在的危险源和可操作性问题。分析小组成员要具有足够的知识和经验,可以在会上回答、解决大部分问题。他们可以来自设计方、业主方、专利方;可以是设计人员和有运行经验的开车、操作人员。工作组人员经仔细挑选确定,并赋予向设计提出问题和建议的权力。

工作组至少包括如下人员:
(1)HAZOP 主席。
(2)HAZOP 秘书。
(3)工艺系统工程师。
(4)仪表工程师。
(5)安全工程师。

（6）操作/开车人员代表。

（7）业主代表。

根据工作需要，以下人员需在必要时参会解答相关问题，帮助会议顺利开展：设备工程师、电气工程师、管道工程师、总图工程师、项目经理。

中国石油天然气集团公司（以下简称集团公司）发布的企业标准 Q/SY 1364—2011《危险与可操作性分析技术指南》，对 HAZOP 程序、分析小组组成及主要成员职责给予了规定和说明，可用于指导集团公司内 HAZOP 工作的开展。

三、HAZOP 报告及建议措施落实

HAZOP 报告应记录所有有意义的偏差。在讨论这些偏差时，HAZOP 秘书应记录与会者达成共识、取得一致意见的所有信息。

HAZOP 报告基本内容如下：

（1）本次分析简要总结。

（2）介绍。

（3）HAZOP 目的和范围。

（4）工艺流程概述。

（5）执行的 HAZOP 程序。

（6）参加人员情况。

（7）风险分类（若有）。

（8）建议措施总结。

（9）所分析的带节点标记的 P&ID。

（10）HAZOP 工作清单。

HAZOP 报告的建议措施应尽快及时送达负责响应方手中。负责响应方应根据建议措施要求和实际设计情况，就建议措施的接受或不接受做出回应，并说明是否接受，对部分接受或不接受的原因、实际的设计情况或替代方案、设计依据、相关图纸文件附录等必要内容应予以详细说明，以便保证对所有建议措施的有效关闭。

在设计中应建立有效的 HAZOP 建议措施落实响应跟踪机制和文件控制程序，以确保所有 HAZOP 建议措施的有效关闭。

第三节　SIL 定级分析

一、SIL 定级分析的目的及任务

SIL 用于规定安全仪表系统（SIS）所具有的安全仪表功能（SIF）的安全完整性，即可靠性水平。

SIL 是从 1 到 4 的 4 个离散等级，体现了安全仪表系统（SIS）4 类不同的性能要求。SIL4 具有最高的完整性等级，其故障率最低，可利用率最高（≥99.99%）；SIL1 具有最低的安全完整性等级，其故障率最高，可利用率最低（≥90%）；介于中间的 SIL2、SIL3 的可利用率分别为≥99% 和≥99.9%。

安全仪表系统（SIS）是由电气、电子和可编程电子（E/E/PE）元件组成的、用于执行安全功能的一套系统。

为了安全仪表系统的安全仪表功能（SIF）都能及时发挥效用，有效避免事故的发生或降低后果的影响，都需要在开始设计前对每个安全仪表功赋予一个合理的安全完整性等级（SIL），并通过安全仪表系统的设计、采购和维护保持这个 SIL 要求。

与安全完整性等级（SIL）相关的过程通常由以下三个步骤构成：
（1）确定 SIL 要求（SIL 定级）。
（2）设计 SIS 系统以满足要求的 SIL（SIS 设计）。
（3）进行有效性计算，以核实系统的完整性（SIL 验证）。

通常 SIL 分析多指 SIL 定级分析，SIL 定级分析就是针对各种危险事故场景，根据可接受风险标准，分析现有其他保护措施的可靠性，评估得到对每个 SIF 可靠性的要求。

二、SIL 定级分析的程序及人员要求

根据 IEC 61511《过程工业安全仪表系统的功能安全》，SIL 定级分析基本步骤如下：
（1）建立安全目标（合理可接受的风险）。

(2) 进行危险源和风险分析,评估存在的风险。
(3) 确认需要的安全功能。
(4) 分配保护层的安全功能。
(5) 确认是否需要 SIF。
(6) 确认 SIF 所要求的 SIL。

第(1)、(2)步可利用之前所提及的 HAZOP 等风险分析方法实现,第(3)～(6)步由具体的 SIL 定级分析方法(如风险图表法、保护层法等)实现。

SIL 定级分析中所需要的组成人员若需涉及第(1)、(2)步,则其人员组成与 HAZOP 小组人员组成要求相当,但对小组主席则有更高要求——需要其同时掌握 SIL 定级分析方法,并能够指导分析小组正确熟练运用该方法。

三、SIL 定级分析报告及建议措施落实

SIL 定级分析报告基本内容如下:
(1) 本次分析简要总结。
(2) 介绍。
(3) 参加人员情况。
(4) SIL 分析的目的和范围。
(5) SIL 方法和程序。
(6) SIL 评定分析清单。
(7) 建议措施(如有)。

SIL 定级分析报告最重要的成果是确定每一个 SIF 的 SIL 要求。该要求,即所明确的每一个 SIL 需在下一步 SIS 系统每一个回路设计中予以贯彻落实。若安全仪表系统设计有任何变更或修改,对被影响系统或回路的 SIL 应进行重新检查和确认,并反应到 SIL 措施响应清单中。

SIL 定级分析过程中所提出的建议措施,其落实跟踪要求与 HAZOP 建议措施落实要求相同。其建议措施应尽快及时送达负责响应方手中。负责响应方应根据建议措施要求和实际设计情况,就建议措施的接受或不接受做出回应,并说明是否接受,对部分接受或不接受的原因、实际的设计情况或替代方案、设计依据、相关图纸文件附录等必要内容应予以详细说明,以便保证对所有建议措施的有效关闭。

在设计中应建立有效的 SIL 定级分析建议措施落实响应跟踪机制和文件

控制程序，以确保所有 SIL 定级分析建议措施的有效关闭。

第四节　安全防护工程设计

一、总体技术要求

LNG 接收站的安全防护工程设计应根据设计标准规范和接收站风险评估报告开展。

二、安全设施设计

1. 总图布置

LNG 接收站及码头的选址应根据国家有关规定要求通过厂址研究论证确定。

总图布置应充分考虑 LNG 接收站工艺流程的合理顺畅，设备和管道的合理布置，施工、检修和安装的方便，同时考虑安全生产、消防、扩建及综合投资等因素，并参考火灾热辐射、危险气体泄漏、噪声、爆炸等分析结论确定。

含有易燃危险气体的设备应尽量露天布置，设备间保持合理安全间距，避免布置过分集中、拥挤。

建筑物和点火源应尽可能避免布置在易燃危险物料事故或正常排放的下风向。

接收站内的建筑物应布置在安全区域，以避免受到泄漏、火灾或爆炸等事故的影响。当布置在可能受影响区域时，应在设计上采取削弱影响的措施。

中央控制室应布置在工艺区外，宜布置在非爆炸危险区域内。一旦发生泄漏、火灾或爆炸事故，中央控制室的设计应能够保证控制室的安全及其内操作控制的正常运行。

2. 安全间距及疏散通道

接收站内建筑物与工艺设备之间、设备与设备之间的安全间距宜根据火灾热辐射水平和气体扩散范围确定。

接收站内道路的设置应考虑消防、检修以及应急疏散之用。疏散通道的设置应保证人员在紧急事故情况下可以快速从高危险区疏散至低危险区或安全区。

在码头和LNG船之间至少需要提供两条通道，一条宜设置在LNG船生活区，用于一般人员和船员的紧急疏散用；一条宜设置在LNG船装卸总管附近，用于操作人员上下船、装卸操作用。

3. 低温设备、材料设计

管道和设备的设计压力、设计温度应满足各种正常、非正常工况条件，其材质应适应LNG的低温特性。

管道和设备设计的应力计算，应考虑温度变化、热震可能性和绝缘方法等因素的作用。

管道设计应考虑水锤效应、汽蚀、冲刷和两相流等的影响。

管道应有足够的柔性，管道及阀门等管道材料应尽可能采用焊接，以尽量减少法兰数量。

在设置法兰的地点，应选用合格的法兰垫片，并宜采取防护措施防止法兰万一泄漏时喷射出的流体喷溅到邻近设备上。

4. 电气安全

应根据LNG接收站的重要性和安全等级要求，确定合理的用电负荷等级，并根据国家规范要求设置供电设施保证其供电安全可靠。

根据LNG/NG的物料特性，按照适用的国内外爆炸危险区域划分标准规范对接收站和码头部分进行爆炸危险区域划分。码头部分爆炸危险区域的划分应特别考虑LNG船停泊装卸时产生的危险区域。

应根据爆炸危险区域的分区、电气设备的种类和防爆结构的要求，选择相应的电气设备。选用的防爆电气设备的级别和组别，不低于该爆炸性气体环境内爆炸性气体混合物的级别和组别。爆炸危险区域内的电气设备，符合周围环境内化学的、机械的、热的、霉菌及风沙等不同环境条件对电气设备的要求。电气设备结构应满足电气设备在规定的运行条件下不低于防爆性能的要求。

接收站和码头的防雷、防静电接地系统的设计应满足国家相关标准规范的要求。

在船体与码头装卸臂连接法兰间应设置绝缘法兰，以消除电位差。

5. 安全泄压系统

接收站内应设置热膨胀阀、安全阀等安全泄压设施和火炬等安全泄放系

第十六章 安全消防系统设计

统,以应对各种原因可能导致的超压工况,并尽量减少危险介质的泄漏。

建议来自常规安全阀、热膨胀阀等安全泄压设施的驰放气排至火炬/放空系统或返回 LNG 储罐。直接放空的安全阀、热膨胀阀的放空管的设计应通过定量风险分析确定安全排放地点和排放高度,并满足国家规范标准的相关要求。

为避免高压泄放时对低压泄放系统产生额外背压,建议高、低压安全泄放系统分开设置。

设计压力应留有一定余量,以避免系统安全阀的频繁起跳。

6. 安全控制系统

应设置独立于工艺控制系统(DCS)的安全控制系统,应对可能发生的紧急事故工况,以此保证接收站和码头的安全。

该安全控制系统的功能包括但不局限于:可燃气体泄漏检测、低温液体泄漏检测、火灾检测、提供将所有设施置于安全状态的检测和控制功能、提供安全设施的控制和启动功能。

应在各单元设置适当的遥控或自动切断阀,将整个系统分割成合理的子系统,保证在火灾紧急状况下尽可能少的烃类危险介质进入火灾区域,保证超压泄放时受影响的工艺设备数量尽可能的少。

物料出口管道上的切断阀应尽量靠近工艺设备设置,并设置在裙座外。

紧急切断阀应能够遥控操作或由 ESD 系统自动联锁控制。

7. 泄漏收集系统

泄漏收集系统应能够收集接收站或码头区域可能泄漏出来的 LNG。建议通过风险分析辨识潜在的泄漏点。

从各区收集的 LNG 宜引至专门的 LNG 事故收集池,在收集池设置泡沫系统或采取其他措施抑制 LNG 蒸发速率。

LNG 事故收集池应设置抽水泵,以便及时排出汇入收集池的雨水或消防废水,保证事故收集池的有效容积不受影响。一旦检测到 LNG 泄漏液,应有措施停止该抽水泵的运行。

8. 消防系统

应根据接收站和码头的火灾危险性分析,设置适当的消防设施,用于早期检测、报警、灭火、控火、抑制 LNG 的蒸发和冷却保护等。通常在接收站和码头区域应考虑设置火灾报警系统、气体检测报警系统、消防水系统(含消防水炮、水栓、消防水幕系统等)、干粉灭火系统、高倍泡沫系统、移动灭火设施等。

9. 人身防护

根据 LNG 工程的特点,建议个人防护用品主要配置如下:

(1) 为工作人员配备专用工作服(包括带防冻棉鞋的工作棉服)、工作帽、工作鞋、安全帽、防静电手套等个体劳动防护用品。

(2) 为出入高噪声区的操作人员配备耳罩。

(3) 为高处作业人员配备安全带。

(4) 为可能接触到液化天然气的作业人员配备耐低温防护眼镜、耐低温防护面罩、防冻服(带防冻手套、防冻棉鞋等)。

建议设置基本应急防护用品如下:

(1) 在可能接触酸碱腐蚀性物料和有害物料的操作地点设置事故淋浴/洗眼器。

(2) 在适当地点配置急救箱、正压式空气呼吸器、消防隔热服。

(3) 在栈桥和码头设置有发光标志的救生圈。

10. 安全色及安全标识

根据风险辨识的内容,在接收站和码头的危险操作岗位设置安全警示标志,利用安全色、安全标识牌等,对重要的管道、部位予以标识或说明,其设置应满足国家相关标准规范的要求。基本要求如下:

(1) 在码头、栈桥上可能发生落水危险的地点设置警示标志,提醒靠近人员关注,远离危险点。

(2) 在码头、罐区、工艺区(高压泵区、汽化区、BOG 压缩厂房)、槽车装车区等操作岗位和槽车停车区附近设置易燃易爆、禁止吸烟等警示牌。

(3) 在存在高空坠落地点设置警示标志。

(4) 在机动车可能行驶的路线上设置减速限速标识。

(5) 在压缩机厂房、泵区等高噪声岗位设置"戴防护耳罩"的提示牌。

(6) 在紧急疏散通道、紧急疏散口设置醒目标识。

(7) 重要控制阀、切断阀、联锁开关应设置明显标识或阀位指示。

(8) 消防系统的控制按钮或控制阀、水泵接合器、消防竖管的接口等处应有明显标识,方便消防系统的快速启用。

(9) 在楼梯扶手、围栏上涂刷安全色,对消防管道涂刷红色等。

11. 其他防护措施

应根据风险辨识出的其他危险因素,在安全设计中采取有效的安全防护措施,以降低其危害程度和后果影响,如防高低温危害措施、防噪声措施、防高空坠落措施、防溺水措施、防物体打击措施等。

第十六章 安全消防系统设计

针对建设地的各种可能自然危害因素（如台风、暴雨、地震、软地基等），在设计中应考虑采取各种有效措施，减弱或避免其对接收站正常生产运营的影响。

第五节 消防工程设计

一、消防水系统

LNG 接收站（含码头）的消防系统应设置独立的稳高压消防水系统，工作压力不低于 0.7MPa。消防水量应按接收站同一时间内的火灾处数和相应的一次灭火用水量确定，陆域部分考虑 200m³/h 余量后确定。火灾处数应参考《石油化工企业设计防火规范》相应条款执行。LNG 储罐区火灾延续时间按 6h 考虑，工艺装置区的火灾延续时间按 3h 考虑，码头的火灾延续时间按 6h 考虑。

1. 消防用水

消防用水可由给水管道、消防水池或天然水源供给，应满足水质、水量、水压、水温要求。当利用天然水源时，应确保枯水期最低水位时消防用水量的要求，并设置可靠的取水设施。

消防用水可考虑与生产、生活给水合用一个给水系统，系统供水量应为 100%消防用水量与 70%生产、生活用水量之和。

装置区的消防给水管网应布置成环状，并应采用易识别启闭状态的阀将管网分成若干独立段，每段内消火栓的数量不宜超过 5 个。从消防泵房至环状管网的供水干管不应少于两条。其他部位可设支状管道。寒冷地区的消火栓井、阀门井和管道等应考虑设置可靠的防冻措施。

消防水池（罐）的设置应满足如下要求：

（1）水池（罐）的容量应同时满足最大一次火灾灭火和冷却用水要求。在火灾情况下能保证连续补水时，消防水池（罐）的容量可减去火灾延续时间内补充的水量。

（2）当消防水池（罐）和生产、生活用水水池（罐）合并设置时，应采取确保消防用水不作它用的技术措施，在寒冷地区专用的消防水池（罐）应采取防冻措施。

（3）当水池（罐）的容量超过 1000m³ 时，应分设成两座，水池（罐）的补水时间不应超过 96h；

（4）供消防车取水的消防水池（罐）的保护半径不应大于 150m。

2. 消防给水管网

消防给水管网在整个 LNG 接收站内应成环状布置。接收站至码头平台采用单根消防水管供水，沿栈桥敷设。

环状管道的进水管不应少于两条；环状管道应用阀门分成若干独立管段，每段消火栓的数量不宜超过 5 个；当某个环段发生事故时，独立的消防给水管道的其余环段应能满足 100%的消防用水量的要求。

消防给水管道应保持充水状态。地下独立的消防给水管道应埋设在冰冻线以下，管顶距冰冻线不应小于 150mm。在寒冷地区的接收站，地上消防管道应考虑采取有效的防冻措施。

3. 消防泵房

（1）消防供水泵房规模在设计中应考虑能满足所在接收站一次最大火灾的需要。

（2）消防泵房的位置设置应保证启泵后 5min 内，将冷却水送到任何一个着火点。

（3）消防泵房的位置宜设在接收站全年最小频率风向的下风侧。

（4）消防泵房应采用耐火等级不低于二级的建筑，并应设直通室外的出口。

（5）消防泵房值班室应设置对外联络的通信设施。

（6）消防泵组的安装应符合下列要求：

① 一组水泵的吸水管不宜少于 2 条，当其中一条发生故障时，其余的应能通过全部水量。

② 一组水泵宜采用自灌式引水，当采用负压上水时，每台消防泵应有单独的吸水管。

③ 消防泵应设置自动回流管。

④ 公称直径大于 300mm 且经常启闭的阀门，宜采用电动阀或气动阀，并能手动操作。

⑤ 消防水泵、稳压泵应分别设置备用泵；备用泵的能力不得小于最大一台泵的能力。

⑥ 消防水泵应在接到报警后 2min 以内投入运行。稳高压消防给水系统

第十六章 安全消防系统设计

的消防水泵应能依靠管网压降信号自动启动。

⑦ 消防水泵应设双动力源；当采用柴油机作为动力源时，柴油机的油料储备量应能满足机组连续运转 6h 的要求。

4. 室外消火栓及消火栓箱

1）室外消火栓

（1）室外消火栓宜选用地上式消火栓，寒冷地区应采取防冻措施。

（2）室外地上式消火栓应有 3 个出口，其中 1 个直径为 150mm 或 100mm，其他 2 个直径为 65mm。

（3）室外消火栓自带可调压设施，以使消防水枪的出口压力不大于 0.5MPa。

（4）室外消火栓均沿道路布置，其大口径出水口面向道路。

（5）消火栓距路面边不大于 5m，距建筑物外墙不小于 5m，距被保护的设备至少为 15m。

（6）接收站和码头的消火栓的布置间距不大于 60m。

（7）在有可能受到车辆等机械损坏的消火栓周围设置 2 面（或 4 面）防护栏。

2）室外消火栓箱

每个室外消火栓均配置一个室外消火栓箱，其安装位置距消火栓不大于 5m。每个室外消火栓箱内至少放置以下设施：

（1）2×DN65mm×25m、PN1.6MPa 消防水带。

（2）1 个 ϕ19mm 直流—喷雾水枪。

（3）1 个消火栓扳手。

（4）1 个水泵接口扳手。

5. 室内消火栓及消火栓箱

接收站室内消火栓的配置按现行国家标准 GB 50016—2014《建筑设计防火规范》的有关规定执行。

6. 消防水炮

接收站设置三种消防水炮，包括固定式消防水炮、远控遥控消防水炮、移动式消防水炮。

1）固定式消防水炮

在汽化器区、高压泵区等工艺区域设置固定式消防水炮。

消防水炮沿汽化器区、高压泵区等工艺区域的道路布置，靠近被保护的工艺设备，但离被保护的设备的间距不小于 15m。在设置消防水炮的区域内，

消防水炮的布置间距不大于60m。

固定式消防水炮为手动操作，喷嘴为直流—喷雾可调型。

在有可能受到车辆等机械损坏的固定式消防水炮周围设置2面（或4面）防护栏。

2）远程遥控消防水炮

在码头应设置不少于2台远程遥控消防水炮。远程遥控消防水炮应符合下列规定：

（1）消防水炮的射程应覆盖码头上的装卸工艺设施和停泊设计船型的全船范围。消防水炮的额定射程宜留有余量。

（2）消防水炮应采用直流—水雾两用喷嘴。

（3）消防水炮应具备有线控制和无线控制功能。

（4）消防水炮宜采用液压驱动，其液压泵可由电动机驱动，也可由水轮机驱动。

（5）消防炮塔应设置水幕或水喷雾保护装置，流量不小于6L/s。

（6）远程遥控消防水炮可在主控制室、码头控制室遥控操作，其他要求详见《固定消防炮灭火系统设计规范》。

3）移动式消防水炮

在接收站根据需要设置一定数量的移动式消防水炮，其喷嘴为直流—喷雾喷嘴。

7. 固定式水喷雾系统

当液化天然气储罐采用混凝土外罐的双层壳罐，当管道进出口在罐顶时，应在罐顶泵平台处设置固定水喷雾系统，供水强度不小于 20.4L/$(min \cdot m^2)$。

所有水喷雾系统均为自动控制，同时具有远程手动和应急操作的功能。设置在各区域的火焰探测器探测到火灾信号后，传输信号至火灾报警控制盘，通过火灾报警控制盘的联锁控制信号启动雨淋阀，从而开启水喷雾系统。

系统的设计应符合现行国家标准 GB 50219—2014《水喷雾灭火系统技术规范》的有关规定。

8. 码头水幕系统

在码头操作平台前沿应设置水幕系统，水幕系统的喷水强度不小于 2L/$(s \cdot m)$。

水幕系统具有远程手动和应急操作的功能。系统的其他设计应符合现行国家标准 GB 50084—2001《自动喷水灭火系统设计规范（2005年版）》

的规定。

9. 自动喷水灭火系统

在接收站内，若设置有送回风道（管）的集中空调系统且总建筑面积大于 3000m² 的办公楼，应设置自动喷水灭火系统。

系统的设计应符合现行国家标准《自动喷水灭火系统设计规范（2005年版）》（GB 50084—2001）的规定。

二、高倍泡沫灭火系统

接收站内应配有移动式高倍数泡沫灭火系统。集液池应配固定式全淹没高倍数泡沫灭火系统，并应与低温探测报警装置联锁。

设计泡沫混合液供给强度不小于 7.2 L/（min·m²），泡沫混合液供给时间不小于 40 min。选用发泡倍数为 500 倍的高倍数泡沫发生器。

高倍数泡沫灭火系统的设计应符合现行国家标准《泡沫灭火系统设计规范》（GB 50151—2010）的有关规定。

三、干粉灭火系统

1. 固定式干粉灭火系统

液化天然气储罐通向大气的安全阀出口管应设置固定干粉灭火系统。设置固定干粉灭火系统的目的是扑灭安全阀因天然气释放而可能导致的火灾。

固定干粉灭火系统具备自动、手动遥控和就地应急启动三种控制方式。干粉的喷射时间不少于 60s。

系统的设计应符合现行国家标准《干粉灭火系统设计规范》（GB 50347—2004）的有关规定。

2. 干粉炮灭火系统

在停靠液化天然气船的液化气码头装卸臂附近宜设置喷射量不小于 2000kg 的干粉炮灭火系统。

设置干粉炮灭火系统的目的是扑灭装卸区域等泄漏的天然气导致的火灾。干粉炮宜采用远控干粉炮。

系统的设计应符合现行国家标准《固定消防炮灭火系统设计规范》（GB 50338—2003）的有关规定。

四、气体灭火系统

气体灭火系统宜采用全淹没式管网系统,包括自动控制、手动控制和机械应急手动控制三种方式。

在码头控制室和配电间设置自动气体灭火系统。

系统的设计应符合现行国家标准《气体灭火系统设计规范》(GB 50370—2005)的有关规定。

五、灭火器

在码头、LNG 罐区、工艺装置区域宜设置手提式及推车式干粉灭火器,其他区域及各建筑物内根据实际情况选择配置干粉、二氧化碳等手提式及推车式灭火器,以利于扑灭初期火灾。

接收站建筑物内灭火器的配置设计按现行国家标准《建筑灭火器配置设计规范》(GB 50140—2010)的有关规定执行。

第十七章 环保系统设计

第一节 设计说明

液化天然气（LNG）接收站通过码头装卸臂及辅助设施将 LNG 从专用 LNG 运输船上卸至接收站内的 LNG 储罐。LNG 经加热汽化成为天然气（NG），计量后由首站向下游用户输送。从 LNG 接收、储存、汽化到外输，整个过程进行的是单纯的物理变化。按照工艺流程及各部分的功能作用，可将 LNG 接收站划分为如下一些功能系统：

（1）卸船系统，作用是将 LNG 运输船上的 LNG 卸下，并将部分蒸发气返回船舱以平衡其压力。

（2）LNG 储存系统，作用是在接近常压下储存低温的液态 LNG。

（3）蒸发气处理系统，作用是对正常操作或卸船时产生的蒸发气（BOG）进行加压，并与过冷的 LNG 混合后成为液相。

（4）LNG/NG 外输系统，作用是将 LNG 罐内的常压 LNG 抽出，并经再冷凝器与 BOG 混合后，再经高压泵加压至需要的压力，送入汽化器进行汽化，并经计量后输送到天然气管道中。

（5）火炬系统，作用是将接收站超压等事故工况下排放的 LNG 或 NG 送入火炬中燃烧，以避免可燃气体对工厂及周边环境造成安全隐患，同时由于甲烷是温室气体，将其燃烧后排放可以降低对环境的影响。

（6）公用工程系统，作用是为接收站的正常操作及开车、停车等提供公用工程供应，主要包括燃料气系统、仪表空气系统、工厂空气系统、氮气系统、生活给排水系统、工艺海水系统、污水处理设备等子系统。

（7）仪电系统，作用是对整个接收站进行运行监控及运行安全保护，并为各部分提供电力及通信服务。

（8）槽车装车系统（根据需要配置，不是必须），作用是将液态低温 LNG

送入 LNG 运输槽车。

（9）安全消防系统，作用是在发生火灾等意外情况时保护接收站内人员、设施及产品，避免出现更大事故或造成更大破坏。

（10）冷能利用系统，作用是将外输 LNG 中的部分冷量置换出来并加以利用，但目前国内尚无完善的冷能利用系统投入运行。

第二节　主要污染源和主要污染物

一、废气

浸没燃烧式汽化器运行期间，以天然气作为燃料，燃烧产生废气（G1），主要污染物是 NO_x 和 CO。

接收站一般设置火炬系统，主要用于收集从 BOG 总管的超压排放、BOG 压缩机放空及外输总管放空的天然气。火炬燃烧废气（G2）的主要污染物是 NO_x 和 CO，其排放方式是间歇的。另外，火炬设有长明灯，以天然气为燃料，产生燃烧废气（G2）的主要污染物是 NO_x 和 CO。

二、废水

开架式汽化器运行期间，使用海水作为汽化 LNG 的热媒，ORV 换热后的海水（W1）直接排海，主要污染因子为温降和余氯。

浸没燃烧式汽化器运行期间，以天然气作为热媒，经加热水浴介质后间接加热 LNG，使之汽化成天然气，定期更换的水浴废水（W2）中主要含有 $NaHCO_3$。

排放的其他废水还包括，接收站人员产生的生活污水（W3），主要污染因子是 COD 化学需氧量、BOD5（5 日生物需氧量）、氨氮、动植物油和 SS（固体悬浮物）；冲洗 BOG 压缩机房、维修车间等产生的少量含油污水（W4），主要污染因子是石油类及其他有机污染物和 SS。

第十七章 环保系统设计

三、噪声

LNG接收站主要噪声设备为SCV鼓风机（N1）、高压输送泵（N2）、BOG压缩机（N3）、海水取水泵（N4）、消防水泵（N5）等。

四、固体废物

压缩机需定期更换润滑油，产生的废润滑油（S1）外送有资质的单位处理。

LNG接收站产生的其他固体废物主要包括，职工生活垃圾（S2），由环卫部门统一处理；污水处理装置产生的少量油污（S3）等，外送有资质单位处理。

第三节 污染防治措施

一、废气处理措施

LNG接收站的废气污染主要是储罐因安全需要，保证储罐压力正常而释放的天然气，以及对设备进行检修时释放的天然气，采取的主要措施是采用火炬燃烧，将天然气完全燃烧后排入大气。天然气燃烧会产生少量的NO_x和CO，浓度较低，通过高空排放。

码头卸船操作初期，设计采用较小的卸船流量来冷却卸料壁及辅助设施，避免产生过多的蒸发气，导致蒸发气处理系统过负荷而排放至火炬燃烧。

接收站SCV汽化采用清洁能源天然气加热，燃烧后烟气中主要污染物为NO_x和CO，排放浓度很低。并且，只有当海水温度低于5.5℃时，才运行SCV，尽量缩短SCV的使用时间。

二、废水处理措施

废水排放实行清污分流，分为清净雨水、含油废水、生活污水和工艺海水四个系统。清净雨水和工艺海水采用明沟收集排放。含油废水和生活污水采用地下管道输送。

液化天然气接收站生活污水和含油废水尽量依托区域集中污水处理设施进行处理,如无法达到依托设施接管指标,应进行预处理后再排入依托设施。当不具备依托条件时,应在接收站内设置污水处理设施,可根据污水量、水质情况、环保部门要求,合理确定处理工艺和排放方案。一般情况下,接收站内如设置污水处理设施,建议采用以下工艺:

(1) 接收站生活污水采用地埋式一体化污水处理装置处理。污水经初沉、二级接触氧化、二沉和消毒处理后,按地方或国家标准要求排放。

(2) 浸没燃烧式汽化器定期更换的水浴废水及接收站含油污水收集至隔油处理装置,再由泵提升至含油污水处理装置处理后,按地方或国家标准要求排放。

(3) 开架式海水汽化器的温降冷海水,经工艺海水排放口排海。设计可以考虑对ORV排水设置温度在线监测仪表,信号通过DCS系统引到控制室,超标信号报警显示。对排海口的海水实现定期余氯监测。

(4) 接收站雨水沿道路收集,经沉砂后,通过雨水排放口排海。

三、噪声控制措施

噪声控制的关键是在设备和减压阀门的采购中需对噪声严格要求,要求供应商控制单台设备的噪声低于85dB(A)。

用于间断控制的控制阀,如放空控制阀,要求其1m处的噪声不超过95dB(A)。

对于实在无法达到要求的设备,如压缩机,采用设备进出口管道加设消声器的方法控制噪声;SCV鼓风机置于隔声罩内降低噪声;将消防水泵和海水取水泵置于室内。

设计上可以考虑为高噪声工作场所设置单独操作间。为避免人员受到噪声损害,通过岗位操作管理,严格规定高噪车间不可长期停留。

四、固体废物处理/处置措施

固体废物主要是压缩机定期更换的润滑油产生,外送有资质的单位处理。另外,生活垃圾由环卫部门收集后统一处理。污水处理装置产生的固体

第十七章 环保系统设计

废物主要为地埋式污水一体化处理设施的剩余污泥和隔油池收集的油泥，外送有资质的单位处理。

五、环境风险防范措施

天然气属于易燃易爆物质，潜在的主要危险为 LNG 泄漏引起火灾爆炸危险，一旦发生意外事故，发生事故地点周围将受到严重影响和破坏，存在人员伤亡的可能性。在工艺上采用成熟且安全可靠的工艺技术，并采取一系列的安全措施，能够有效地防范风险事故发生。建议采取的安全措施有设置 LNG 储罐液位及工作状态监测系统；在 LNG 内外罐都设有多个测温点，可监测操作情况及 LNG 的泄漏；储罐的安全控制系统与 DCS 相连接；储罐备有向火炬泄放的压力控制阀、向大气排放的安全阀，天然气回灌填补真空系统；超压蒸发气送火炬系统燃烧处理；完备的危险物料的紧急切断、联锁保护安全措施和消防设施系统。

在 LNG 接收站不同的区域设置足够的事故 LNG 收集池。无泄漏事故时，池内收集的是清净的雨水，雨后用各收集池配备的固定式自吸泵抽出，排入附近的净雨水系统。出现泄漏事故时，泄漏的 LNG 收入池内，并被消防泡沫系统发出的泡沫覆盖，使之与空气隔离，降低 LNG 蒸发速度，控制气相浓度不超过爆炸极限，降低火灾爆炸事故发生的可能性。池内收集的 LNG 全部缓慢挥发，池内泡沫混合液用移动泵抽出装桶外送处理。收集池用水冲洗，分析水中阴离子表面活性剂含量，如达标，冲洗水用移动泵排入附近的净雨水系统；如不达标，冲洗水用移动泵排入槽车中，送生活污水处理装置生化处理。

第四节 清洁生产

LNG 接收站以液化天然气为原料，产品为外输天然气和液化天然气。项目的原料、产品和使用的能源都是天然气。而天然气是一种清洁能源，是因为它的主要组分是碳氢化合物，以甲烷为主，并且作为燃料燃烧的热效率较高，燃烧产物主要是水和 CO_2，对环境的污染较小。另外，通过引入提供干净优质的能源，也将大大改善地区燃料结构，有利于改善区域大气环境质量。

可见，LNG 接收站项目不仅是能源项目，也是环保项目。

　　LNG 接收站工艺设计采用再冷凝法，不需要将蒸发气（BOG）压缩到很高的压力，而是压缩到较低的压力后与由 LNG 低压输送泵从 LNG 储罐送出的 LNG 在再冷凝器中混合。这样可以利用 LNG 的冷量，并减少 BOG 的压缩功的消耗，节省了能量。蒸发气冷凝器不仅起到了冷凝蒸发气的作用，同时也为 LNG 进入高压输送泵提供了缓冲。储罐的安全控制系统与 DCS 相连接。正常情况下储罐蒸发气经压缩冷凝后回收，不外排。当蒸发气量超过压缩机控制范围时，蒸发气通过储罐上的压力控制阀泄放至火炬燃烧处理。采用开架式汽化器，充分利用海水资源汽化 LNG。在冬季海水温度过低时使用浸没燃烧式汽化器，以燃料燃烧提供热源，以水做传热介质循环使用。

　　LNG 接收站的主要设备和主要材料采用进口的先进设备，例如，LNG 储罐大部分材料、BOG 压缩机、浸没燃烧式汽化器、LNG 储罐泵。其他设备建议均应经过全面考察和比较，选取国内技术可靠的厂商提供的设备。

　　投产后，对生产过程实行清洁生产管理，通过各种培训、宣传、学习，提高职工的清洁生产、环境保护意识和技能，同时建立、健全一套完善的规章制度及奖惩原则，提高对生产工艺和生产过程的控制能力，优化操作，减少废物产生。企业环境管理者还加强对生产全过程的监督，发现问题及时采取纠正措施。

第五节　环境管理和环境监测

一、环境管理体系及机构设置

　　公司应设立 QHSE 处，作为公司的环境管理机构，至少配备 1 名环保管理人员，接收站设立兼职环境保护监督员。

　　环境管理机构主要职能是研究决策公司环保工作的重大事宜，并负责公司环境保护的规划和管理以及环境保护治理设施管理、维修、操作，并下设实验室，负责公司的环境监测，是环境管理工作的具体执行部门。其主要职责应包括但不仅限于如下：

　　（1）根据公司性质、特点和国家环境法律、法规，制订全公司环保规划

第十七章　环保系统设计

和环境方针，并负责以多种形式向相关方宣传。

（2）负责获取、更新适用于本企业与环境相关的环境法律、法规，负责把适用的法律、法规发放到相关部门。

（3）协助制订环保规划，并协调和监督各分管单位具体实施。

（4）负责制订和实施公司的年度环保培训工作。

（5）负责公司内外部的环境工作信息交流。

（6）监督检查各部门环保设施的运行管理。

（7）监督检查各生产工艺设备的运行情况，确保无非正常工况和生产事故的发生。

（8）负责对新、改、扩建项目环保工程及其"三同时"（同时设计、同时施工、同时投入生产和使用）执行情况进行环境监测、数据分析、验收评估。

（9）负责制订应急预案，监督、检查应急计划；负责应急事故的协调处理；指导各单位对环保设施的管理；指导各单位应急与预防工作；对公司范围内重点危险区域部署监控措施。

（10）负责公司环境监测技术数据统计管理。

（11）负责全公司环保管理工作的监督和检查。

（12）组织实施全公司环境年度评审工作。

（13）负责公司的环境教育、培训、宣传，让环境意识固存于职工意识。

生产过程中应将治理环境污染与完善管理体制相结合，因此，必须加强企业内部的环境管理工作。并且，把环境管理纳入企业总体和日常管理计划，通过环境管理体系的运行和持续改进，达到减少污染、节能降耗、保护环境的要求，从而提高企业的环境效益、社会效益和经济效益。

二、环境监测要求

污染物排放监测应由分析化验室完成，监测内容见表17-1。根据环境监测管理要求，对排污口进行规范化管理，在排污口附近醒目处设置环境保护图形标志牌。

配合监测项目在分析化验室配备的监测仪器主要包括水中油含量分析仪、水混浊度测定仪、总溶解和悬浮固体含量试验仪器、水COD试验仪器、带培养皿的水BOD试验仪器、气体取样器、环境空气检测仪、噪声分析仪等。

表 17-1　环境监测一览表

取样地点	监测介质	监测项目	监测次数
SCV 排气筒	燃烧烟气	NO_x	运行期，1 次/季
厂界	环境空气	NMHC	1 次/季
		NO_x	
隔油池进口/出口	生产废水	流量	在线
		COD_{Cr}	在线
		石油类	1 次/d
		SS	
生活污水处理装置	生活/生产废水	流量	在线
		COD_{Cr}	在线
		SS	1 次/d
		NH_3-N	
海水厂界排放口	排放的温降海水	余氯	1 次/d
		水温	在线
厂界	环境噪声	等效连续 A 声级	1 次/季

第十八章 工厂检维修设计

第一节 设计说明

一、检维修的必要性

LNG 接收站将定期进行计划维修,在维修期间实现不间断供气,设备的维修将在接收站不停车或尽可能不影响城市燃气供应的状态下进行。为实现安全运行的基本功能,LNG 项目接收站工程设置了必要的维修车间,以进行适当的周期性检查维修。

LNG 接收站工艺及操作均较特殊,介质是易燃、易爆、以甲烷为主的液态的天然气,LNG 储运生产工艺还具有低温、高压等特点,对设备及材料等的要求均很高。大量的设备、材料均从国外进口,不可能及时在国内采购到必要的零部件。因此,维修车间内将设置一间备品备件库。

LNG 接收站维修车间的设置原则是小的设备维修依靠自己的维修人员解决,而大的检修主要依赖专业化的维修公司,以减少不必要的建设费用和人工开支等。

二、检维修内容

接收站将采用状态监测和预测式维修作为主要的维修技术,并配备必要的维修设备,进行日常维修及必要的小型备品备件的制造及更换。对于主要设备的特殊零部件,将由接收站根据制造商建议或根据经验制订计划,由市场购买或向原设备制造商订购。

接收站的维修将以对各种设备的经常性检查及预防性维修为原则,按照日常检查、定期检查及维护、定期停车检查及维修、定期更换零部件等程序进行。

日常检查是在正常生产状况下，由操作人员在线进行。主要检查机械、设备的运转状况、仪表指示是否正常，并进行正常维护。当有跑、漏、冒、滴现象存在及发现有异常情况存在时，及时加以处理。

定期检查及维护是维修人员定期对设备运转情况进行检查、记录，并对运转设备进行加注润滑油/脂。

定期停车检查及维修：对国家及当地政府有关部门规定必须定期检测的设备、阀门等，将在规定要求的时间内计划安排在适当的时间进行。进行时由工艺人员与检修人员配合进行。检修时将启动备用设备并将需检查的设备从生产线上切出，并进行必要的置换、清理。检查完结后，工艺操作人员按正常操作程序处理，使该设备处于备用状态。

定期更换零部件：按照设备制造商建议及经验，制订设备零部件更新计划，定期对设备零部件进行更换，以保证设备安全、可靠运转。

第二节 检维修设施设计

一、选型原则

（1）设备的选型首先以满足生产工艺性能要求为前提，同时应尽可能地选用技术先进、性能可靠、操作维护方便和价格合理的设备。

（2）提供和推荐的制造厂，其设备必须有 2 年以上的运行使用业绩。

（3）设备的噪声不高于 85dB（A）。

二、供货范围

（1）制造厂提供主机、地脚螺栓、螺母、垫片和随机附件、特殊附件。

（2）配备完整的、能保证设备独立、可靠和安全运转的所有仪表控制系统、电气和辅助设备。

（3）优先选用效率高、能耗低的设备，尽量选择国内比较有知名度和信誉高的厂家，最大限度地降低设备的能耗，降低产品的成本。

（4）根据生产工艺的要求，关键设备选用数控设备或普通机械加工设备，满足相应精度的生产加工需要。

（5）严格执行环保要求，根据设备所在的场所和公用工程条件，选择符合环保要求的设备。

三、交货状态

（1）机械设备在出厂前要做车间试运行，合格后方可供货。

（2）所有设备应小心适当装箱，并根据设备的特点进行防潮、防雨、防震、防腐蚀的保护措施，以保护设备在运输和储运过程中免受损失。

（3）提交随机装箱文件，至少包含装箱单、合格证明、使用说明书/操作手册、随机附件和特殊附件清单等。

四、技术参数及相关要求

机、电、仪三修各工班相互协作。机床、工器具等共同使用，统一调配。提高利用率，避免重复设置。考虑所选设备的利用率及必要性，机修间将配备适当的机械加工及焊接设备、各种维修用工器具（包含防爆工具、液压工具、电修工具、仪修工具等）。维修设备包括普通车床、台式钻床、砂轮机、钳工台、液压升降平台、电焊机等。主要设备一览表见表18-1（供参考）。

表18-1　主要设备一览表

名称	数量	主参数	备注
台钻	1	最大钻孔直径：$\phi 20$ mm； 附件：硬质合金麻花钻钻头、台钻放置台	
重型钳工工作台	1	尺寸：2000mm×800mm×800mm	
安装平台	1	尺寸：2000mm×800mm×600mm； 附件：平板支架	
重型台虎钳	2	钳口宽150mm	
除尘式砂轮机	1	砂轮尺寸：$\phi 300$mm×40mm×$\phi 75$mm	
交/直流弧焊机	1	电流调节范围：60～300A/80～400A； 附件为：焊把线、接地线、电焊钳、接地夹	

续表

名称	数量	主参数	备注
自控远红外电焊条烘箱	1	工作室为不锈钢,带储藏室及数控带PLD记录仪,能够自动测量、显示、控制温度; 最高烘干温度:500℃; 可烘焊条质量:(40+40)kg	
逆变式方波交/直流氩弧焊机	1	基质电流范围:15～250A; 峰值电流范围:15～315A; 附件:氩弧焊枪、接地电缆、接地夹	
移动剪叉式升降平台	1	起升高度:11m; 额定载荷:500kg	
手提电钻	1	正反转; 最大夹头直径:ϕ13mm; 附件:钻头	
角向磨光机	1	砂轮片最大直径:ϕ100mm	
普通车床	1	最大工件回转直径×长度: ϕ400mm×1500 mm; 附件:车刀	

注:以上设备的数量、规格可根据实际情况调整。

第三节　维修车间及仓库

一、维修车间

1. 概述

接收站的维修车间是为接收站进行机械设备、仪表的维修服务。

维修车间由机修间、仪修间、备品备件库、辅助间组成,其中机修间设置一台5t电动单梁起重机,提高厂房利用率和劳动者生产率,改善劳动者操作条件。

从工厂的实际出发,要求配备一专多能、技术等级较高的人员从事维修工作。机修人员工作班次为常白班为主,根据生产工作需要,必要时调配班次、人员。

第十八章　工厂检维修设计

2. 生产安全

（1）应严格执行安全生产的有关规定。

（2）加强工作人员的安全教育及考核。

（3）建立并不断完善各岗位、工种的操作安全规程；配置所需的防护设施及检测仪器、仪表等。

二、备品备件库

1. 设置原则

根据年度维修计划，配备设备备用量合理化，应考虑以下几方面：

（1）需要长时间送达的易损件，包括接收站运行的关键设备的易损件及维修工作中需要不可预见的部件。

（2）一些接收站的通用备件。例如，螺栓、螺母、润滑剂（机油、油脂）、垫片等。

（3）周期性维修或未预料的故障情况下应当有一些备用量。

2. 设备分类

应根据存放的物件的品种、存放周期不同，可采用货架、托盘、袋装等不同存放方式，同时按种类划分区域，用钢货架做间隔，便于管理、调整。

维修高峰期前，应提前做好准备，必要时可调配班次、人员。

3. 生产安全

（1）应严格执行消防安全的有关规定。

（2）加强工作人员的安全教育及考核。

（3）凡是易燃、易爆、有毒和腐蚀危险性工作，应按照相关规定，向有关部门申请报告，获得批准、监督后才准许实施。

附录　国内自主建设的LNG接收站典型项目介绍

附录一　江苏LNG接收站项目

一、概述

1. 项目建设的性质

江苏LNG接收站工程为新建项目。

根据《产业结构调整指导目录（2005年本）》（中华人民共和国国家发展和改革委员会第40号令），本项目为"原油、天然气、成品油的储运和管道输送设施及网络建设"类项目，是绿色能源项目，属国家鼓励类项目。

项目业主：中国石油江苏液化天然气有限公司。

项目建设地点：江苏LNG项目接收站工程位于江苏省如东县西太阳沙洲的人工岛上，码头工程位于如东县海滨辐射沙洲中的烂沙洋水道西部的深水区，西距小洋口港约30km，东南距吕泗港约50km，西南距如东县城约32km。

2. 项目背景

能源是国民经济发展和社会活动的基础。随着我国全面建设小康社会步伐的加快，能源需求进入持续增长阶段，2004年中国能源消费总量已居世界第二位。但是中国的能源结构决定了煤炭在中国未来相当时期仍将是主要能源，能源活动过程中产生的环境问题将随着能源生产和消费的增长而日趋严峻。未来20年我国能源发展面临着环境需求、环境容量、环境管理要求和全球气候变化等四大环境挑战。

附录　国内自主建设的LNG接收站典型项目介绍

天然气是一种重要的清洁能源，广泛地应用于国民生产建设中，主要用于城市燃气、工业燃料、发电和化工等四大领域，大规模利用天然气与利用煤炭、燃油相比，可以减少污染物排放，改善生态环境，提高人民生活质量，获得较好的环保效益、经济效益和社会效益。

鉴于我国人均占有天然气资源少，目前和今后几年天然气供需矛盾日益突出，而城市大气污染状况比较严重的形势，在党的"十六大"以后，我国政府提出"以人为本，全面协调可持续发展"的科学发展观和"节能优先、结构多元、环境友好、市场推动"的可持续能源发展战略，强调经济与环境的协调发展，鼓励改善能源结构，坚持保护生态环境，要求改善环境质量。并且随着我国经济发展和人民生活水平逐步提高，全民环境意识逐渐增强，对清洁能源的需求越来越迫切。天然气工业作为新兴产业对环境改善和经济增长具有显著的拉动作用，还可以增加就业机会，促进区域经济协调发展。中央和各级政府制定政策，鼓励和支持天然气的生产和利用。国家在《中华人民共和国国民经济和社会发展第十个五年计划纲要》中明确提出要"优化能源结构，加强环境保护，实行油气并举，加快天然气勘探、开发和利用，统筹生产基地、输送管道和用气工程建设，引进国外天然气，提高天然气消费比重"。国家发展和改革委员会（以下简称国家发改委）将城镇燃气工程和城市汽车燃气改造工程引入《当前国家重点鼓励发展的产业、产品和技术目录（2000年修订）》中。因此，天然气的使用已成为未来我国经济发展的战略之一。

江苏省是我国经济发展较快的省份，2004年全省实现国内生产总值15512.4亿元，按可比价计算，比上年增长14.9%，人均GDP为20781元，其增长速度高于全国平均水平。

江苏省也是我国的能源消费大省，随着经济的快速发展，对能源的需求也在日益加大，纵观江苏省的能源资源和利用情况来看，资源相对贫乏，严重依托外省是其主要特点，也是其缺点，成为江苏省经济快速发展的瓶颈问题，制约着江苏省社会、经济和环境的和谐发展。

江苏LNG工程的目标市场是江苏省境内苏北的用户、苏南的部分用户以及如东燃气电厂。通过西气东输、冀宁支线以及新建的如东—芙蓉干线，其供气范围覆盖至全省12个市（县），供气用户多达18个，纵贯全省南北，横穿苏南，将江苏省经济发达的地区以及经济正在起飞的地区连接起来，成为一条江苏省能源供应的大动脉。同时，江苏LNG工程的天然气用户为了与本工程步调一致，部分用户已经开展了可行性研究或预可行性研究工作，得到当地部门的大力支持，用户情况稳定，为本工程的启动奠定了良好的基础。

正是在这种背景下，中国石油认真贯彻落实国家强调经济与环境的协调发展，鼓励改善能源结构，坚持保护生态环境，要求改善环境质量的要求，积极同江苏省和有关合作方合作，选择具有 LNG 接收站建设条件的南通市洋口港规划区，共同开发建设江苏 LNG 项目。本项目的建成能有效地缓解江苏省的紧张供气状况，同时能为西气东输所在苏南的用户、冀宁支线所在苏北的用户提供安保用气，实现江苏省多气源互补互备联合供气，提高供气的保障程度。

江苏 LNG 项目是为满足江苏省的天然气需求，确保江苏省供气安全的重点项目，是国家能源战略的重要组成部分，符合我国目前能源的实际情况和我国产业政策以及全国天然气发展规划和江苏省天然气建设规划，是应对全球对环境提出的挑战的重大战略。

3. 接收站的组成

接收站工程单元主要由工艺系统、辅助生产系统和公用工程系统组成。接收站组成见附表 1-1。

附表 1-1 接收站组成

主项名称	主要内容
码头工程	码头、栈桥、卸船系统
储存	LNG 储罐
BOG 处理	BOG 压缩、再冷凝器
输送	低压输送泵、高压输送泵
汽化	ORV、SCV
火炬	火炬分液罐、火炬
公用工程及辅助生产设施	空气压缩及氮气站、变电所、消防系统、给排水系统、计量站等

4. 接收站的建设规模

江苏 LNG 项目接收站一期工程的设计规模为 350×10^4 t/a；二期工程的设计规模 650×10^4 t/a，并为远期发展预留扩建空间。

江苏 LNG 接收站天然气外输流量及 LNG 外输规模见附表 1-2 和附表 1-3。

附录 国内自主建设的LNG接收站典型项目介绍

附表 1-2　NG 的外输流量

建设期	最小外输 NG 量 （10^4 m³/h）	最大外输 NG 量 （10^4 m³/h）	平均外输 NG 量 （10^4 m³/h）	输出气温度 （℃）	输出气压力 （MPaG）
一期工程	28.5	85	61.68	≥0℃	9.5
二期工程	56.4	134.3	102.39	≥0℃	9.5

注：外输量为 20℃、101.325kPaA 下的气体体积。

附表 1-3　LNG 的外输规模

建设期	外输 LNG 量 （10^4 t/a）	输出 LNG 温度 （℃）	输出 LNG 压力 （MPaG）
一期工程	20（装车）	-160	0.3
二期工程新增	100	-160	0.3

注：一期设计中配置 5 个装车橇，外输能力 20×10^4 t/a，已建成并投产；二期工程新增 15 个装车橇，使得接收站具备 100×10^4 t/a 的 LNG 装车能力。

附表 1-4 列出了江苏 LNG 项目接收站工程装置的设计能力。

附表 1-4　江苏 LNG 项目接收站工程装置设计能力

设计能力	单位	一期工程	二期工程新增	二期扩建后总计
LNG 卸船能力	m³/h	12000～14000		12000
LNG 储存能力	m³	3×160000	1×200000	680000
LNG 汽化能力	t/h	4×200	2×200	6×200
LNG 装车能力	m³/h	5×60	15×60	20×60

二、LNG 原料的规格

江苏 LNG 接收站的潜在资源地是澳大利亚、伊朗及卡塔尔，一期工程所采用的 LNG 组分范围比较宽泛，可涵盖目前大多数 LNG 资源地的组分信息，因此在接收站二期工程工艺装置设计中采用一期工程 LNG 组分，其组成及物性见附表 1-5。

附表 1-5　资源地 LNG 组成及物性

组分		单位	贫液	富液
甲烷（CH_4）		mol%	96.64	89.39
乙烷（C_2H_6）		mol%	1.97	5.76
丙烷（C_3H_8）		mol%	0.34	3.30
丁烷（C_4H_{10}）		mol%	0.15	1.44
氮气（N_2）		mol%	0.90	0.11
平均分子质量		kg/kmol	16.59	18.40
气液相平衡（18kPaG）	温度	℃	-161.9	-158.7
	密度	kg/m³	435.4	463.4
气相密度（20℃，101.3kPaA）		kg/m³	0.6910	0.7669
低热值（20℃，101.3kPaA）		MJ/m³	34.01	37.81
高热值（20℃，101.3kPaA）		MJ/m³	37.74	41.84
黏度（20℃，101.3 kPaA）		mPa·s	0.0111	0.0110

三、产品规格

江苏 LNG 接收站的产品为天然气和 LNG，其规格见附表 1-6。

附表 1-6　产品规格

名称	相态	规格
NG	气	组成见附表 1-5； 压力：9.5 MPaG； 温度：≥0℃
LNG	液	组成见附表 1-5； 压力：0.03~0.3 MPaG； 温度：-160℃

四、工艺路线

接收站的主要功能为 LNG 接卸、LNG 储存、BOG 回收处理、LNG 低压输送、LNG 加压汽化、NG 管道外输、LNG 装车外输。

按照对液化天然气储罐蒸发气的处理方式不同，液化天然气接收站的工

附录　国内自主建设的LNG接收站典型项目介绍

艺方案有直接输出和再冷凝两种。本项目采用再冷凝工艺方案。再冷凝工艺可以利用 LNG 的冷量，并减少了蒸发气压缩机的能耗，节省了能量。

江苏 LNG 接收站项目的汽化方法采用间接加热法，设置开架式汽化器（ORV）和浸没燃烧式汽化器（SCV）。为了降低接收站运行成本，ORV 作为 LNG 汽化的主要设备，而 SCV 则在天然气外输量处于高峰时或海水温度较低时运行，同时作为备用汽化器。

五、核心设备

核心设备一览表见附表 1-7。

附表 1-7　核心设备一览表

名称	工期	数量	规格
LNG 储罐	1	3	$160000m^3$
	2	1	$200000m^3$
低压输送泵	1	9	$460m^3/h$
	2	4	$460m^3/h$
高压输送泵	1	5	$450m^3/h$
	2	2	$450m^3/h$
BOG 压缩机	1	3	$4117m^3/h$
浸没燃烧式汽化器	1	2	$200t/h$
	2	1	$200t/h$
开架式汽化器	1	3	$200t/h$
	2	1	$200t/h$
回流鼓风机	1	2	$\sim 9700m^3/h$

附录二　大连 LNG 接收站项目

一、概述

1. 项目建设的性质

大连液化天然气项目接收站工程为新建项目。

根据《当前国家鼓励发展的产业、产品和技术目录（2000年修订）》（署税〔2000〕620号），本项目为"石油、天然气储备技术及设施建设"类项目，是绿色能源项目，属国家鼓励类项目。

项目业主：中国石油大连液化天然气有限公司。

项目建设地点：大连市大孤山半岛端部鲇鱼湾水域。

2. 项目背景

大连LNG项目的提出是在我国天然气工业蓬勃发展、全球LNG市场前景看好，以及东北辽沈地区为改善能源结构、积极寻求利用高效清洁能源，力求实现能源、经济、环境协调发展的背景下进行的。

辽宁省能源消费结构的特点是以煤炭为主，多能互补，但天然气等优质能源极少。能源消费结构的不合理性十分突出，给拥有大连、沈阳等一些国内著名工业、商贸及旅游城市的辽宁省带来了巨大的环境和交通运输压力，制约着辽宁省社会、经济与环境的协调发展。辽宁省是中国东北地区南部的沿海省份，在国家加快东北老工业基地调整改造战略方针指导下，辽宁省经济近几年来快速增长，2005年GDP为8005亿元，由于经济的快速提升，对能源的需求量也相应增大。因而，辽宁省政府积极寻求、开拓利用清洁高效天然气资源的心情极为迫切，引进LNG气源已列为辽宁省未来社会经济发展、结构调整、产业结构升级换代的重要内容和基本方针。

大连LNG项目的目标市场是沈阳、大连、抚顺、鞍山、辽阳、营口、本溪、锦州、盘锦和葫芦岛等10个城市。大连和沈阳是辽宁省经济最发达的两大中心城市。根据国家统计局2005年发布的人口、劳动资源利用、经济总量、社会发展、基础设施、环境保护与循环经济指标，大连市和沈阳市进入全国百强城市前10名，大连名列第六，沈阳名列第九。大连LNG项目的建设，不仅可为沿线城市提供洁净能源，改善能源结构，减轻环境压力，同时也将为辽宁省的经济振兴起到积极的推动作用。

辽宁省位于我国东北的南部，其辽东半岛伸入渤海与黄河之间，而大连市就位于辽东半岛南端，东西临海，南与山东半岛隔海相望，是我国重要对外贸易港口城市和北方重要工业城市。

拟建的大连LNG项目是按照我国国家能源战略的方针，积极推进"走出去"战略，开发共享世界油气资源，并充分利用"国内外两种资源、两个市场"，适时引进国外油气资源，以加快我国天然气产业的发展，适应我国对天然气的迫切需要；是贯彻落实党中央和国务院振兴东北战略，改善辽宁省能源消费结构，提高人民生活水平，拉动地方经济增长的重大举措。

附录　国内自主建设的LNG接收站典型项目介绍

2005年3月23日，国家发展和改革委员会下发《关于大连LNG项目开展前期工作的复函》(发改办能源〔2005〕546号)，同意中国石油开展大连LNG项目各项前期工作，标志着大连LNG项目进入实质阶段；

2006年6月，中国石油天然气股份有限公司组织编制完成了"大连液化天然气项目申请报告"，并上报国家发改委。

2007年1月18日—20日，中国国际工程咨询公司召开"大连液化天然气项目申请报告"核准评估会，通过了专家组评估咨询意见。

大连LNG项目主要由大连LNG接收站工程和输气管道工程两部分组成。

大连LNG接收站工程(含码头)由中国石油天然气股份有限公司(简称中国石油)、大连港集团有限公司(简称大连港集团)和大连市建设投资公司(简称大建投)共同出资组建的合资公司，负责建设和运营管理。

3. 接收站的组成

接收站工程单元主要由工艺系统、辅助生产系统和公用工程系统组成。接收站组成见附表2-1。

附表2-1　接收站组成

主项名称	主要内容
码头工程	码头、栈桥、卸船系统
储存	LNG储罐
BOG处理	BOG压缩、再冷凝器
输送	低压输送泵、高压输送泵
汽化	ORV、SCV
火炬	火炬分液罐、火炬
公用工程及辅助生产设施	空气压缩及氮气站、变电所、消防系统、给排水系统、计量站等

4. 接收站的建设规模

大连LNG接收站工程分两期建设，一期工程的建设规模为300×10^4t/a，二期工程扩建到600×10^4t/a。

附表2-2列出了大连LNG接收站工程的储存、汽化及卸船能力。

附表 2-2　大连 LNG 接收站工程的储存、汽化及卸船能力

项目	一期工程	二期工程
LNG 卸船能力	13200m^3/h	13200m^3/h
LNG 储存能力	2×160000 m^3	3×160000 m^3
LNG 汽化能力	2×180t/h	3×180t/h
LNG 汽化能力中压系统（5.3MPaG）	1×200 t/h	2×200 t/h

外输气体规模如下：

（1）一期工程：

高月高日：1404.69×$10^4 m^3$/d。

低月低日：1012.52×$10^4 m^3$/d。

最大小时输出量：59×$10^4 m^3$。

（2）二期工程：

高月高日：2702.03×$10^4 m^3$/d。

低月低日：2066.35×$10^4 m^3$/d。

最大小时输出量：112×$10^4 m^3$。

二、LNG 原料的规格

接收站的 LNG 资源由伊朗 PARS 供应，但目前尚未得到 LNG 的组分资料；考虑到接收站设计的灵活性，本设计采用了三个不同产地不同组分的 LNG 作为设计依据。LNG 组成及物性见附表 2-3。

附表 2-3　LNG 组成及物性

项目	单位	轻组分	设计组分	重组分
LNG 产地		伊朗	印尼	澳大利亚
CH_4	mol%	92.22	91.05	87.69
C_2H_6	mol%	6.05	5.68	8.16
C_3H_8	mol%	1.12	2.38	3.21
异丁烷	mol%	0.01	0.44	0.38
丁烷	mol%	0.00	0.42	0.48

续表

项目	单位	轻组分	设计组分	重组分
异戊烷	mol%	0.00	0.01	0.01
戊烷	mol%	0.00	0.00	0.00
N_2	mol%	0.59	0.02	0.07
O_2	mol%	0.01	0.00	0.00
分子质量	kg/mol%	17.28	17.88	18.46
密度	kg/m³	448	459	466
气体（标准状态）密度	kg/m³	0.7710	0.7976	0.8238
热值	MJ/m³	42.17	43.87	45.11
黏度	cP	0.13	0.15	0.15

三、产品规格

接收站工程的产品为天然气，天然气由管道送出，产品的详细规格见附表 2-4。

附表 2-4　产品规格（首站前）

名称	相态	规格
NG	气相	组成见附表 2-3 温度：5℃ 压力： 中压系统：4.36～5.34 MPaG； 高压系统：6.60～9.92 MPaG

四、工艺路线

大连 LNG 接收站的主要功能是接收、储存和汽化 LNG，并通过天然气管道向各燃气用户供气。接收站的生产过程全部为物理过程，无化学反应及化学变化，因此接收站的生产方法为低温接卸、低温储存、低温加压、加热汽化、管道输送。

LNG 接收站工艺技术路线分为两种：直接输出工艺和再冷凝工艺，两种工艺并无本质上的区别，仅在蒸发气体的处理上有所不同。

直接输出工艺是将蒸发气压缩到外输压力后直接送至输气管网，流程相对简单，但需要消耗大量压缩功；而再冷凝工艺是将蒸发气压缩到某一中间压力,然后与由低压输送泵从储罐送出的LNG在再冷凝器中混合,由于LNG加压后处于过冷状态,可以使蒸发气再冷凝,冷凝后的LNG经高压输出泵加压后外输。再冷凝工艺可以利用LNG的部分冷量,减少蒸发气体压缩功的消耗,从而节省能量,比直接输出工艺更加先进、合理。

大连LNG接收站工程采用工艺先进、合理、能耗低的再冷凝工艺。

大连LNG接收站工程不设置热值调整系统及臭味剂添加系统;汽化方法采用间接加热法,夏季采用海水加热的开架式汽化器,冬季采用浸没燃烧式汽化器。

五、核心设备

核心设备一览表见附表2-5。

附表2-5 核心设备一览表

名称	工期	数量	规格
LNG储罐	1	3	160000m^3
低压输送泵	1	6	460m^3/h
	2	2	460m^3/h
高压输送泵	1	4	435m^3/h
	2	2	435m^3/h
BOG压缩机	1	3	6.7t/h
开架式汽化器	1	3	200t/h
	2	2	200t/h
浸没燃烧式汽化器	1	3	200t/h
	2	2	200t/h

附录三 唐山LNG接收站项目

一、概述

1. 项目建设的性质

唐山液化天然气项目接收站工程为新建项目。

附录　国内自主建设的LNG接收站典型项目介绍

根据《产业结构调整指导目录（2005年版）》（中华人民共和国国家发展和改革委员会第40号令），本项目为"石油、天然气、成品油的储运和管道输送设施及网络建设"类项目，属国家鼓励类项目。

项目业主：中国石油唐山液化天然气有限公司。

项目建设地点：河北省唐山市曹妃甸工业区。

2. 项目背景

京津冀地处我国环渤海经济区的中心地带，是我国北方经济比较发达、城镇化水平较高、人口比较集中的地区之一，经济和社会发展对能源的依赖程度较高，促进经济、社会、能源、环境协调发展的任务较重，特别是代表国家形象、具有国家对外窗口作用的首都北京，随着经济社会发展和能源结构调整优化的要求不断增高，对天然气等清洁高效的能源需求越来越大。

近几年，全国天然气市场增长迅速。特别是北京，用气总量大，且民用天然气用量比例较高，天然气供应安全已成为一个重要的社会和政治问题。北京天然气安全供气要求级别高；同时，受气候影响，天然气消费需求的不均衡性突出，季节性峰谷差大，调峰量大。据统计，2008年北京市12月份供气量最大，达到了 $55.16 \times 10^8 m^3$；6月份供气量最小，为 $37.97 \times 10^8 m^3$，峰谷差高达 $17.19 \times 10^8 m^3$。巨大的季节峰谷差对北京天然气安全、平稳供应造成极大的困难。

唐山LNG一期建设规模 $350 \times 10^4 t/a$，目前已开始建设，二期规划 $650 \times 10^4 t/a$。国家发改委以发改能源〔2010〕2555号文，核准了唐山液化天然气项目。核准的主要工程内容为"一期建设规模 $350 \times 10^4 t/a$、建设3座 $16 \times 10^4 m^3$ 储罐，二期建设规模视资源落实和市场开发情况定；项目建设一个靠泊 $8 \sim 27 \times 10^4 m^3$ LNG船的专用卸船码头及接收站取排水口工程等配套设施"。该项目是为满足京津冀地区天然气需求，确保京津冀地区供气安全的国家级重点项目，是国家能源战略的重要组成部分，该项目一期工程的实施，将对改善京津冀地区的能源结构、缓解用气紧张局面，起到重要作用。

京津冀地区已建或大港、华北等储气库，在建和规划建设苏桥等多个地下储气库，该区域内具备建设储气库的地质构造基本都已经纳入储气库建设规划，但规划建设的总工作气量较少，且储气库达产时间长，仅靠储气库难以满足该地区的天然气调峰及应急的需求。

3. 接收站的组成

接收站由工艺单元、辅助生产单元和公用工程单元组成，见附表3-1。

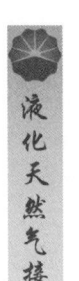

附表 3-1 接收站组成

主项名称	主要内容
码头工程	码头、栈桥、卸船系统
储存	LNG 储罐
BOG 处理	BOG 压缩、再冷凝器
输送	低压输送泵、高压输送泵
汽化	ORV、SCV
火炬	火炬分液罐、火炬
公用工程及辅助生产设施	空气压缩及氮气站、变电所、消防系统、给排水系统、计量站等

4. 接收站的建设规模

建设规模：唐山 LNG 项目接收站工程一期工程的设计规模为 350×10^4 t/a；增建工程设计规模为 $4200\times10^4 m^3$ 最大的日供气量。

附表 3-2 列出了唐山 LNG 项目接收站一期工程和增建工程的储存、汽化、卸船及装车能力。

附表 3-2 唐山 LNG 项目接收站一期工程的储存、汽化、卸船及装车能力

内容	一期工程	增建工程
LNG 储存能力	$3\times160000 m^3$	$4\times160000 m^3$
LNG 汽化能力	3×180 t/h（NG）	7×180 t/h（NG）
LNG 卸船能力	12000 m^3/h	12000 m^3/h
LNG 槽车装车能力	$5\times60\ m^3$/h	$5\times60\ m^3$/h

外输规模如下：

（1）一期工程，均月高值：$1722\times10^4 m^3$/d。

（2）一期工程，均月均值：$1288\times10^4 m^3$/d。

（3）增建工程，最大外输：$4200\times10^4 m^3$/d。

二、LNG 原料的规格

主要原料为液化天然气（LNG），资源来源包括三方面，一是已签长贸合同，二是现货采购，三是中国石油潜在 LNG 资源。其中，澳大利亚的 LNG

附录　国内自主建设的LNG接收站典型项目介绍

组成范围最大，属于最恶劣工况。鉴于 LNG 资源地无法确定，为增加设计的广泛适应性，因此在初步设计中采用澳大利亚的 LNG 组成及性质，其组成及物性见附表 3-3。

附表 3-3　原料 LNG 组成及物性

项目	贫液	富液
N_2（mol%）	0.90	0.11
CO_2（mol%）	0.00	0.00
CH_4（mol%）	96.64	89.39
C_2H_6（mol%）	1.97	5.76
C_3H_8（mol%）	0.34	3.30
异丁烷（mol%）	0.07	0.78
正丁烷（mol%）	0.08	0.66
戊烷及以上重烃（mol%）	0.00	0.00
合计	100.00	100.00
硫化氢（mL/m³）	<3.5	<1.0
总硫含量（mg/kg）	<17.5	<5.0
固体及杂质	无	无
分子质量（kg/kmol）	16.59	18.40
饱和压力为 10 kPag 的液体相平衡温度（℃）	-162.8	-159.6
饱和压力为 10 kPag 的液相密度（kg/m³）	436.9	464.8
气相密度（kg/m³）	0.7423	0.8239
高热值（MJ/kg）	54.59	54.52
低热值（MJ/kg）	49.12	49.22
沃伯指数（MJ/kg）	72.14	68.41

三、产品规格

主要产品为天然气和 LNG，其中天然气由管道送出，LNG 由汽车槽车送出（一期工程），产品的详细规格如下：

（1）天然气送出至外输管道（首站前）。

一期工程送出压力为 8.4MPaG，送出温度为≥2℃。

增建工程送出压力为 8.0 MPaG，送出温度为≥2℃。

（2）LNG 由槽车送出（一期工程）。

送出压力为 0.3～0.6MPaG，送出温度为-161℃。产品的热值和气质要求与原料 LNG 相同。

四、工艺路线

唐山 LNG 接收站的主要功能是接收、储存和汽化 LNG，并通过天然气管道向燃气电厂和城市用户供气，同时设置了 LNG 槽车装车站，向用户直接供应液化天然气。接收站的生产过程全部为物理过程，无化学反应及化学变化。因此，接收站的生产方法为低温接卸、低温储存、低温加压、低温装车、加热汽化、管道输送。

LNG 接收站工艺技术路线分为两种：直接输出工艺和再冷凝工艺，两种工艺并无本质上的区别，仅在蒸发气体的处理上有所不同。

直接输出工艺是将蒸发气压缩到外输压力后直接送至输气管网，流程相对简单，但需要消耗大量压缩功；而再冷凝工艺是将蒸发气压缩到某一中间压力，然后与由低压输送泵从储罐送出的 LNG 在再冷凝器中混合，由于 LNG 加压后处于过冷状态，可以使蒸发气再冷凝，冷凝后的 LNG 经高压输出泵加压后外输。再冷凝工艺可以利用 LNG 的冷量，减少蒸发气体压缩功的消耗，从而节省能量，比直接输出工艺更加先进、合理。

唐山 LNG 项目接收站工程采用工艺先进、合理、能耗低的再冷凝工艺。

唐山 LNG 项目接收站工程不设置热值调整系统；汽化方法采用间接加热法，夏季采用海水加热的开架式汽化器，冬季采用浸没燃烧式汽化器。

五、核心设备

核心设备一览表见附表 3-4。

附表 3-4　核心设备一览表

名称	工期	数量	规格
LNG 储罐	1	3	160000m³
	增建	1	160000m³

附录　国内自主建设的LNG接收站典型项目介绍

续表

名称	工期	数量	规格
低压输送泵	1	9	180t/h
	增建	3	180t/h
高压输送泵	1	4	180t/h
	增建	5	180t/h
BOG压缩机	1	3	8.83t/h
浸没燃烧式汽化器	1	4	180t/h
	增建	4	180t/h
开架式汽化器	1	3	180t/h

参考文献

[1] 丁春香,郭宗善. 我国 LNG 产业的现状与发展趋势. 石油化工技术与经济,2008,24(5):7-9.

[2]《中国石油液化天然气接收站工程建设技术标准目录》编审会委员. 中国石油液化天然气接收站工程建设技术标准目录. 北京:石油工业出版社:2010.